高中数学
深度学习问题设计
研究及其案例

卢镇豪◎主　编

张海兵◎副主编

东北师范大学出版社

长　春

图书在版编目（CIP）数据

高中数学深度学习问题设计研究及其案例 / 卢镇豪
主编. —长春：东北师范大学出版社，2021.7
ISBN 978-7-5681-7534-0

Ⅰ.①高… Ⅱ.①卢… Ⅲ.①中学数学课—教学研究
—高中 Ⅳ.①G633.602

中国版本图书馆CIP数据核字（2021）第139321号

□责任编辑：石　斌　　　　□封面设计：言之凿
□责任校对：刘彦妮　张小娅　□责任印制：许　冰

东北师范大学出版社出版发行

长春净月经济开发区金宝街 118 号（邮政编码：130117）

电话：0431-84568115

网址：http：//www.nenup.com

北京言之凿文化发展有限公司设计部制版

北京政采印刷服务有限公司印装

北京市中关村科技园区通州园金桥科技产业基地环科中路 17 号（邮编：101102）

2022年4月第1版　　2022年4月第1次印刷

幅面尺寸：170mm×240mm　印张：18　字数：282千

定价：45.00元

编 委 会

　　八月中旬，我在广州接到卢镇豪老师的电话，嘱我为他的新作《高中数学深度学习问题设计研究及其案例》作序。我开始是有点犹豫的，毕竟，我没有中学教学经历。但是，读完这部书稿之后，我觉得还是可以谈一点感受的。

　　这部书稿是卢老师担纲的"高中数学深度学习问题设计研究"课题组的研究成果，它凝聚了课题组全体成员对于教学学术研究的探索和付出。书稿由三部分组成：第一部分阐明了开展本课题研究的时代背景，交代了课题研究的意义、路径、方法与预期结果；第二部分梳理了课题组骨干成员的理论研究成果，侧重于研究基于学生数学学科核心素养发展的深度学习理论与方法；最后一部分是将理论研究付诸实践的可操作性强的典型案例，包含了概念、命题、复习、习题、建模五大内容的教学设计示例，涉及抽象、逻辑、拓展、迁移与应用等思维品质的培养。聚焦中学数学学科素质培养以及如何培养的问题无疑是整部书的核心。

　　我对这部书产生兴趣，主要是因为其研究的方向引起了我的注意。我从2000年开始在粤东地区参与中学数学教师在职培训，记得头几年向学员讲授中学数学思想方法，介绍皮亚杰的建构主义、维果茨基的最近发展区理论、奥苏贝尔的认知同化学习等教育理论时，学员们的普遍反馈是"从未听说"，兴趣不大。也就是说，当时粤东片区的中小学教师，更注重的是经验教学，在教学学术研究上已远远落后于其他地区的同行，抑或不乐于做学术研究。《高中数学深度学习问题设计研究及其案例》带给了我很大的惊喜，这表明粤东片区的中小学教师已开展深刻的教学学术研究，研究的方向更是当前比较受重视并正在被广泛研究且已应用于实践的教育教学理论，所援引的文献也是最近高水平的研究成果。这意味着卢老师的团队正走在理论研究的前沿阵地上，可喜可贺！

　　加拿大当代教育家迈克尔·富兰（Michael Fullan）检讨了传统教学的不足，

对学习重新进行了定位："学习者要在激流复杂的时代，将思维运用于新的情境，进而改变世界。我们需要重新思考学习的本质，包括思考学习的预期结果是什么，学习如何能够发生，学习在哪发生以及如何能够成功地检测。这意味着应创设充满挑战，能够激发学生内驱力、吸引力以及充满乐趣的学习过程。这一学习过程被描述为深度学习"。深度学习旨在激发师生的活力与激情，让学习更合乎人类的本性，让学生能够更直接、更深度地投入学习之中，以在学科核心素养方面得到更深刻的发展。卢镇豪团队的研究，注重运用深度学习理论改革课堂教学模式，将应试教育引导到素质教育上来，并把发展学生核心素养作为学科教育的重中之重。他们倡导教学设计要能够引导学生从关注书本知识转移到聚焦学习过程，发展他们自主学习和运用知识的能力。这恰恰显示了课题组成员对于学科教育与人才培养认真且深刻的思考。

本书既有理论层面的研究成果，又将理论运用于实践，并用一个个实实在在的生动案例佐证了理论的可行性，既有学术价值又有实践参考意义，这也是书稿一个值得肯定的地方。

卢镇豪老师是广东省连续四届的"广东省名教师工作室主持人"，广东省教育厅希望各主持人能在区域乃至全省起到示范引领的作用。在这一点上，卢镇豪老师无疑是做得非常好的，作为名校汕头金山中学的一位名师，卢镇豪老师在粤东乃至广东省同行中都是佼佼者。

最后，我还想对课题组成员执着于教育教学学术研究表达我的敬意。这是一支富有教育情怀，富有活力，富有责任感的团结而精练的科研团队，这部书稿凝聚的是课题组成员对于教学学术研究的不懈探索和辛勤劳作，感谢老师们的执着与努力！

张君敏

2020 年初秋于韩师

（作者现任韩山师范学院教育发展研究院常务副院长，韩山师范学院广东省中小学教师发展中心常务副主任）

前言

高中数学教学应以发展学生数学学科核心素养为导向创设合适的教学情境，并通过问题导向，启发学生思考，引导学生把握数学内容的本质，以达到更高层次的学习效果。

指向核心素养的学习必须是深度学习，即高认知、高投入、情境介入的主动学习。绝大多数情况下，学生的学习情境是由教材和教师提供的，教学过程中教师要为学生创设合适的学习情境。数学问题是驱动学生数学思维的导火线，合理的深度学习问题设计才能使学生的思维走向高阶。学习者的学习结果要达到更高的层次，必须要有教师的深度学习问题设计导学，这样才能引导学生逐步进入深度学习，从而在学习上更上一层楼。

问题设计的指导思想是以数学学科核心素养为导向，以教材内容为依据，结合学生学习的实际需求和能力水平，设计出有助于学生逐步理解数学知识，感悟数学思想方法，并能够形成理性思维，培养学科素养的问题。

本书在广东省卢镇豪名教师工作室课题和汕头市 2019 年重点课题"高中数学深度学习问题设计研究"的基础上，根据 SOLO 分类评价等理论，提出深度学习问题的层次对应着 SOLO 五层次分类的后四个，分别是单点结构问题、多点结构问题、关联结构问题和抽象拓展结构问题。深度学习需要经过各个层次的逐级学习，最后才能达到知识的迁移，实现质的变化，形成新的知识和能力结构。

第一章简单介绍广东省卢镇豪名教师工作室（2018—2020 年）建设成果，重点介绍课题"高中数学深度学习问题设计研究"的中期报告。

第二章介绍深度学习、问题设计的相关理论以及研究观点。

第三章分享一些高中数学深度学习问题设计案例，其中包括概念课、命题课、复习课、习题课和"微建模"课的设计案例。

编写本书时得到汕头市金山中学各位领导和老师的大力支持，特别是课题组和名师工作室的学员老师们的鼎力支持，他们提供了部分稿件，在此表示感谢！由于时间仓促，水平有限，书中难免有错误、疏漏之处，敬请广大读者批评指正。

卢镇豪

目 录

"高中数学深度学习问题设计研究"是广东省卢镇豪名教师工作室2018—2020年的研究课题和2019年汕头市立项的重点课题。课题研究在韩师教育发展研究院和汕头市教育局的领导下开展，研究人员包括工作室的成员、学员和立项课题组的成员。本章主要介绍广东省卢镇豪名教师工作室的建设理念和建设成果（2018—2020年），重点介绍课题"高中数学深度学习问题设计研究"的中期研究成果。

第一章

工作室建设理念和课题研究情况

第一节　广东省卢镇豪名教师工作室建设理念与成果分享

教数学，育思维　抓课题，促教学

汕头市金山中学　卢镇豪

教师专业成长是现代教育发展的要求和必然趋势。教师培训是教师专业成长的重要途径。教师工作室是教师专业发展的新平台，承载着教师培训的终端任务。如何以名教师工作室为载体，以师带徒为主要培养形式来构建研修共同体，进而提高骨干教师培训的质量和效益是一项需要深入研究的课题。

一、工作室建设和理念

本工作室自成立以来，除了进行必要的硬件建设以外，还逐步完善了工作室软件建设，凝练了工作室理念，形成了工作室品牌，同时完成了每个年度的工作任务。

1. 完善工作室建设

（1）通过工作室省内交流、案例分享与分析等方式，加强主持人之间的相互学习交流，同时对自身工作室建设与管理理念进行反思，完善工作室制度建设。

（2）在教育教学改革实践中不断凝练工作室理念，主持人拟定品牌建设思路与策略，初步形成工作室的品牌。

（3）做好工作室每段工作的总结和网络分享，建设网络平台，分享教学资源。

2. 开展学员培养培训

（1）根据实际情况检视并优化培养方案，明确每个年度及培养周期的发展目标和途径。

（2）根据实际情况，开展时间不少于 2 周的多种形式的集中研修。

3. 深化课题研究

通过课题研讨、专家指导、同行交流等方式，针对工作室在第一年度确立的课题研究方向，进一步明确研究的问题，深化研究的层次。

4. 开展送教下乡

确定送教主题，每个年度组织开展一次送教下乡活动。

5. 工作室的理念

建专业发展共同体，学习共研提升引领，争创工作室品牌。

6. 工作室的特色

以课题研究为载体，以教学理念为方向，课研、教研比翼双飞，凸显数学思维能力，彰显数学思想方法。

二、紧扣学科特点，突出专业需要

1. 数学学科的教学特点

通过数学概念（定理、法则）的引入、数学概念（定理、法则）的理解、数学概念（定理、法则）的应用引导学生解决具体的数学问题（例题和习题），通过解题提升数学思维能力，掌握数学思想与方法，发展学生的数学学科核心素养，落实立德树人的根本任务。

2. 高中数学学科的特点

高中数学语言更加抽象。初中数学主要以形象、通俗的语言方式进行表达，而高一数学一开始就触及抽象的集合语言、逻辑运算语言及函数语言。

高中数学思维方法向理性层次跃迁。高中数学在思维形式上产生了很大的变化，数学语言的抽象化对思维能力提出了更高的要求。高中阶段的数学学习要求学生能从经验型抽象思维向理论型抽象思维过渡，最后还需逐步形成辩证型思维。

高中数学知识内容在数量上剧增。这就要求师生：第一，理解掌握好新旧知识的内在联系，使新知识顺利地同化到原有知识结构之中；第二，学会对知识结构进行梳理，并形成板块结构，知识要进行类别化，由一例到一类，由一类到多类，由多类再到统一，使几类问题同构于同一知识方法；第三，多做总结、归纳和归类，建立主体的知识结构网络。

3. 高中数学骨干教师的培训需求

第一，形成自己的教学特色和风格。第二，形成独立开展课题研究的科研能力。第三，有效发挥骨干教师的示范辐射作用。工作室主持人必须为学员设计跟岗学习任务，通过任务促进学员的专业发展。例如，通过"培训、跟岗、教研、交流、帮扶"，推动名教师工作室各成员和培养对象的专业成长，有效发挥骨干教师的示范辐射作用。工作室确定课题的"行动研究"，并使培养对象逐渐形成独立开展课题研究的科研能力；通过教学"实践、反思"，使培养对象逐步形成自己的教学特色和风格；通过参加各级教育教学科研活动，促进本地区教师队伍的整体素质和能力水平的提升，使培养对象成为我省教研教改的学科带头人。

三、以理念为方向，把握教学本质

思维能力是学习能力、工作能力的核心。智能时代的竞争，将是思维能力的竞争。提高思维能力，提高学科核心素养才是数学教育的最终目的。《普通高中数学课程标准（2017年版）》指出："高中数学教学以发展学生数学学科核心素养为导向，创设合适的教学情境，启发学生思考，引导学生把握数学内容的本质。"笔者认为，数学教育的初心并不是简单地教会学生解题，更重要的是通过解题使学生学会解决问题的思想和方法，培养学生的数学思维能力。数学题只是数学学习的载体，解数学题只是数学学习的一个过程。我们不能因解题而解题，而应在解数学题的过程中学会解决问题的思想和方法，把握数学内容的本质，提升数学思维能力。当我们忘记具体的数学题后，如果解决问题的思想和方法及数学思维能力还在，数学学科核心素养还在，这就是数学教育的意义所在，也是数学的魅力所在！在教学过程和骨干教师的培训中，笔者的数学教学理念始终是"教数学育思维，教好书育好人"，通过解决数学问题，使学员学习解决问题的思想和方法，提升数学思维的能力。

在骨干教师的培训工作中，笔者一直秉持这种理念，为学员老师们开展了《教师专业发展规划与发展途径》《高中数学深度学习问题设计》《选例题的原则与案例》《数学教学产生的趣味课堂案例》《函数概念深度学习问题设计及思维层次》《对数概念及其运算的深度学习问题设计》《深度学习问题设计　助力高考数学备考》《源于教材的共生问题衍生问题设计研究》《教材数学微建模问题的再研究》等一系列讲座，向学员们分享他三十多年教育教学工作的心得体会和"教数学育思维，教好书育好人"的教学理念。为了使入室学员在教学过程中能落实这种理念，笔者的示范课一般突出解决问题的思想和方法，并要求学员的公开课也要突出这一点。笔者为学员讲授了"多变多解，彰显方法，激活思维——以一元二次不等式问题为例"和"求数列的通项公式"等一系列示范课，激发学员的教学研究，引导学员把握数学内容的教学本质。

四、以课题为载体，深入研究教学

2018 年 1 月，教育部正式印发了普通高中课程方案和课程标准，其核心指导思想是以学生发展为本，着重强调教师应注重学生核心素养的培养。数学核心素养包括数学抽象、逻辑推理、数学建模、直观想象、数学运算和数据分析。培养学生的数学核心素养，即培养学生用数学的眼光观察现实世界，用数学的思维思考现实世界，用数学的语言表达现实世界，这也是数学教育的终极培养目标。指向核心素养的学习必须是深度的学习，即高认知、高投入、情境介入的主动学习。问题是激发学生思维的导火线，合理的深度学习问题设计才能使学生的思维走向高阶。深度学习是个体将学习的知识从一种情境应用到另一种新的情境的过程，即迁移。由此可见，知识联系和迁移是深度学习的关键因素。

人的天性对数学思维能力有一定影响，但后天的数学教育与数学训练对人的思维能力影响更深远。数学教师的教学问题设计也直接影响学生的数学思维能力。在依纲靠本的教学模式下，如何利用教材让学生学会解决问题的思想和方法呢？如何激活他们的数学思维，提升他们的数学思维能力呢？途径一：对数学概念（定理、法则）进行深入理解。途径二：一题多变，产生深度问题串。途径三：一题多解，彰显方法与思想。

一个数学概念（定理、法则），一道好的例题背后常常隐藏着广泛的学习功能，只要我们充分挖掘它，一定能收到很好的学习效果。根据概念（定理、法则）、题目的特点，教师可以考虑概念（定理、法则）的变式学习，应用一题多变、一题多解等方法进行灵活教学与探究学习，引导学生学习提出问题、分析问题、解决问题的思想和方法，激活学生的数学思维。

因此，在骨干教师的培训工作中，必须有一个共同的话题，必须确定一个教学研究方向，本工作室立项的市级重点研究课题是《高中数学深度学习问题设计研究》，以课题研究带动教学专题研究，进而提高教学质量。

五、构建交流平台，共同专业成长

社会发展到当今的信息时代，没有信息的交流，就没有大的发展。靠一个人单打独斗去"出人头地"，几乎不可能。一个人要获得大发展，能"出人头地"，就必须有一个能让他展现才华的平台，并能在这个平台上充分交流信息，从中得到升华，还要有一个能助他成长的团队，在这个团队里能够与同行共同研究共同提高。因此促进教师专业发展的一个很好的举措是成立名教师工作室，为教师的发展创建一个很好的交流平台，让更多的骨干教师、名教师从工作室走出去。

本工作室的口号是"在研究中提高，在交流中升华"，工作理念是"学习—共研—提升—引领"，定位是教师专业发展的新平台。

2018 年 10 月至 2020 年 10 月 31 日，卢镇豪名教师工作室承办了五次广东省名教师工作室主持人（汕头片区）工作经验、感悟交流会，并与同行进行了充分交流。

2018 年 12 月 11 日卢镇豪名教师工作室与广东省郑晓淳名师工作室交流。

2018 年 12 月 12 日卢镇豪名教师工作室与广东省王炜煜名师工作室交流。

2019 年 4 月 26 日卢镇豪名教师工作室与广东省温利英名教师工作室进行交流。

2019 年 10 月 27 日卢镇豪名教师工作室承办广东省名教师工作室主持人（汕头片区）工作经验交流会。

2019 年 11 月 25、26 日，笔者（工作室主持人）到华南师范大学参加广东省新一轮（2018—2020 年）中小学幼儿园名教师、名校（园）长工作室高峰论坛，并在论坛上做《教数学育思维，抓课题促教学——如何利用数学学科特点创建工作室之品牌》的工作分享。

六、聆听专家讲座，学习先进理念

在教师专业发展的过程中，专家讲座具有重要的指导意义。聆听专家讲座，能够学习先进理念，提高自己的业务素质，有效促进自己的专业发展。因为讲座专家、学者是教育教学研究发展过程中的"领头雁"，他们的教育思想、教育理念、科研方法和敬业精神值得广大教师去学习和借鉴。

为了更好地学习先进理念，提升学员的专业修养，在跟岗期间，笔者带领学员们参加了教育部专家、高校教授、一线城市名校长、市教育局教研室主任和广东省名教师工作室主持人等专家学者开展的一系列讲座。学员在优质的讲座中学习到了国内外先进的教育理念和思想方法，提高了理论研究水平。

2018 年 12 月 8 日学员们听取教师培训专家宋冬生的讲座，2018 年 12 月 15 日听取林文贤教授的讲座，2018 年 12 月 8 日听取名校长田树林的讲座，2018 年 12 月 6 日听取林荣秋老师的讲座，2018 年 12 月 12 日听取主持人兼名师王炜煜的讲座，2019 年 5 月 31 日，参加汕头数学名师大讲坛活动，华南师范大学吕杰教授主讲《中学数学论文写作中的常见问题》。2019 年 9 月 25 日，学员们听取汕头市金珠小学纪胜辉校长主讲的《新时代教师专业发展的路径和途径》和韩师林文贤教授主讲的《数学教育科研方法及论文撰写》；2020 年 10 月 27 日，听取正高级教师王炜煜的讲座《教而不研则浅　研而不教则空——基于创新教育浪潮下的教研组建设方略刍议》；2020 年 10 月 30 日，听取正高级教师林荣秋的讲座《学科教学论文的写作与发表》；2020 年 10 月 31 日，听取李健教授的讲座《数学建模简介》。

七、疫情无情，教学有爱

在抗击疫情前线，涌现出一批又一批最美逆行者，他们的事迹和精神受人钦佩，令人感动。在"停课不停学"和"开学不返校"的目标引领下，广东省卢镇豪名教师工作室迅速开展"网络教学，服务学生"，主持人、助手和学员们主动录播或直播，为高中生网上学习高中数学课程提供了大批有用资源。从2020年2月11日至5月11日本工作室主持人、助手和学员们为社会提供了118个录播课或直播课，其中既有复习课，也有新课，既包括10多分钟以内的微课，也包括40分钟的常规课，1.5小时的复习课。

笔者的直播课和录播课有《数列及其通项公式》等20次。学员艾志明老师的直播课有《统计案例：回归方程》等10次。陈珊珊老师作为广东省卢镇豪名教师工作室的学员及广东汕头华侨中学高三数学科任老师，疫情期间在笔者的带领下响应"停课不停学"的号召，为高三理科学生提供网课及网上答疑教学，具体包括《解三角形问题中方程思想的运用》等52次。学员欧钟湖老师的网课有《三角形中的最值问题》等5次。学员许秋妍老师的录课有《相关点法求轨迹方程》等7次。学员曾岳扬老师的网络课有《正方体的截面问题初探》等8次。学员陈煜斌老师的直播课有《正弦定理》等10次。

八、学员成员培养情况及实践成果、获奖情况等

两年来工作室学员老师专业发展迅速。

例如：学员艾志明老师2018年9月被评为汕头市优秀青年教师，2018年10月参加汕头市"一师一优课，一课一名师"活动，其课例被评为市级优课，2019年1月参加汕头市中小学幼儿园教师技能比赛获得高中数学一等奖，2019年4月参加汕头市金山中学青年教师解题比赛获得一等奖，2019年9月参加汕头市"一师一优课，一课一名师"活动，其课例被评为市级优课，2019年10月参加汕头市教学技能比赛获得第一名，2019年12月参加广东省中学青年教师教学大赛决赛荣获一等奖，论文《从高考题中函数图像公切线问题谈学生的深度学习》在《粤东基础教育研究》及《中学数学教学参考》（陕西师范大学）上发表。

学员陈珊珊讲授的《选修1-2第一章 统计案例小结课之回归分析》在2019年度"一师一优课，一课一名师"活动中，获得广东省"省优"称号。

学员许秋妍2019年1月获汕头市中小学幼儿园教师教学技能比赛高中数学三等奖，2019年5月在汕头市教研会上介绍教学经验，2019年7月获2019年汕头市教师教育教学信息化大赛二等奖，2019年10月获粤东第四届微课大赛

二等奖（韩山师范学院）。

学员曾岳扬2019年在《龙湖教育》上发表论文《运用"一题多变"培养学生数学核心素养的尝试》，并获得外砂镇"优秀教师"的荣誉称号。

学员谢晓鹏2019年9月参加濠江区"一师一优课，一课一名师"活动，其课例被评为区级优课，2019年10月，其论文《浅析玲珑3D在立体几何教学中的应用》获得濠江区教师教育教学论文评比一等奖。

学员陈煜斌的论文《高三数学"有效作业"新方法的探讨》发表在2019年《汕头教育》第四期上。

参考文献：

［1］中华人民共和国教育部. 普通高中数学课程标准（2017年版）［S］.
　　北京：人民教育出版社，2018.

［2］卢镇豪. 在教师工作室工作实践中感悟教师专业发展［J］. 广东教
　　育，2011（9）：54－55.

第二节 课题"高中数学深度学习问题设计研究"的意义与设想

课题提出的背景与所要解决的主要问题

广东省卢镇豪名教师工作室2018—2020年研究课题 课题组

一、课题提出的背景

党的十九大明确提出:"要全面贯彻党的教育方针,落实立德树人的根本任务,发展素质教育,推进教育公平,培养德智体美全面发展的社会主义建设者和接班人。"普通高中数学课程标准的核心指导思想是以学生发展为本,注重学生的数学核心素养培养,包括数学抽象、逻辑推理、数学建模、直观想象、数学运算和数据分析,在培养过程中,仅仅依靠简单的应试训练是无法达成目标的,深度学习这时会起到关键作用,通过教师的教和学生的学培养学生提出问题、分析问题、解决问题以及数学表达和交流的能力,并学到独立获取数学知识的能力,最终产生能够适应终身发展的数学能力,这样即使脱离了数学课堂,也能让数学思想影响他们以后学习、工作、生活的方方面面,体现出数学本质。

高中数学课程应以学生发展为本,落实立德树人根本任务,培育科学精神和创新意识,提升数学学科核心素养。因此,数学课堂教学中应注重让学生在概念学习中经历创造的过程,在解题教学中渗透数学思想和方法,在数学探究活动中体会解决问题的思想。教材是根据课程标准及学生的可接受能力所编写的教学用书,是教程与学程的共同依据,是教师备课的主要内容。但是,在教学过程中发现，课本中的数学问题普遍是大众化的、基础性的，而同步练习却是拼盘式的，题目杂、难且多。面对高考压力，为了使学生会做题，会考试，伴有考点归纳、典型例题讲解和方法总结的教辅材料成为教师备课的重要工具，在教学过程中出现了重教辅轻教材的教学模式，有些教师甚至忽略课本，直接利用教辅材料进行讲授。虽然这种模式在短期内可以见到一点效果，但是对于提升学生的数学思维能力和数学素养的作用不大。因此，如何在课本的基础上进行深度学习，围绕数学概念、定理、法则、例题、练习题由浅入深，探索数学知识，提升学生思维能力，促使学生构建出自己的知识结构体系，将显得尤为重要。

二、课题要解决的主要问题

（1）在新课标的指引下，如何在新教材的基础上进行深度学习。落实到数学问题设计中，即教师如何围绕课本中的数学概念、定理、法则、例题、练习题等设计相关的问题串，由浅入深，层层递进，培养学生的数学学科核心素养。

（2）如何在发现问题、提出问题、分析问题和解决问题的过程中，提升学生用数学思想与方法有深度地分析研究问题，进而解决问题的能力。落实到教学实践中，即教师应遵循怎样的操作规范，能否构建相应的教学模式。

课题研究预期价值与具体研究方法

广东省卢镇豪名教师工作室2018—2020年研究课题　课题组

一、课题研究预期价值

目前指向数学深度学习的相关研究成果主要集中于内涵解读、实施模式及学习策略等方面。结合我国数学深度学习研究与实践的现状，今后的研究要更加重视数学深度学习多主题、多视角的理论，以及实证探究、深化教学的实践研究。

本课题研究的预期价值主要体现在以下两个方面：

1. 理论创新

（1）综合高中数学核心素养与认知心理学相关理论及最新研究成果，提出高中数学深度学习的内涵。

（2）探究"高中数学问题设计"与"高中数学深度学习"的深层次关系。

（3）初步建立高中数学深度学习问题设计的教学评价标准。

2. 实际应用价值

结合新课标下新高中数学教材，按照以下两个思路选取经典课题进行高中数学深度学习的问题设计，通过课堂体验及学习效果反馈，总结提炼相应的问题设计原则与策略。

思路一： 按照新高中数学教学内容进行分类，从预备知识、函数、几何与代数、概率与统计、数学建模活动与数学探究活动五个主题中各选取几个经典课题进行问题设计。

思路二： 按照高中数学主要课型进行分类，从概念课、命题课、解题课、复习课和讲评课五个课型中各选取几个经典课题进行问题设计。

二、具体研究方法

1. 行动研究法

课题主要研究方法为行动研究法。行动研究法是将纯粹的教育科研实验与准教育科研实验结合起来，将教育科研的人文学科特点与自然科学的实验特点结合起来，用教育科学的理论、方法、技术去审视、指导教育教学实践，将教育教学经验上升到理论的高度，但依托的是自身的教育教学实践。行动研究法是一种适应小范围内教育改革的探索性的研究方法，其目的不在于建立理论、归纳规律，而是针对教育活动和教育实践中的问题，在行动研究中不断地探索、改进和解决教育实际问题。行动研究法将改革行动与研究工作相结合，与教育实践的具体改革行动紧密相连。

2. 文献研究法

课题的辅助研究方法为文献研究法。文献研究是指根据一定的目的，通过搜集和分析文献资料而进行的研究。文献研究是史学、哲学等社会科学最常用的研究方法，具体包括历史文献研究、统计文献研究和文献内容分析等。自然科学课题中也常常需要用到文献研究。

3. 课堂观察法

课堂观察法是针对课堂研究广泛使用的一种研究方法。课堂观察是指研究者或观察者带着明确的目的，凭借自身感官以及相关辅助工具，直接或间接从课堂情境中收集资料，并依据资料做相应研究的一种教育科学研究方法。

4. 比较研究法

比较研究法是指根据一定的标准，对某类数学教育现象在不同情况下的不同表现进行对比研究，找出教育的普遍规律及其特殊本质，力求得出符合客观实际的结论的方法。

第三节　课题"高中数学深度学习问题设计研究"中期报告

课题前期、中期研究工作

课题主持人　卢镇豪

本课题是汕头市 2019—2021 年重点课题（课题批准号 2019GHBZ168），也是广东省卢镇豪名教师工作室 2018—2020 年研究课题，其立项证书如图 1-3-1。

图 1-3-1

一、前期研究工作

课题组成员、学员开会学习，分工查阅资料，准备《高中数学深度学习问题设计研究》申报材料和开题报告资料。

2019 年 5 月 23 日上午，在汕头市金山中学二楼会议室举行了课题《高中数学深度学习问题设计研究》开题报告，会议由教务处莫德苗副主任主持，与会相关领导和老师包括汕头市教育局王溅波副局长，教科所刘彬领导，广东省名教师工作室主持人、特级教师郑晓淳老师，金山中学谢树发副校长，课题主持人、广东省名教师工作室主持人、特级教师卢镇豪老师。

二、中期研究工作（以日记形式呈现）

（一）明确课题研究的思路

2019 年 5 月 23 日下午，广东省名教师工作室主持人卢镇豪老师主持课题研究工作，组织工作室成员学习，明确了课题研究的思路。思路一：按照新高中数学教学内容进行分类，从预备知识、函数、几何与代数、概率与统计、数学建模活动与数学探究活动五个主题中各选取几个经典课题进行问题设计。思路二：按照高中数学主要课型进行分类，从概念课、命题课、解题课、复习课和讲评课五个课型中各选取几个经典课题进行问题设计。

（二）课题中期工作安排

2019 年 9 月 5 日，课题组根据前期研究工作情况进一步明确阶段性工作，课题《高中数学深度学习问题设计研究》下阶段（中期）工作安排如下：

1. 交流分享明确方向（开学后第一个月）

（1）课题组成员找时间碰面，交流假期中的思考和收获，讨论明确本课题要解决的核心问题（每个人都要提交暑假的心得总结并交流分享）：①深度学习的内涵；②如何进行"高中数学问题设计"才能促进"高中数学深度学习"；③高中数学深度学习问题设计的教学评价维度。

（2）按照高中数学主要课型进行分类，针对概念课、命题（原理）课、解题课、讲评课和复习课五种课型，从高一的课本中挑选对应的主题设计教案（由于高一主要涉及概念课和命题课，所以建议先集中火力突破这两种课型），并确定各个成员的课题。结合课堂的教学实际，形成一个可供讨论改进的教学设计。

2. 教学设计探讨评析完善（开学后第二至三个月）

（1）对应的成员查阅相关的资料（理论基础和新教材新课标的要求），往某个方向深化涉及问题的研究，形成一份完整的教案。

（2）各位成员在完成对应的教案撰写之后集中汇总，每位课题组成员均要提出修改意见并完善自己的教案，这主要涉及以下几个方面：理论依据，新课标新教材的体现，横向或纵向深度设计的层面，对学生学习评价的不同方法，是否具有推广性等。

（3）在完善教案之后，各位成员以说课的方式展示自己的课例，并邀请相应的学科专家、一线教学经验丰富的教师给予指导，得到相应修改意见后进一步优化课例。

（4）结合专家和同行的意见，将课例完善为可复制的方案，几个不同课例的教师将自己的教案进行相应的修改，修改完成之后，准备接下来课堂教学的相应教学材料，以公开课的方式展开。

3. 课堂实验的初探（开学后第四至五个月）

（1）找到对应班级进行授课，用完善后的教案和教学安排进行，过程中录像并记录学生的真实反馈，结合评价的量化表格，确定好对学生进行评价的方法与手段（自主设计题目、课后感想、习题测验、作业反馈等各个形式的评价方法）。

（2）上完每次课之后反思总结，对不同的模板对应的教学效果做横向比较，并结合学生意见，自我反思，取长补短，最终优化出一两个可推广的模板课例。确定完基本方向后，开始着手进行对整个章节每节课的设计工作。

4. 课堂实验的深化（第二学期）

（1）各个成员分工协作，做好整个章节的设计，着重以两个班为实验班级（其余平行班为实验对照班级），课题组成员讲授设计好的完整的单元与章节，选择两个班级授课是考虑到工作量和单个班级可能存在的误差。

（2）实验过程中进行班级整体成绩对比与个案研究跟踪，可通过测验、问卷调查、学生访谈、量表测量等方式对各个章节的知识点掌握情况进行分析，可以通过数学小作文、学生讲题等方式综合反映和评价学生深度学习的效果。

（三）课题初期研究成果分享

2019年9月26日下午，汕头市2019年重点课题《高中数学深度学习问题设计研究》的全体成员在汕头市金山中学办公楼二楼名师工作室进行初期研究成果分享。会议由课题主持人卢镇豪主持，并对前期工作做小结，然后由许伟亮老师为大家介绍深度学习的一些前沿理论。艾志明老师介绍了他的论文《从高考题中函数图像公切线问题谈学生的深度学习》。欧钟湖老师介绍了他的论文《深度学习之我见》。张怡涵老师介绍了她的论文《透过真题谈备考 深度学习培素养》。翁琳老师介绍了她的论文《基于深度学习的三角函数值域求法的教学案例设计》。李丙铮老师介绍了他的论文《谈三角函数形式深度学习的数学方法》。卢镇豪老师布置了下个月的研究重点：如何进行数学概念的深度学习。

（四）问题设计研究交流

2019 年 10 月 21 日，课题组举行了《高中数学深度学习问题设计研究》交流会。在交流会上，曾岳扬老师的深度学习课题论文题目是《面上学校高中数学应如何进行深度学习的探讨》，论文主要围绕：①单元介绍激发兴趣，②由旧拓新激发思维，③注意知识的形成过程，④抓住本质，⑤把黑板还给学生，⑥一题多解，⑦应用数学思维七个方面展开研究。

陈珊珊老师的深度学习课题论文主要分三个层次对学生进行指导，对能力较强的学生群体进行一题多解、一题多变的指导，对中等层次的学生则把一个较难的问题拆分成几个环节，对个别尖子生设置专门的提高性训练，老师面批面改对学生进行针对性指导。

艾志明老师的课题论文题目是《从高考题中函数公切线问题谈学生的深度学习》，他以 2019 年高考全国卷 Ⅱ 20 题为例，总结公切线问题存在的两种情况——切点相同和切点不同，让学生大胆去编写一道关于函数公切线的问题，学生在这样的深度学习中实现了自我驱动，也体现出深度学习的数学本质。

欧钟湖老师的课题论文以抽象不等式为例，主要围绕①特殊值，②单调性，③如何变式，④编题和讲题四个方面展开，并引导学生进行深度学习。

许秋妍老师的课题论文题目是《运用数据改进高中数学教学的研究——大数据背景下回归分析的课堂教学研究》，她主要从研究背景及现状、教学建议的提出设计与实施、教学设计思路、教学反思与结论、反思研究的展望等几个方面进行阐述。

谢晓鹏老师的课题论文题目是《从翻转课堂促进深度学习》，主要内容包括正确理解深度学习及其在教学上的意义，翻转课堂是促进深度学习的一个有效途径，促进深度学习的翻转课堂模式设计等。

陈煜斌老师的课题论文题目是《从数学作业的布置引导学生进行深度学习的探讨》，他从计算机通过自我深度学习战胜人类围棋冠军引入，主要谈如何从数学作业的布置引导学生进行深度学习，最后还提出教师在引导学生进行深度学习的过程中所发挥作用的两点思考。

黄少辉老师的课题论文主要围绕一节双曲线渐近线的反思课来讨论深度学习的必要性，以及如何设计结构性问题，特别强调数学水平低的学生也需要深度学习。

（五）聚焦问题设计，实现深度学习

2019 年 10 月 22 日，工作室和课题组成员在金山中学进行了深度学习问题设计集体备课，针对函数概念进行深度学习问题设计研究。

当天下午由卢镇豪老师主讲《函数概念深度学习问题设计及其层次》。卢老师从问题设计的理论依据入手，引用了 SOLO 分类理论（"SOLO" 是英文 "Structure of the Observed Learning Outcome" 的缩写，意为可观察的学习结果的结构），介绍了 SOLO 评价理论的五个层次的分类——前结构层次、单点结构层次、多点结构层次、关联结构层次、抽象拓展层次，并指出前三个层次是基础知识的积累，是量的变化，而后两个层次是质的变化，是理论思维的飞跃。因此，深度学习问题的设计必须从基础知识问题开始，通过对应后四个层次的问题串设计与实施，实现学生学习上质的变化。卢老师以函数概念的教与学为例，进行不同思维层次的问题设计展示，并开展了广泛的讨论。

（六）课题研究再深入，概念问题齐探讨

2019 年 10 月 23 日上午，成员老师们结合前天学习到的 SOLO 分类评价等教育理论，就函数单调性这一概念问题进行认真准备。

当天下午，大家和卢老师聚在一起进行研讨。陈煜斌老师分享了他的研究论文《函数单调性概念的问题设计》。陈老师依次从"单调性概念引入""函数单调性的概念""函数单调性概念的分层次理解"等方面进行问题设计，问题串的设计既结合了 SOLO 分类评价理论的原理，又体现了学生学习概念由浅入深的数学思维发展过程。

在研讨过程中，成员老师们一边认真学习，一边积极思考。陈老师的分享

结束后，主持人卢老师和学员老师们一起就单调性概念的问题设计进行了深入探讨，并结合新的课程标准和新旧教材的差别，各抒己见，拓展了问题设计的广度和深度。

最后，卢老师不仅对课题的研讨做了点评，还就"我们这么辛苦地教学生学数学是为了什么"这一教育问题做了阐述。一方面是为了高考，提高学生的考试能力，让他们能够在学业上有所提升；另一方面是为了学生的人生，从解决数学问题的方法到解决人生难题的办法，让学生在人生道路上有所收获、有所提升，教师应做到立德树人。卢老师把"教数学，育思维；教好书，育好人"的教学主张融合到他的日常教学中，也传递给了各位成员。

（七）指数对数两兄弟，SOLO 理论来剖析

2019 年 10 月 24 日，成员老师们学习了 SOLO 分类理论（可观察的学习结果的结构）之后，对概念教学又有了更深层次的理解。来自汕头市华侨中学的黄少辉老师精心设计了课例——《指数函数与对数函数概念的深度学习问题设计》。

黄老师从生活中的实例出发，创设情境，引入指数函数、对数函数的概念，让学生自然而然地形成这两种函数的概念，并且从函数的形式、定义、定义域、值域等角度让学生对函数进行区分。黄老师精心设计不同层次的提问，让学生从单点结构层次、多点结构层次、关联结构层次、抽象拓展层次等各个角度对指数函数和对数函数概念进行认知，这种教学很好地运用了 SOLO 分类理论，学生在整个过程中对概念的学习层层递进。听完黄老师的教学介绍，大家对基于 SOLO 分类理论的教学又有了更深刻的理解，也对教学过程提出了自己的不同看法。

接下来，卢镇豪老师也介绍了他如何在实际教学过程中实践 SOLO 分类理论，同时介绍了他刚刚在高一学生中上过的一节课《对数概念及对数运算法则的深度学习问题设计》。卢老师在对数定义教学过程中注重对数的形成，让学生能够自然地接受对数的产生，同时通过类比实数的四则运算，给出对数的定义。

卢老师对对数的各种不同形式的运算给出了合理的证明，尤其是在换底公式的推导过程中让成员老师们受益匪浅。在平常教学过程中教师一般是直接给出换底公式，学生可能会觉得有些突兀，而卢老师通过实数的四则运算和对数

的加减运算联想对数的除法，推导出换底公式，学生对这个公式的产生表现得很容易接受。这个问题的设置，让学员们看到了卢老师深厚的教学功底，同时还给我们启示：在平常教学中教师应该勤思考，设计好问题，自然联想，承上启下，让学生们以最容易接受的方式学习新的概念和新的公式。

（八）深度学习益师生，问题设计有章法

2019 年 10 月 25 日上午，成员老师们以 SOLO 分类等教育理论为指导，就函数的零点问题进行深度学习问题设计的研究备课。下午大家齐聚汕头市金山中学进行问题研讨。来自汕头市第一中学的许秋妍老师分享了她的《函数零点深度学习问题设计》。她将知识点分为回顾函数零点定义、零点存在性定理的引入、零点存在性定理的分层理解、判断零点个数、二分法的适用条件、二分法的操作过程共六个内容进行设计。她运用 SOLO 分类理论从单点结构层次、多点结构层次、关联结构层次到抽象拓展层次，层层递进地设计问题串，引导学生实现深度学习。许老师的分享结束后，主持人卢老师和学员老师们一起就函数零点的问题设计进行进一步探讨。最后，卢老师提出：通过我们的尝试与探索，希望能整理出一种进行深度学习问题设计的方法，从而指导日常的教学。此方法的基本操作步骤初步描述为：

（1）确定设计理念、课程目标及设计意图。

（2）梳理知识结构，形成框架。

（3）在前结构层次的基础上进行问题设计，即从学生学情出发，关注知识的重点、难点和易错点，运用 SOLO 分类理论分层次进行问题串设计，并大胆渗透数学思想方法及数学核心素养。

（4）课堂实践后进行反思、修正及改进。

卢老师还要求我们继续研究，深入学习，完善深度学习问题设计的方法。

（九）疫情防控常态化，教育研修不停步

2020 年 10 月 18 日，课题组开启了新一年卢镇豪名教师工作室培养对象的跟岗研修活动暨课题《高中数学深度学习问题设计研究》研究成果交流会。

交流会上，金山中学的许伟亮老师在题为《ACT－R 理论简介及其对高中数学深度学习问题设计的启示》的分享中，介绍了选择 ACT－R 作为理论依据的原因及价值，详细阐述了该理论的内容、具体表征、基本认知模块及机制，

并分享了他基于该理论研究得到的关于数学深度学习问题设计的一些启发。

谢易初中学的曾岳扬老师就"减负"这一热点话题引出了《核心素养视角下的数学课堂深度学习》的讲座，他就核心素养视角下高中数学如何进行深度学习谈了自己的 7 个观点，并介绍了他在实际教学活动中开展概念课和复习课的教学尝试，还针对高中课堂深度学习对学生问题意识的培养提出了自己的见解和操作方法。

金山中学的艾志明老师在《圆锥曲线定点问题的深度学习》中，详细介绍了他根据 2020 年高考理科卷中的圆锥曲线题开展一系列深度学习的教学实践。学生在分组合作中开拓了解题思路，实现了自主的深度学习；教师在讲评课中总结了学生解法的优点和不足，提升了解题技巧，引导学生进行深度学习；课后学生分组的问题探究活动通过类比推广的思想，提升了学生解决问题思维的高度。

2020 年 10 月 28 日，汕头一中许秋妍老师主讲《高中概率概念的深度学习问题设计和评价》。工作室助手、汕头金山中学张海兵老师主讲《深度学习中的学生教学评价浅析》。

（十）课题引领磨课堂，理论指导听评课

课例 1：

2019 年 10 月 30 日，成员老师们来到汕头达濠华侨中学，在录播室里，谢晓鹏老师为成员老师们开讲公开课《椭圆及其标准方程》（具体见《基于深度学习的高中数学教学研究——以椭圆及其标准方程为例》），全体成员老师和学生们进行深度学习问题设计的课堂体验。

谢老师上课思路非常清晰，在设计的问题导向下，一步一步引导学生探究、思考，并用几何画板辅助教学，演示动点的动态过程，很好地激发了学生学习的积极性。

课后，达濠侨中数学组的老师和工作室的学员老师们一起参与评课。老师们对本节课评价非常高，其条理清晰，层次分明，问题导向好，学生思维逐步得到深化。达濠侨中数学教研组长陈映吟老师非常肯定谢晓鹏老师利用信息技术突破本节课的难点，帮助学生理解的同时激发了学生学习数学的兴趣，整节课有梯度也有深度。

评课时，卢老师现场作了一首诗来评价本节课：

层次问题导向好，学生思维逐步深。

思考问题有联想，重点收敛到主题。

讲解条理有启发，几何画板解难题。

直观感受好亲切，类比发散好开眼。

强化运算很必要，实物教具可引进。

课例2：

在帮助学生深刻理解函数零点存在定理时，卢镇豪老师设计了相关问题（具体见文章《SOLO分类评价理论在高中数学深度学习问题设计中的应用》），且于2019年10月30日在汕头市金山中学2019级高一（4）班（55人）进行了真实教学，并当场统计问题的回答情况，利用①举手肯定或否定，②书面回答两种统计方式得到了学生关于函数零点存在定理的理解及其深度学习问题和学习结果的反馈。在定理的学习过程中，卢老师通过设计并解决问题串帮助学生深刻理解定理内涵，也能及时了解学生对定理的学习和应用情况，进而了解绝大多数学生的思维层次，以及时调控教学难度，更好地切合学生的思维层次。卢老师认为，问题是驱动学生思维的导火线，合理的深度学习问题设计才能使学生的思维走向高阶。

通过课题引领，深度学习问题设计的课堂体验，以及理论指导和听课评课，我们在交流中及时发现问题，剖析原因，梳理经验，归纳提升，有效地提升了教学与课研的有效性，课题研究又前进了一大步。

课例3：

2020年10月19日，金中的欧钟湖老师为成员老师们进行了一场关于深度学习《函数与导数》的课例展示。欧老师基于之前对深度学习问题设计理论的学习，设计了本节课的内容，并从三个角度设计了三类问题串。欧老师先从具体函数的单调性入手，由浅入深，从易到难，始终围绕本节课的核心——单调性，通过问题引领课堂教学，引导学生在学习过程中获得解题思想和解题方法，大大提升了学生的思维能力。课后，课题组老师从深度学习问题设计的原则、指导思想、理论依据和核心素养几个方面对这节课进行了点评。本节课的问题设计很好地体现了以下几个原则：

① 梯度性。在第一类问题串求具体函数的单调性四道题中，从第一题不用

求导到最后一题需要求导三次才能判断单调性，难度逐渐增大。第二串问题是逆向问题，已知函数单调性求参数范围，第三串问题是单调性的应用。通过设置有梯度的问题串一步一步将学生引向深层次学习。

② 连贯性。这几串问题内部，每个问题衔接自然，难度递增，学生在理解问题、解答问题过程中层层递进，既巩固了知识，又训练了能力。

③ 迁移性。在第一类问题中，学生从第 2 题学到的解法能迁移到第 3 题上，第 3 题的解法又能迁移到第 4 题中，且难度略有提高。第二类问题中，包含了恒成立和能成立问题，欧老师从不同角度提出问题，分析过程中引导学生从不同方面思考同一个问题，用不同的方法解决同一个问题，使学生更全面地把握问题的实质，发现问题解决的方法。

④ 思想性。在分析第二类问题时，欧老师一直在渗透转化的思想，将问题转化成熟悉的类型，再考虑用相应的方法求解。在对每一串问题的分析讲解上，欧老师都将题目进行对比，让学生理解问题间的区别和联系，同时渗透了数学类比思想。

⑤ 针对性。欧老师充分了解学生的实际情况，所提问题处在学生的最近发展区，符合学生实际的认知水平，虽然题目难度逐渐增大，但学生还是能紧跟着老师的步伐，并从中获得必要的经验和成就。

⑥ 导向性。本节课围绕单调性这一核心进行问题设计，能够激发学生积极思考，一步一步将学生引向深层次学习。

⑦ 核心素养。本节课在求导、构造函数以及通过函数图像直观理解题目过程中很好地培养了学生的数学运算、数学建模、直观想象等数学核心素养。

课例 4：

2020 年 10 月 22 日，达濠侨中的谢晓鹏老师和汕头市聿怀中学的陈煜斌老师围绕解三角形中范围问题在达濠侨中进行同课异构的深度学习问题设计课堂体验公开课。

谢老师的课题是《求解与三角形面积有关的问题》。

陈老师的课题是《三角形中范围问题的求解策略》。

谢老师从解三角形的知识梳理入手，围绕求解与三角形面积有关的问题，由浅入深，通过变式引导学生灵活运用边、角互化和基本不等式等思想方法求解有关三角形面积及其范围的问题。谢老师的课上，学生积极思考问题，老师给予个别学生点拨。

陈老师结合学生实际，围绕高考常见题型中的边长、角度、周长、面积范围问题，设计了两道例题，从易到难进行变式。在讲解过程中，解题策略归纳到位，语言生动形象，条理清晰，富有亲和力，有效地激发了学生参与课堂学习的积极性。

课后，大家从深度学习问题设计的原则、理论依据和核心素养等角度一致认为这两节课的问题设计都体现了：

（1）基础性；两节课的第一个问题都能简单运用正、余弦定理和面积公式直接求解。

（2）梯度性；两节课都从求值到求范围逐层加深。

（3）连贯性；两节课设计的问题内部，衔接自然，便于学生对知识的复习巩固。

（4）导向性；两节课设计的问题都在引导学生归纳求解三角形有关问题的解题策略。

（5）适时性；两节课设计的问题都针对高考常见考点和题型。

（6）因人性；两节课设计的问题基本适合侨中学生实际能力，课上同学们通过思考能参与到问题的解决中来，解题能力也有所提升。

（7）迁移性；两节课设计的问题中均有由求面积范围的方法迁移到求解周长的最值。

（8）思想性；两节课设计的问题中，两位老师一直在渗透边角转化思想。

（9）在核心素养方面，这两节课都培养了学生数学运算、逻辑推理、直观想象等数学核心素养。

课例 5：

2020 年 10 月 26 日，许伟亮老师、李丙铮老师在汕头金中进行深度学习问题设计教学实践的同课异构《异面直线所成角度问题探究》的公开课。

2020 年 10 月 29 日，黄少辉老师、陈珊珊老师在汕头侨中进行深度学习问题设计教学实践的同课异构《由 S_n 和 a_n 的关系式求数列的通项公式》的公开课。

我们采用了下面的评价表。

深度学习问题设计教学实践评价表

评价课题：　　　　　　　　　　　时间：　　　年　　月　　日

评价方向	评价内容	分值比重	分值
问题设计维度	起点基础性	3	
	问题易错性	4	
	课题专题性	3	
	问题导向性	5	
	问题迁移性	4	
	问题梯度性	5	
	问题连贯性	3	
	设计合理性	4	
	设计针对性	4	
	数学思想性	5	
学生学习的表现	参与度	6	
	理解度	4	
	掌握度	7	
	迁移度	4	
	准确度	4	
	完成度	5	
核心素养的达成	数学抽象能力	5	
	逻辑推理能力	5	
	直观想象能力	5	
	数学运算能力	5	
	数据分析能力	5	
	数学建模能力	5	
合计		100	

课题中期研究成果

课题主持人　卢镇豪

经过课题的中期研究，我们的初步成果有：

一、ACT－R 理论指导下的高中数学深度学习问题设计与评价的基本原则

具体见文章《基于 ACT－R 理论的高中数学深度学习问题设计与评价》（许伟亮）的总结部分。

二、用 SOLO 分类评价理论指导高中数学深度学习问题设计的原则

SOLO 分类评价理论是香港大学教育心理学教授比格斯（J. B. Biggs）首创的一种学生学业评价方法，是一种以等级描述为特征的质性评价方法。简单地说，任何学习成果的数量和质量都是由学习过程中的教学程序和学生的特点决定的。学生对某个问题的学习成果（思维层次、水平）是可观察的，学习成果的结构由低到高划分为五个层次：前结构、单点结构、多点结构、关联结构和抽象拓展结构。学习者的学习成果要达到更高层次的水平，如关联结构层次和抽象拓展结构层次，必须有教师的深度学习问题设计进行辅助，通过一个又一个问题激发学生思考，逐步引导学生进入深度学习，从而达到更高层次的学习成果。

深度学习问题设计的原则，一是基础性原则，二是易错性原则，三是专题性原则，四是连贯性原则，五是梯度性原则，六是对应性原则，七是迁移性原则，八是主体性原则，九是导向性原则，十是思想性原则。［具体见《SOLO 分类评价理论在高中数学深度学习问题设计中的应用》（卢镇豪）］

三、深度学习问题设计的指导思想

问题设计的指导思想见本书的前言。

例如，文章《对数概念及对数运算法则的深度学习问题设计》（卢镇豪）中的问题设计是以新教材人教版数学 A 版第一册（必修）122 页 4.3 对数的教学内容作为依据的。

其中问题 10 ［前面已经得到同底数的对数的加与减的运算法则，$\log_a M + \log_a N = \log_a(MN)$，$\log_a M - \log_a N = \log_a \dfrac{M}{N}$，你能研究 $\dfrac{\log_a M}{\log_a N} = $ ＿＿＿＿＿＿，（$a > 0$，且 $a \neq 1$，$N > 0$ 且 $N \neq 1$，$M > 0$）吗？］就是结合学生学习的实际需要（学生已经学习了同底数的对数之和与差，自然会问有没有对数之积与商呢）和能力水平（此时学生是有能力解决这个问题的）设计的。这个问题的确是在前面问题 8 和 9 的基础上逐步引出来的（自然联想），对学生逐步理解对数的运算性质是很有帮助的，这个问题也是类比前面的问题提出来的，所以能让学生感悟到类比这个数学思想方法的重要性。这个问题解决的过程需要具备数学抽象、逻辑推理、数学运算等核心素养。通过这个问题的解决，学生们很自然地得到对数换底公式。在这个过程中，学生经历了探究、发现的过程，这不就是促进学生的理性思维和培养学科素养吗？

四、研究课题的现状，本研究课题的突破与亮点

深度学习是课程改革以来对课程理解和课堂实践的深化，是落实立德树人根本任务的要求，目标是培养未来社会历史实践的主人。目前，小学和初中的数学深度学习研究比较深入且成体系，而高中数学深度学习由于所涉及的数学内容思维复杂度较高，有关高中数学深度学习的研究还不够成熟完善。多种原因阻碍了高中数学课堂深度教学与学习。

一是在思想上，担心学生接受不了，畏惧艰难，缺乏把所教知识进行迁移的意识。二是在行动上，没有深入研究，不能刻苦钻研，只求照本宣科。三是在教学进度上，高中数学课的内容比较多，对多数学生的学习已经构成压力，能达到课本的学习要求已经很不错了，没有时间进行深度学习，教师也就不敢进行深度教学。四是在教学内容上，立于课本，不敢高于课本，没有做必要的延伸拓展。五是在教学能力上：①自编问题的能力不强。这表现在问题设计停留在课本原有的问题上。②对教材的深加工能力不强。这表现在课本怎么讲就怎么教，没有灵活处理教材，没有深入挖掘教材。③对所教知识结构的认知能

力不强。这表现在讲题时就题论题，没有对材料、例题的教学价值与功能进一步认知，停留在片段上，缺少通盘考虑。④对学生发展水平的认知能力不强。这表现在有些课讲得太难或太容易，不符合学生的学习需求。⑤灵活组织教学的能力不强。这表现在绝大多数的老师都是按设计好的教案进行教学，且以老师的演示为主，对教案外的突发事件不能很好处理。⑥教师个体的教学反思能力不强。这表现在大多数教师缺乏教学反思意识，课后没有好好反思，也不知道如何进行教学反思，从哪些方面进行反思。

目前的高中数学深度学习研究主要有以下不足：各研究缺乏强有力的理论支撑，依据的理论多而杂，难以支撑起整个课题的研究；重点关注高中数学深度学习的教学研究，对于"是否实现了深度学习"的教学评价研究很少甚至是空缺的；缺少一个具体的切入点，比较空泛地谈高中数学深度学习；对新课标中体现深度学习的"数学建模素养"没有进行研究。

针对以上不足，我们的课题重点在以下方面进行突破：

（1）基于能够模拟人类认知全过程的 ACT – R 理论，从人脑认知的基本模块和根本机制去指导深度学习的问题设计与评价；

（2）用 SOLO 理论来刻画深度学习，指导问题设计和评价，操作性较强；

（3）"问题是数学的心脏"，我们课题组以问题设计为切入点研究高中数学深度学习，从概念课、命题课、解题课、复习课和数学建模五个方面各选取经典课题进行问题设计；

（4）通过"微建模"理念设计考查"数学建模素养"的高中数学深度学习问题。

五、深度学习问题设计的理论依据（多个理论依据）

（1）ACT – R 理论。［具体见文章《基于 ACT – R 理论的高中数学深度学习问题设计与评价》（许伟亮）］

（2）比格斯的 SOLO 分类评价法。［具体见文章《SOLO 分类评价理论在高中数学深度学习问题设计中的应用》（卢镇豪）］

（3）建构主义理论，情景认知理论，分布式认知理论，元认知理论。［具体见文章《高中数学深度学习的相关理论探究》（李丙铮）］

（4）根据布卢姆目标分类理论中"认知领域"的分类，把问题分成六大类：记忆类问题、理解类问题、运用类问题、分析类问题、评价类问题、创造类问题。

（5）"问题驱动的三阶深度学习引导模式"，第一阶是前置学习——解决原生问题，第二阶是深度建构——解决共生问题，第三阶是评价反思——解决衍生问题，简记为"三生问题"。

六、深度学习问题设计的步骤

我们通过尝试与探索，初步整理出进行深度学习问题设计的步骤。

（1）确定学习问题的课程目标和设计意图。

（2）梳理学习问题的知识结构，形成框架。

（3）按知识考点分小专题，在前结构层次的基础上按照深度学习问题设计的原则进行问题设计。其中应从学生学情出发，关注知识的重点、难点和易错点，运用 SOLO 分类评价等理论分层次进行问题串设计，并注意渗透数学思想方法及数学核心素养。

七、深度学习问题设计的路径

通过教材或高考题中的数学问题的变式探究进行深度学习，可以考虑以下几种方式：①改变定义，诱发创新；②转换角度，获取新知；③类比变换，发现问题；④探究解法，学其实质；⑤挖掘例题，发挥功能（可以一题多解、一题多证、一题多变、一题多衍生）；⑥研究习题，变式训练。［具体见文章《高中数学深度学习问题设计路径》（卢镇豪）］

八、三类深度学习例题的设计

第一类是基础类（对应 SOLO 分类评价理论中的单点结构、多点结构），基础类的例题用于复习数学概念、基础知识、基本技能和基本方法；第二类是思想方法类，思想方法类的例题用于复习数学思想方法；第三类是"问题解决"能力类（对应 SOLO 分类评价理论中的关联结构和抽象拓展结构），"问题解决"能力类的例题用于提高学生应用数学知识解决问题的综合能力。

九、高中数学深度学习课堂的教学评价

具体见文章《高中数学深度学习课堂的教学评价探究》（张海兵）。

十、课题研究的论文或设计案例

课题研究相关论文有 60 多篇。

《SOLO 分类评价理论在高中数学深度学习问题设计中的应用》（卢镇豪）

《基于 ACT – R 理论的高中数学深度学习问题设计与评价》（许伟亮）

《高中数学深度学习的相关理论探究》（李丙铮）

《高中数学深度学习问题设计路径》（卢镇豪）

《基于数学核心素养的深度学习思考》（曾岳扬）

《对数概念及对数运算法则的深度学习问题设计》（卢镇豪）

《多变多解　彰显方法　拓展思维》（卢镇豪）

《注重数学问题探究　提升数学思维能力》（卢镇豪）

《函数零点个数讨论问题深度学习》（卢镇豪）

《求数列的通项公式和前 n 项和之问题设计》（卢镇豪）

《数列的通项与前 n 项和的关系问题变式学习》（卢镇豪）

《基于深度学习指导下的数学试卷讲评》（艾志明）

《基于深度学习下用向量方法研究三角形"四心"问题》（艾志明）

《基于"深度学习"的"曲线与方程教学设计"》（艾志明）

《高考立体几何题中传统方法与向量方法对比初探》（艾志明）

《从高考题中函数图像公切线问题谈学生的深度学习》［艾志明，在《中学数学教学参考》（陕西师范大学）上发表（2020 年）］

《一道高考圆锥曲线题中定点问题的探究》（艾志明）

《浅谈三角函数形式深度学习的数学方法》（李丙铮）

《谈谈数列中整体化思想问题设计方法》（李丙铮）

《浅谈三角函数形式猜想的数学方法》（李丙铮）

《浅谈切线类数列问题解答的方法》（李丙铮）

《平面向量数量积的物理背景及其含义深度学习教学设计》（李丙铮）

《建构迁移，深化理解——抛物线的性质深度学习教学设计》（李丙铮）

《几何概型中会面问题的深度学习教学设计》（李丙铮）

《分式表达的范围求解类问题》（李丙铮）

《深化对圆锥曲线定义理解的深度学习问题链》（许伟亮）

《基于 SOLO 分类理论的深度学习教学设计——以数学归纳法为例》（许伟亮）

《基于 SOLO 分类理论的幂函数概念深度学习问题设计》（许伟亮）

《体育比赛中赛制的概率问题深度学习》（翁琳）

《基于深度学习的三角函数值域或最值求法的教学案例设计》（翁琳）

《基于深度学习的含参一元二次不等式解法及应用的教学案例设计》（翁琳）

《基于深度学习的高中数学概念课教学探析》（翁琳）

《基于数学核心素养的深度学习方式之一题多解》（曾岳扬）

《"SOLO 分类评价"视角下数学概念深度学习问题设计案例》（曾岳扬）

《基于深度学习的"直线的点斜式方程"教学设计》（张海兵）

《数学深度学习问题设计——以三角函数诱导公式为例》（张海兵）

《拾阶而来的不等式小题——利用函数性质解不等式问题》（张海兵）

《基于深度学习的"函数与方程思想"复习课——以 2020 年 I 卷第 21 题为例》（张海兵）

《面向中层学生的数学深度学习教学案例》（陈珊珊）

《古典概型深度学习问题设计》（陈珊珊）

《奇偶性深度学习问题设计》（陈珊珊）

《透过真题谈备考 深度学习培素养》（张怡涵，发表在 2019《粤东基础教育研究》第四期）

《高中数学深度学习问题设计研究之解题课教学设计——以直线与圆的位置关系为例》（张怡涵）

《高中数学深度学习问题设计研究之概念课教学设计——以任意角三角函数为例》（张怡涵）

《高中数学深度学习问题设计案例之对一道三角高考真题的"深度学习"》（张怡涵）

《高中数学深度学习问题设计案例——"变式教学"在三角函数中的应用》（张怡涵）

《巧用问题串　优化概念教学——指数函数概念问题设计》（黄少辉）

《精心设计问题　助力深度学习——二项式定理问题设计》（黄少辉）

《以核心问题串培养学生深度学习思维》（陈煜斌）

《构建深度学习的数学课堂》（陈煜斌）

《正余弦函数周期性深度学习问题设计》（欧钟湖）

《数列的概念与简单表示法（第一课时）深度学习问题设计》（欧钟湖）

《也谈深度学习》（欧钟湖）

《含参函数单调性的讨论》（欧钟湖）

《浅析抽象不等式求解》（欧钟湖）

《基于"深度学习"的单元复习设计》（欧钟湖）

《等差数列深度学习问题设计》（欧钟湖）

《立足难点，评价认知——高中概率概念的学习问题与评价设计》（许秋妍）

《问题解决，素养达成——函数零点的教学问题和评价设计》（许秋妍）

《基于深度学习的高中数学问题设计研究——以"椭圆及其标准方程"为例》（谢晓鹏）

《利用玲珑 3D 促进高中立体几何的深度学习》（谢晓鹏）

《"微建模"视角下的"大圆小圆问题"》（许伟亮）

《教材数学建模问题的再研究——以人教版数学 A 版第一册 P162 实例为例》（卢镇豪）

十一、出版的专著

2019 年工作室已经正式出版的专著有《给高中数学教与学的建议》（2019年 9 月，卢镇豪著，333 千字）。

随着信息技术与人工智能技术的发展，知识和信息的更新速度加快，对人解决问题能力的要求也更高。深度学习是对知识进行深层次的理解学习，学生围绕着具有挑战性的学习主题，全身心积极参与、体验成功、获得发展的有意义的学习过程，旨在发展学生的高阶思维能力，提高他们问题解决的能力。

依托广东省卢镇豪名教师工作室，由卢镇豪老师亲自主持的课题《高中数学深度学习问题设计研究》，在卢镇豪老师的带领下，在课题组、工作室成员的共同努力下，取得了丰富的研究成果，现抽取其中优秀的部分，与大家一起交流，一起探讨。本章介绍深度学习、问题设计的相关理论以及我们的研究观点

第二章 深度学习之我见

第一节　基于 ACT – R 理论的高中数学深度学习问题设计与评价

汕头市金山中学　许伟亮

一、高中数学深度学习与 ACT – R 理论

深度学习是课程改革以来对课程理解和课堂实践的深化，它既是一种理念，也是一种实践指导策略。教育部基础教育课程教材发展中心所领导的深度学习教学改进项目总项目组对深度学习的内涵界定如下：在教师引领下，学生围绕着具有挑战性的学习主题，全身心积极参与、体验成功、获得发展的有意义的学习过程。在这个过程中，学生掌握学科的核心知识，理解学习的过程，把握学科的本质及思想方法，形成积极的内在学习动机、高级的社会性情感、乐观向上的态度、正确的价值观，成为既具独立性、批判性、创造性又有合作精神的基础扎实的优秀的学习者，最终成为未来社会历史实践的主人。

基于总项目组对深度学习的界定，结合高中数学学科的特点以及数学课程对学生数学学科素养提出的要求，笔者认为，高中数学深度学习是指在教师引领下，学生围绕具有挑战性的数学学习主题，全身心积极参与、体验成功、获得发展的有意义的数学学习过程。在这个过程中，学生开展以具体到抽象、运算与推理、几何直观、数据分析、数学建模和问题解决等为重点的思维活动，获得数学的核心知识，把握数学的本质和思想方法，提高思维能力，发展数学学科核心素养，形成积极的情感、态度和正确的价值观，逐渐成为既具独立性、批判性、创造性又有合作精神的学习者。高中数学深度学习的教学设计重点在于通过精心设计问题情境和学习任务，引发学生的认知冲突和深度思考，并重

点关注对学生的形成性评价。

深度学习强调对知识进行深层次的理解学习，而 ACT – R 理论主要研究如何获得知识、理解知识，如何完成认知活动，是对知识内化的具体说明。ACT – R 理论和深度学习在某些观点上不谋而合：一是强调对知识的理解，建构知识的联系；二是有关问题解决的学习；三是重视知识的内化与迁移。教学活动是师生的相互活动，学生深度学习依赖教师深度教学的引导。教与学的一致性和相容性也决定了从学生深度学习到教师深度教学的必然性。而 ACT – R 理论作为认知理论，揭示了学生的认知过程。本文基于 ACT – R 理论指导高中数学的深度教学，以期发展学生的数学学科核心素养，促进知识的内化，提升他们问题解决的能力。

二、ACT – R 理论

（一）ACT – R 理论简介

ACT – R（Adaptive Control of Thought – Rational）中"ACT"的中文含义是思维的适应性控制，"R"的含义是理性，所以中文全称是理性思维的适应性控制理论。该认知理论是由美国人工智能专家和心理学家安德森（John R. Anderson）等人创立的，目的在于理解人类知识的获得和组织以及智力的产生。数学学习及问题解决的认知活动从一开始就被作为该理论的研究对象，研究基于神经生物学研究成果并从中得以验证，而且仿真结果得到真人实验和核磁共振实验的验证。ACT – R 理论一直在实践和研究中不断完善和升级，而且成功地为许多不同认知现象建立了合理的模型，包括感觉和注意、模式识别、学习和记忆、问题解决和制定决策、数学的认知过程、语言加工、智能代理（intelligent agents）、智能导师系统（intelligent tutor systems）和人机互动等。

选择 ACT – R 作为本研究理论支撑的理由：

（1）ACT – R 理论基本假设得到神经科学的验证。

（2）ACT – R 理论以数学学习和问题解决为基本研究素材。

（3）ACT – R 理论一直采用计算机模拟与真人认知过程对比的研究方法，对 ACT – R 模型不断完善升级，目前的最新版本为 ACT – R6.1。

（4）ACT – R 理论得到了世界各国学者的认同，有一大批的研究人员进行了相关研究，已经形成一个完整的研究体系，并由卡内基梅隆大学的 ACT – R

官方网站将相关研究搜集整理，方便查阅第一手最权威的文献资料。

（5）ACT－R 理论的部分成果已经通过计算机编程实现，而且已开发出基于该理论的高中数学学习软件和学习资料。

（6）ACT－R 理论既是一种学习理论，也是一种评价方法。它的研究目的一方面是揭示人类个体的认知规律；另一方面是诊断学习的效率与认知过程的各个环节中出现的困难与错误及其原因。卡内基梅隆大学的 ACT－R 官方网站如图 2－1－1，其相关论文检索页面如图 2－1－2，基于 ACT－R 理论研发的学习软件如图 2－1－3。

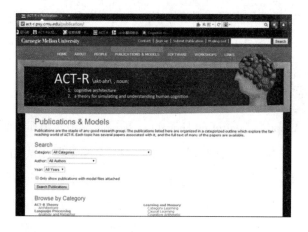

图 2－1－1

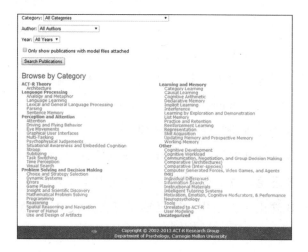

图 2－1－2

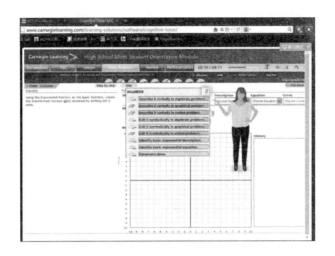

图 2 - 1 - 3

(二) ACT - R 理论基础

ACT - R 理论有两个基本假设：①对人类认知的理性分析；②陈述性知识和程序性知识的区分。理性分析和三个简单的二分法是 ACT - R 理论论述的基础。

1. 理性分析

理性原则（rational principle）是指认知系统在其运行限制的前提下，其每个环节都尽可能使来自环境中的要求达到最佳。考虑某个认知环节运转的最优化，能够帮助我们理解认知结构某个特定环节的运转。无论是策略的使用或记忆元素的选择提取，ACT - R 都会选择有着最高期望获得值的那种方式，通俗地讲，就是付出最少收益最大的方式。

2. 三个二分法

三个简单的二分法是 ACT - R 理论建立的另一基础。

两类知识：①关于事实的陈述性知识（declarative knowledge）；②关于如何完成各种认知活动的程序性知识（procedural knowledge）。

两个假设：①关于 ACT - R 模型如何运用已有知识去解决问题的操作假设（performance assumptions）；②关于 ACT - R 模型如何获得新知识的学习假设（learning assumptions）。

两个水平：①有关离散知识结构的符号水平（symbolic level）；②有关神经

系统激活过程的亚符号水平（sub – symbolic level）。具体而言，每个产生式都伴随着两个亚符号参量：预期的努力（expected effort）和预期的成功概率（effected probability of success），亚符号水平决定符号结构的可用状态。

这三个二分法是 ACT – R 理论模型刻画人类认知活动的基本框架：①学习与问题解决的基础，两类知识用于描述个体已有的认知结构；②学习与问题解决的过程，两个假设用于描述两类知识的获得与迁移；③学习与问题解决的效率，"两个水平"用于描述认知活动的效率。因此，ACT – R 理论也被称为"学习与认知的简单理论"。

（三）陈述性知识

1. 陈述性知识的表征[①]

陈述性知识是关于事实（fact）或事物准确性定义与性质的知识。简单地说，就是我们意识到自己知道的并且能够陈述给其他人的知识，例如：二面角，函数，$3 + 4 = 7$ 等，或者是认知类的自然知识，比如：草是绿的，月亮是不会发光的。

在 ACT – R 认知模型中，知识表征为命题网络。命题是指建立在事物抽象意义基础上的知识表征形式，相关联的命题构成命题网络（prepositional network），是大脑进行推理和思考的基础。

除此之外，陈述性知识还可以表征为表象和线性顺序（linear ordering）。表象和线性顺序是建立在知觉基础上的基本陈述性表征单位。表象是对客观的空间关系、细节特征及抽象观念的持续变化特征的表征形式；线性顺序是对一系列信息所做的线形次序编码，便于信息的提取。在大脑对某一信息范畴的表征中，存在一种综合性特征，往往是命题、表象及线性顺序的组合，即图式（Schema），图式决定了知识的存储和提取速度。Anderson 认为，人类大脑中信息的再激活速度越快，越有利于信息的再现。

综上所述，陈述性知识的基本表征有 3 种形式：命题网络表征、表象表征和线性排序。在此基础上形成综合表征形式——图式。ACT – R 对陈述性知识

---

① 知识的表征是指人们在自己的工作记忆和长时记忆中对信息的贮存、表示和再现方式。

的编码[①]见图 2-1-4。

Character		Fact	
isa	shape	isa	addition-fact
agent	earth	addend 1	1
attribute	global	addend 2	1
		sum	2
chunk 1		chunk 2	

图 2-1-4

从计算机仿真模拟的角度看，ACT-R 中的陈述性知识又称为信息块（chunk）。每个信息块包括名称、类别、属性及属性值等几部分。如图 2-1-4 左框所示，"Character" 是这个信息块的名称，"shape" 表示该信息块所属的类别是形状，"agent" 和 "attribute" 是属性，"earth" 和 "global" 是对应的属性值。每一个信息块可以由任意多个属性及其属性值构成，图 2-1-4 右边的例子表示一个事实（fact），其类别是加法事实（addition-fact），属性有三个，被加数（addend 1）值为 1，加数（addend 2）值为 1，和（sum）值为 2。

2. 信息块的获得

陈述性知识的获得主要有两条途径，其一是通过对环境的信息编码，也就是被动式接受的结果，其二是先前经验的记忆。相对比学习新的认知体系，这两种认知结构没有明显的区别，被动学习的优势就是效率和精准；当然，通过练习获得知识会储存结果目标，也会储存相关的策略，便于回忆失败时运用。联系就是知识要存在一个正确的状态，通过各种感官渗透到学习者的头脑中，所以相对于学生自我生成的不确定性以及由此带来的影响，ACT-R 理论强调概念引入和形成是非常重要的。

（四）程序性知识

1. 程序性知识的表征

程序性知识是指用于提取陈述性信息块的规则性单元，表征为产生式

---

① 编码（Encoding）在认知上是解释传入的刺激的一种基本知觉的过程。技术上来说，这是一个复杂的、多阶段的转换过程，从较为客观的感觉输入（例如光、声）到主观上有意义的体验。

（Productions）。一个产生式规则（production rules）就是一个"条件——→反应"的单元，表示如果满足事件产生的条件就执行产生的动作。

在产生式系统中，典型的思维流程就是一系列的产生式被"触发"（在ACT－R理论中，用"fire"来表示）的过程。产生式规则按条件指定具体的目标，并建立相应的子目标。例如，假设学生解决如下一个多位数加法问题：123＋454。

图 2 - 1 - 5

问题的最终目标就是要把每一列的数字相加，得出求和的结果。学生根据已有的陈述性知识，即十位数以内的加法知识，提取已有的信息块"$3+4=7$，$2+5=7$，$1+4=5$"就可以完成目标。当然，有可能涉及进位的问题，那就是新的子目标了。ACT－R理论认为"像这样的程序性规则和信息块一起共同形成了诸如数学领域中的能力"。

2. 程序性知识的获得

在 ACT－R 理论中，认知技能可以表征为一系列的产生式规则，陈述性知识向程序性知识的转化过程也是认知技能的自动化过程，安德森认为陈述性知识到程序性知识的转变要经历三个阶段：认知阶段、联结阶段和自动化阶段。对于第一阶段，安德森提出了如何使用陈述性知识的两条途径。

① 直接应用一般的策略性的产生式规则解释陈述性知识；

② 运用类比的方法形成新的产生式规则来解释陈述性知识。例如：一个学生解决一道没有做过的题目，他既可以用一般的解题方法解决具体的问题，也可以用类比的方法将一个产生式的规则用于解决这个问题，以获得新的产生式规则。

相比而言，产生式规则的获得主要依靠类比（analogy）的过程，这是程序性知识在 ACT－R 理论中的主要获得机制。类比的发生需要两个前提：首先要有解决当前情境中某个目标的意愿。其次需要一个解决类似目标的范例（如$4+5$）。在这种情况下，ACT－R 的类比机制会从样例中抽象出原理，进而形成用于当前情境的产生式规则，新的产生式规则一旦形成，又可以用于其他的情境。也就是说，按照 ACT－R 理论，程序性技能是在参照旧问题去解决新问题的过程中获得的。因此，这一理论实际上是"做中学"（learning by doing）和"范例学习"（learning by example）的理论。

根据 ACT－R 理论，只是简单地提供样例并不能保证学习的发生。产生式规则的有效获得还需要对样例的充分理解。样例理解影响学习的方式有如下两种。

（1）检索（提取）哪个样例用于类比。当现有的产生式不能解决当前的问题时，ACT－R 模型会在先前的样例中搜索解决过类似问题的样例。显然，当前的任务及先前样例的表征方式都会影响样例的选择。例如，解决一个问题的目标（如课堂中解决代数问题）看上去与解决另一个问题的目标（如估算电话公司的费用）非常不同，那么就不会选择相关的样例和附带的产生式。

（2）对样例的理解程度会影响由类比而形成的产生式。例如，在竖式减法中，8－3＝5 既可以理解为"上面的数字减去下面的数字"，也可以理解为"大的数字减去小的数字"。只有前者才能形成正确的产生式规则（通常是上面的数字减去下面的数字），而后者的理解会产生错误的产生式规则（通常是大的数字减去小的数字）。类似地，帕努利和安德森指出学生从同样的样例方案中可以得出不同的递归产生式。

（五）两类知识的区别与联系

数学知识可以区分为过程和对象两个侧面，所谓过程就是具备了可操作性的法则、公式、原理等，而对象则是数学中定义的结构关系。数学中的很多概念既表现为一种过程性操作，又表现为对象、结构，即数学概念的二重性。可以说两类知识没有严格的分界。把一个概念或一个规则作为一种事实静态看待，它就是陈述性知识，如果应用这个概念或规则解决问题，那么就是一种程序性知识。概念和规则既是陈述性知识的核心成分，也是程序性知识的核心成分。如果它们以图式贮存并被人陈述或提取出来，就称为陈述性知识；如果它们以产生式方式贮存，支配人的行为，则称为程序性知识。陈述性知识是程序性知识的基础，程序性知识由陈述性知识转化而来。

两类知识的区别主要概括为：①从测量学的观点看，陈述性知识可通过学习者的"陈述"方式去测量；程序性知识只能通过观察人的行为间接测量。

②从心理表征看，陈述性知识以图式表征；程序性知识以产生式系统表征。
③从激活和提取速度看，陈述性知识激活速度慢，其提取是一个有意识的搜寻过程；程序性知识激活速度快，且能相互激活。④从输入与输出看，陈述性知识相对静态；程序性知识相对动态。⑤从学习与遗忘速度看，陈述性知识习得速度快，遗忘也快；程序性知识习得速度慢，遗忘也慢。

（六）目标层级

陈述性知识和程序性知识，前者的存储形式实质上是命题、表象及线性顺序的组合，即图式（Schema）；后者是用来提取这些信息块的生产式系统。那么，这些产生式又是怎样被"触发"（fire）的呢？为此，ACT－R定义了第三种记忆，那就是目标层级（goal stack）。

目标的层级化是新知识的习得过程，对于确定的目标体系而言，与原有知识之间的对比距离也是影响学习效果的重要因素。在目标确定后，如何通过已有现状知识与目标的层级分布，确定每一个小的目标，逐渐靠近最终的学习目标，层级梯度、宽度的选择，与目标相近度的选择就变得非常重要。

在学习与问题解决过程中，学习者首先会明确目前在认知任务中所处的初始状态以及最终要实现的总目标，总目标可以分解为一系列的子目标，而这些子目标又会被进一步分解为更具体的子目标。ACT－R认知模型中的目标层级就是用来进行子目标的累积的，而在每一个时间点上，只有最新加入的子目标才用于产生式的选择，一旦成功，就会将这个子目标从目标层级中清除。可以说目标层级在问题解决中起着主导的作用。ACT－R的目标层级如图2－1－6。

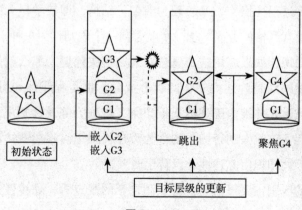

图 2 － 1 － 6

在 ACT－R 目标层级示意图（图 2－1－6）中，G1 是最终要达成的总目标；要实现这个目标，需要先完成目标 G2、G3，于是这两个目标就被嵌进了目标层级；这时，目标层级的顶端是 G3，因此首先完成 G3，由它触及一个或者一系列的产生式来完成任务；随着 G3 的完成，G3 会自行消除，目标 G2"跳"到最顶层又重复 G3 的触发过程；这时，又出现一个与目标 G2 并发的目标 G4，于是在这两个目标之间形成了一个循环；当循环结束后，最初的目标 G1 也随之达成。

这种子目标的等级化组织和程序的限制性聚焦使知识访问方式和技能应用方式产生了严格的次序。例如：在多位数加法中，目标层级把整体的加法分为具体列的加法以及进位处理。这就为解决多位数加法提供了一个完整的算法程序。

所以目标层级在问题解决中起着重要的作用。例如：在多位数减法中，会出现错位的子目标，特别是向 0 借。由于这些目标层级不是很明显，解决时经常会出现问题。很多多位数减法中的错误就与借位这一子目标有关。

ACT－R 理论把问题解决视为学习中至关重要的过程，特别是在科学和数学这样的领域中。安德森对"问题解决"下的定义为：任何受目标指引的认知操作序列。分析这一定义，我们可以归纳出问题解决的三个基本特征：①目标指引性；②操作序列；③认知性操作。可以说，问题解决指的是人们不能自动化地达到某个目标，而必须付出努力去实现这个目标。

（七）激活过程

1. 影响激活的基本要素

单纯拥有符号性知识（信息块和产生式）并不等于能够成功地运用。知识的运用还依赖一系列的激活过程（activation processes），这与有关神经系统激活过程的亚符号水平（sub－symbolic level）相关。

"激活"是基本的信息加工步骤，指触发（fire）一系列用于提取某些陈述性知识并解决问题的产生式规则。信息块提取过程的成败与速度取决于被提取的信息块的激活水平和产生式的强度。提取过程的成败与速度进而影响操作的流畅性。信息块的激活水平和产生式的强度的提高可以通过练习逐渐积累。安德森等人（Anderson，Fincham，Douglass）研究了产生式规则如何通过练习而逐渐生效的过程，他们发现，一个规则在练习了 40 次左右后变得稳定和可靠。行为主义心理学家桑代克指出，只有当学习者发现重复练习能获得满意的效果时，练习才会有助于学习，所以安德森等人的练习是指有及时反馈与提示的有意义学习，而不是机械学习。

在 ACT – R 中，有一些用来描述激活水平与强度如何影响表现流畅性的数学模型，如精确方程（（Accuracy Equation）、潜伏方程（Latency Equation）、激活方程（Activation Equation）、基准方程（Base – Level Equation）和产生式强度方程（Production Strength Equation）等。这些模型在 ACT – R 理论中非常重要，因为这些模式是经过大量实验检验的，它们可以精确地预测练习如何引起表现的流畅性。具体模型可查阅 *Implications of the ACT – R Learning Theory*：*No Magic Bullets* 一文。由于本文的讨论并不依赖这些精确的模型，下面只给出关于模型的定性结论。

"信息块的激活水平""产生式的强度"对"提取过程的成败与速度"的影响如下。

（1）信息块的激活水平越高，用于激活这个信息块的产生式的强度越大，该信息块被成功提取的概率越大，提取所需时间越少。

（2）随着信息块的激活水平和用于激活这个信息块的产生式的强度的增加，提取成功的概率与速度上的提高会越来越困难，到达一个临界值后趋于稳定。

可见练习是必须的，但并不是练习的次数越多越好，应该在达到这个临界值时"见好就收"。

2. 信息块的激活

信息块的激活水平既与掌握它的好坏程度有关，也与信息块的使用历史（包括频率和新近使用情况）有关，而且受最近一次使用情况的影响最大，同时与它同当前背景的联系程度有关，相比之下后者是亚符号激活量中最不重要的量（对学习的影响并不显著）。例如，某些信息块，比如你自己的名字，由于异常熟悉，因此不必有背景的关联，始终都处于很高的激活水平；但另外一些信息块，比如加法事实 $3 + 4 = 7$，则只有在解决与 3、4 有关的数学问题时才具有较高的激活水平。

3. 产生式的选择

安德森（1993）指出，ACT－R 理论中控制产生式规则选择的因素包括：①当前处于活跃状态的目标；②众多陈述性信息块过去的使用史；③当前背景中的元素；④产生式规则的复杂度；⑤产生式规则过去使用的频率；⑥产生式规则过去的成功使用史；⑦到目前为止，为了解决问题所付出的努力量；⑧执行某个产生式规则实现的状态和最终目标状态间的相似度。

ACT－R 通过计算成功与付出之间的平衡值而选择恰当的产生式，这称为策略选择的冲突决策机制（conflict resolution）。通过本节的介绍可以发现，与策略相关的预期努力（expected effort）和预期的成功概率（effected probability of success）都是随着产生式的使用经验而逐渐获得的。通过练习，不同策略的准确性和需要付出的努力会发生变化。练习得越多，产生式的简易性和精确性就越高。

可以说在 ACT－R 中，策略选择涉及符号与亚符号两个成分。在符号层面上是非常直接的：不同的策略可以简单地表示为不同的产生式（或者产生式系统）。而亚符号层面上就涉及冲突决策机制。对于同一个目标，可实现的产生式规则通常不止一条。如何在匹配的产生式集合中进行选择？对同一产生式而言，在解决问题时选择哪个样例？冲突决策机制就解决了这两个选择问题。

（八）ACT－R 模型小结

ACT－R 的主要理论是理性分析——ACT－R 总会选择有着最高期望获得值的认知方式，有两种符号类型：关于离散知识结构的符号（陈述性知识，程序性知识）和关于神经系统激活过程的亚符号（"激活""类比""冲突决策"等），长时记忆内容是事实与产生式，短时记忆即目标层级，没有平行的产生式触发，即每次只触发一条产生式规则，该理论对激活、潜伏等有详细的预测模型。

对 ACT－R 理论中关键的三种记忆和三种认知机制列表总结，即 ACT－R 模型中的三种记忆如表 2－1－1，ACT－R 模型中的三种认知机制如表 2－1－2。

表 2 - 1 - 1

	类型	名称	内容	表征	获得方式	相互作用	对应主要数学学习
三种记忆	长时记忆	陈述性记忆	陈述性知识	图式	① 对环境的信息编码；② 对先验知识的记忆	储存事实	概念学习
		程序性记忆	程序性知识	产生式系统	① 直接应用一般的策略性产生式解决问题；② 运用类比的方法形成新的产生式规则	提取陈述性信息块	原理/认知策略学习（以概念学习为基础）
	短时记忆	目标层级	目标与子目标	问题空间	问题表征，策略选择、运用	触发产生式	问题解决（以上述两种学习为基础）

表 2 - 1 - 2

	名称	含义	主要影响因素	如何改善	数学思维活动
三种认知机制	激活	触发一系列用于提取某些陈述性知识并解决问题的产生式规则	信息块的激活水平；产生式的强度	练习（40 次左右稳定）；知识的理解	基本知识、基本技能的提取
	类比	即类比推理，是知识从一个领域（源领域）向另一个领域（目标领域）的映射	有无样例；样例的理解程度	提供丰富的多层次的样例；样例的理解	数学知识的迁移
	冲突决策	通过计算成功与付出之间的平衡值而选择恰当的产生式	预期努力与成功概率的平衡值	通过练习积累产生式的使用经验	认知策略的选择

以上笔者对 ACT - R 进行了介绍。实际上，这是把一个认知过程分解开的研究，那么在 ACT - R 中，完整的认知过程是怎样的呢？请看图 2 - 1 - 7

ACT－R认知流程图，即信息流程模型。这里只介绍了 ACT－R 中基本的信息流程，随着 ACT－R 版本的升级，其信息流程会随着不同模块的增加而不断丰富。

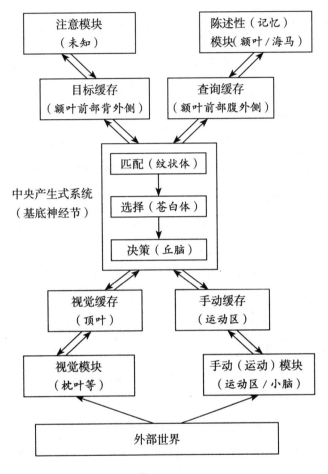

图 2－1－7

该 ACT－R 认知流程图中"注意模块"也可以称为"目标模块"，属于短时记忆模块，负责目标层级的运作。从图中可以看到，ACT－R 的核心是产生式循环。在每个循环上，所有激活的信息块都被更新，每个循环只触发一条产生式规则，其过程已在前面的小节里描述。每个认知操作都涉及相关的缓存器，所以认知流程的进行还受到工作记忆负荷的影响。

在实际认知活动中，上述过程是相当复杂的：①产生式的触发是连续的，这在一定程度上限制了系统的认知宽度；②在 ACT－R 中有许多信息块与当前目标相关联，衍生的源激活量越多，系统就越难去选择相关的陈述性记忆；

③ACT – R 还会实施"局部匹配（partial matching）"，意思是说系统可能用近似的信息块来取代所需的信息块，这是主体在认知活动中出错的原因之一。

三、ACT – R 理论指导的高中数学深度学习问题设计与评价

ACT – R 理论认为，任何知识的获得皆是以陈述性知识为开始，经过一定的程序化形成程序性知识，经由产生式的调优，不断自动化的过程。ACT – R 理论提供了一个模拟人类认知行为简明且有效的认知模型，可以从认知机理的本质上对高中数学深度学习的问题设计与评价提供理论依据与指导。

（一）设计的问题应深入陈述性知识的本质，促进知识深度理解

1. 完善的概念图式的重要性

根据前面的描述，在 ACT – R 理论中，陈述性知识的基本表征有 3 种形式：命题网络表征、表象表征和线性排序，在此基础上形成综合表征形式——图式。所以长时记忆模块中相关知识的缺失或理解不正确，对应到陈述性记忆模块就是概念图式的缺陷。

完善的概念图式应有足够多的观念，具有层次分明的概念网络结构。现代认知心理学关于"专家系统"的研究表明，在某个领域内善于解决问题的专家必须具备上万个知识组块，没有这些专门的知识，专家就不能解决该领域内的技术问题。

学生在学习了一个概念之后，具体应用概念时会出现类型各异的错误，或者是没有把握概念的内涵，无法辨认概念的反例，或者是不能理解概念的变式，学习了一个命题，特别是一组命题之后，往往不能灵活应用这些命题。喻平认为，产生这些现象主要与个体 CPFS 结构的优良与否有关。CPFS 结构，即概念域、概念系、命题域、命题系形成的结构。

概念图式缺陷导致的错误包括用日常生活概念、概念原型、"形象描述"等代替数学概念，分类与比较不合理，概括与抽象不完善，概念定义与概念相脱离，概念运用僵化，建立不恰当的联系，对联系做不正确的推广或依据个人经验强行进行不正确的联系等。

在实际教学中发现，学生对于一些规定出来的概念掌握得最不牢固，经常在涉及这些"规定"的地方出错。例如，"空集是任何集合的子集"的规定，

又如"零向量与任一向量平行"的规定。

综上，高中数学深度学习问题应该针对上述陈述性知识容易出错的地方进行重点设计，帮助学生形成良好的图式。设计的问题能否深入陈述性知识的本质，促进知识深度理解也应该成为评价问题设计质量的重要指标。

2. 问题设计应符合概念教学的认知规律

（1）概念的含义

在认识论中，概念被定义为"反映客观事物的共同本质属性的思维形式"。在心理学中，一般把概念定义为"符号所表征的具有共同本质特征的同类事、物或性质"。概念的构成包括：概念的命名和定义；概念的内涵和外延；概念的类别，可分为具体性与定义性概念、精确与模糊概念、日常与科学概念。

（2）概念的获得

概念的获得意味着学生要掌握一类事物的共同本质属性，并能辨别本质属性和非本质属性，能列举出概念的例证和反例。

学生获得概念有三种基本形式。

① 概念的形成（concept formation）。

概念的形成是指从大量的具体例子出发，归纳概括出一类事物的共同本质属性的过程。

② 概念的同化（concept assimilation）。

概念的同化是指学习者利用原有认知结构中的观念来理解接纳新概念的过程。

③ 概念的顺应（concept accommodation）。

概念的顺应是指当原有的认知结构不能同化新概念时，就要调整或改变原有的认知结构，以便概括新概念。

（3）数学概念的两种主要教学模式

① 概念形成的教学模式如图 2 - 1 - 8。

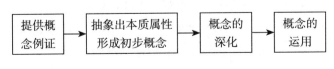

图 2 - 1 - 8

② 概念同化的教学模式如图 2-1-9。

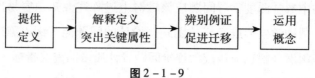

图 2-1-9

（4）促进数学概念学习的教学建议

① 概念的引入：根据概念的定义形式引入；根据学生认知的心理特点引入。

② 概念的理解：加强对概念的解剖分析；利用变式，突出概念的本质属性；注意概念的对比和直观化；注意概念体系的建构。

③ 概念的运用：在实践中运用概念的过程，实质上是概念具体化的过程，这有助于学生对概念的深刻理解并牢固地掌握概念。

3. 概念课问题设计例举

设计关于"圆锥曲线的定义理解"的高中数学深度学习问题，就可以针对以下"定义辨析"中列出的要点，增减或者变换定义中关键词进行问题设计。

（1）椭圆

定义：平面内，若 F_1，F_2 是两定点，P 为动点，且 $|PF_1| + |PF_2| = 2a > |F_1F_2|$（$a$ 为常数），则动点 P 的轨迹是椭圆。

定义辨析：

① 椭圆是在平面内研究的图形，"空间中与两个定点的距离之和等于定长的动点轨迹"（定长大于两定点之间的距离）则是椭球体，如橄榄球等。

② 椭圆中的两个定点之间的距离之和是常数，强调是"和"，区别于双曲线定义中的"差"。

③ 这个"常数"要大于两定点之间的距离。这是因为动点到两个定点之间的距离与两定点之间的距离构成一个三角形，而组成一个三角形的条件就是任意两边之和大于第三边，并且这个"常数"是正常数。

④ 定义是一个充分必要条件，即椭圆上的点的特点就是到两个定点之间的距离的和等于常数，为求取椭圆的标准方程埋下伏笔。

⑤ $|PF_1| + |PF_2| = 2a > |F_1F_2|$ 方程为椭圆，$|PF_1| + |PF_2| = 2a < |F_1F_2|$ 无轨迹，$|PF_1| + |PF_2| = 2a = |F_1F_2|$ 是以 F_1，F_2 为端点的线段。

（2）双曲线

定义：平面内，若 F_1，F_2 是两定点，P 为动点，且 $||PF_1| - |PF_2|| = 2a$ $< |F_1F_2|$（a 为常数），则动点 P 的轨迹是双曲线。

定义辨析：

① 定义中几个容易忽略的点："平面内""距离的差的绝对值""常数小于 $|F_1F_2|$"。

② 双曲线在一定的仿射变换下，也可以看成反比例函数。

③ $||PF_1| - |PF_2|| = 2a < |F_1F_2|$ 方程为双曲线，$||PF_1| - |PF_2|| = 2a >$ $|F_1F_2|$ 无轨迹，$||PF_1| - |PF_2|| = 2a = |F_1F_2|$ 是以 F_1、F_2 为端点，指向 F_1F_2 外侧的两条射线。

（3）抛物线

定义：平面内，到定点 F 与定直线 l（$F \notin l$）的距离相等的动点 P 的轨迹是抛物线。

定义辨析：定义中容易忽略的点："平面内"，"$F \notin l$"。

（二）设计的问题应促进程序性知识的准确与规范执行，形成稳固的产生式

1. 完善的原理及认知策略系统的重要性

长时记忆模块中相关知识的缺失或理解不正确，对应到程序性记忆模块就是原理及认知策略系统不完善。程序性知识（技能）包括认知技能和动作技能，认知心理学主要关注认知技能，其中认知技能分为智慧技能（自动化技能，较少受意识的控制）和认知策略（策略性知识，受意识控制，其运用较难达到自动化程度）两个亚类。数学中的程序性知识主要指数学原理（包括法则、性质、公式、公理、定理等）和数学认知策略。

原理学习的实质是习得产生式。原理学习实际上是学习一些概念之间的关系。因此，概念学习是原理学习的基础，不掌握构成原理的各个概念，就不可能习得这一原理，所以产生式系统不完善的根源之一是个人概念图式的缺陷。习得原理不是孤立地掌握一个原理，而是要在原理之间建立联系，形成原理网络。

某一问题领域内的专家解决问题的能力之所以比新手强，主要的原因之一

是专家的认知结构中有着比新手多得多的问题解决策略的观念。因此，良好的数学认知结构必须包括一定的问题解决策略的观念。如数学问题解决的 7 种主要策略为归类策略、化归策略、算法策略、分类策略、类比策略、构造策略及逆向策略。

2. 问题设计应符合原理教学的认知规律

（1）什么是原理学习

① 对原理的两种理解。

作为客观的原理：指的是原理的客观陈述，用言语符号信息描述概念之间的关系。

作为主观的原理：指的是人的心理操作反应系统，即主体在特定的情境中根据各种关系做出相应的反应。它以产生式"若……，则……"的形式贮存在大脑中。主体能以一类操作行为对一类刺激情境做出反应。

② 数学中的原理主要指公式、法则、定理和性质。

③ 原理学习的本质：

A. 原理学习实际上是学习一些概念之间的关系。

B. 原理学习不是习得描述原理的言语信息，而是习得原理的心理意义，它是一种有意义的学习。

C. 原理学习实质上是习得产生式。只要条件信息一满足，相应的行为反应就自然出现。学习者据此指导自己的行为并解决遇到的新问题。

D. 习得原理不是孤立地掌握一个原理，而是要在原理之间建立联系，形成原理网络。

（2）原理学习的四种水平

从运用原理的角度看，数学原理学习的水平可以分成：言语连锁学习水平；正向产生式水平；逆向产生式水平；变形产生式水平。

① 言语连锁学习水平：处于这一水平的学生，会说，会背，会写原理的客观陈述，但不理解原理的本质，他们尚未在心理上形成产生式，当然也就不能运用原理。

$$\tan\ (\alpha+\beta)\ =\frac{\tan\alpha+\tan\beta}{1-\tan\alpha\cdot\tan\beta}$$

② 正向产生式水平（正用水平）：处于这一水平的学生，已在心理上形成

"若……，则……"这一正向产生式，能够由满足原理的条件信息推出结论信息，属于正向使用数学原理的水平。

$$\tan（\alpha+\beta）\Rightarrow\frac{\tan\alpha+\tan\beta}{1-\tan\alpha\cdot\tan\beta}$$

③ 逆向产生式水平（逆用水平）：处于这一水平的学生，已在心理上形成"要……，就要……"这一逆向产生式，能够由结论信息出发，追寻结论成立的充分条件。这一水平属于逆用数学原理的水平，是运用数学原理的较高级水平。

$$\frac{\tan\alpha+\tan\beta}{1-\tan\alpha\cdot\tan\beta}\Rightarrow\tan（\alpha+\beta）$$

④ 变形产生式水平（变形使用水平）：处于这一水平的学生，已在心理上形成变形产生式，能够由问题的部分信息检索出相关的数学原理模式，并根据当前解决问题的需要对数学模式进行变形使用，从而解决问题。这一水平属于变形使用数学原理的水平，是运用数学原理的高级阶段。

例如，学完两角和的正切公式后，具有变形产生式水平的学生，在解一个综合性问题时，面对两个实数的乘积"ab"这一刺激，他想起了两角和的正切公式，即 $\tan（\alpha+\beta）=\dfrac{\tan\alpha+\tan\beta}{1-\tan\alpha\cdot\tan\beta}$，并根据需要，知道 $ab=\tan\alpha\cdot\tan\beta=$ $[\tan（\alpha+\beta）-\tan\alpha-\tan\beta]/\tan（\alpha+\beta）$。

（3）数学原理学习的形式

① 由例子到原理的学习，是指从若干例证中归纳出一般结论的学习。它是一种发现学习，简称为"例子 – 原理法"。

② 由原理到例子的学习，是指先向学生呈现要学习的原理，然后再用实例说明原理（有时要予以逻辑证明），从而使学生掌握原理的学习。这是一种接受学习，简称为"原理 – 例子法"。

③ 接受学习与发现学习。有意义的接受学习的先进性是知识容量大，效率高，易控制。其局限性是学生的主动性、独立性、创造性未能充分体现。而发现学习的先进性是能激发学生的内在动机，培养对数学的兴趣，建立自信，能培养学生的探究精神和问题解决能力。其局限性是知识容量小，效率低，难控制。

有意义的接受学习是中国数学学习的优良传统，要保持。学校数学的多数内容适合于接受学习，启发式的讲授教学仍然是数学教学的主要形式。我们反对的是机械的接受学习（如死记硬背、题海训练、能力技巧化等倾向）。

发现学习是培养学生提出概念、发明创造的有效手段，我们应毫不迟疑地予以加强。并非所有的内容都适合于发现学习，发现学习只是接受学习的有益补充。教材应该在教学建议中明确一些适合进行发现学习的内容。学生不一定理解所发现内容的实质，发现后的同化理解十分必要。我们杜绝形式主义的低效率的机械发现学习。

是否选择发现学习模式进行教学，必须依据教育目的、学习内容、教学对象和教学条件确定。

（4）促进数学原理学习的教学建议

首先，促进数学原理学习的一般建议。

第一，提供丰富的例子。不论采用例子－原理法还是使用原理－例子法来学习原理，都需要为学生提供丰富的例证。例证应尽量涵盖例证的各种典型类别，以利于学生发现原理和全面理解原理。不能只提供原理的例证，还应该提供原理的反例。

第二，联系已学过的知识。原理学习是有意义的学习，是新旧知识相互作用并形成新的认知结构的过程。要促进新原理的学习，就要使学生的认知结构中具备与新原理相关的适当观念。在教学中，教师可以引导学生复习、回忆与原理相关的旧知识，以帮助学生同化新原理。

第三，让学生运用原理。促进原理学习的最有效的办法是让学生在运用原理的过程中掌握原理。注意：练习不是越多越好，类别单一的重复练习并不有效。要想使学生真正掌握原理，形成产生式，就要让学生进行变式练习。所谓变式练习，就是在其他有效学习条件不变的情况下，命题例证的变化。

其次，促进公式和法则学习的教学建议。

在数学中产生了大量的由字母和符号表达的正确命题，我们称之为公式。公式的教学应重视以下四个方面：①公式的推导；②公式的理解；③公式的记忆；④公式的应用。

中学数学中的法则指的是运算方面的法则。在法则的教学中，应使学生熟悉法则的具体内容，在法则的应用上多下功夫，逐步提高运算速度，并达到熟练的程度，最终形成运算技能。

最后，促进定理和性质学习的教学建议。

定理和性质教学的基本要求：掌握定理的证明方法；使学生理解并记住定理的条件和结论；熟悉定理的适用范围。定理和性质教学的重点：①揭示定理结论的发现过程；②揭示证明思路的探索过程。（何小亚，2003）

3. 原理教学的问题设计例举

下面以数学归纳法教学的问题设计为例。

例1：数列 $\{a_n\}$ 中，$a_1 = 1$，$a_{n+1} = \dfrac{a_n}{1 + a_n}$（$n \in \mathbf{N}^*$），$\{a_n\}$ 的通项公式是什么？你是怎么得到的？

设计意图：运用数学归纳法解决求数列通项问题，初步检验学生掌握运用情况。

解法一：观察数列 $\{a_n\}$ 特点，变形解出。

解法二：先计算 a_2，a_3，a_4 的值，再推测通项 a_n 的公式，最后用数学归纳法证明结论。

例2：不考虑第一步，从第二步开始，请证明 $(n+1)^2 + (n+2)^2$ 是偶数。

设计意图：举典型易错题让学生进一步感悟数学归纳法"归纳奠基"和"归纳递推"两个关键步骤缺一不可，本例重点强调"归纳奠基"的重要性，同时强调一些关键细节的处理。

证明：假设 $n = k$ 时，命题成立，即 $(k+1)^2 + (k+2)^2$ 是偶数。

当 $n = k+1$ 时，

$$[(k+1)+1]^2 + [(k+1)+2]^2$$
$$= (k+2)^2 + (k+1)^2 + 4(k+1) + 4$$
$$= (k+1)^2 + (k+2)^2 + 4(k+2)$$

由假设知道：$(k+1)^2 + (k+2)^2$ 是偶数，$4(k+2)$ 是偶数，那么 $[(k+1)+1]^2 + [(k+1)+2]^2$ 是偶数。

但结论是错的，当 $n = 1$ 时，$(1+1)^2 + (1+2)^2 = 13$，不是偶数。

例3：$f(n) = n^2 + n + 41$，你能证明 $f(n)$ 是质数吗？

证明：不能，$f(1)$，$f(2)$，$f(3)$，$f(4)$，…，$f(39)$ 都是质数，

但 $f(40) = 40^2 + 40 + 41 = 41^2$ 是合数。

设计意图：举典型易错题让学生进一步感悟数学归纳法"归纳奠基"和"归纳递推"两个关键步骤缺一不可，本例重点强调"归纳递推"的重要性。

例 4：找到 n_0，使可以运用数学归纳法证明 $\frac{1}{2}n^2 > 2n + 1$。

解：当 $n = 1$，$\frac{1}{2} \times 1^2 = \frac{1}{2} \leqslant 2 \times 1 + 1 = 3$；

$n = 2$，$\frac{1}{2} \times 2^2 = 2 \leqslant 2 \times 2 + 1 = 5$；

$n = 3$，$\frac{1}{2} \times 3^2 = \frac{9}{2} \leqslant 2 \times 3 + 1 = 7$；

$n = 4$，$\frac{1}{2} \times 4^2 = 8 \leqslant 2 \times 4 + 1 = 9$；

$n = 5$，$\frac{1}{2} \times 5^2 = \frac{25}{2} > 2 \times 5 + 1 = 11$；

$\therefore n_0 = 5$。

设计意图：从这道题知道可运用数学归纳法证明的题目，n_0 的值是肯定存在的，而且不一定为 1。当我们在寻求 n_0 并利用数学归纳法进行证明时，可以根据实际，从 1 往后推移。

例 5：判断下面命题运用数学归纳法进行证明是否正确。

(1) 运用数学归纳法证明：$1 + 3 + 5 + 7 + \cdots + (2n - 1) = n^2$。

证明：①当 $n = 1$，$1 = 1^2$，命题成立；

②假设 $n = k$ 时，等式 $1 + 3 + 5 + 7 + \cdots + (2k - 1) = k^2$ 成立；

那么，$1 + 3 + 5 + 7 + \cdots + (2k - 1) + (2k + 1)$

$= (k + 1)\dfrac{[1 + (2k + 1)]}{2}$

$= (k + 1)^2$

综合①②知，对 $n \in \mathbf{N}^*$，命题成立。

(2) 运用数学归纳法证明等差数列的前 n 项和公式 $S_n = na_1 + \dfrac{n(n - 1)d}{2}$。

证明：①当 $n = 1$ 时，$S_1 = a_1$，显然成立。

②假设 $n = k$ 时，公式成立，即 $S_k = ka_1 + \dfrac{k(k - 1)d}{2}$；

当 $n = k + 1$ 时，$S_{k+1} = a_1 + a_2 + \cdots + a_k + a_{k+1}$

$= a_1 + (a_1 + d) + (a_1 + 2d) + \cdots + [a_1 + (k - 1)d] + (a_1 + kd)$

$= (k + 1)a_1 + \dfrac{(k + 1)[(k + 1) - 1]d}{2}$

$\therefore$ 当 $n = k + 1$ 时，公式成立。

由①②知，对 $n \in \mathbf{N}^*$，公式都成立，故结论对一切自然数 n 都成立。

解：（1）（2）证明过程都错了，在数学归纳法中，" $n = k$ 时命题成立"这一归纳假设必须作为证明" $n = k + 1$ 时命题成立"的条件。没有用到归纳假设，命题等于没有得到证明。

数学归纳法中的递推步正确步骤应如下［以（2）为例］：

当 $n = k + 1$ 时，$S_{k+1} = a_1 + a_2 + \cdots + a_k + a_{k+1}$ 〔从 k 到 $k+1$ 有什么变化〕

$= S_k + (a_1 + kd)$ 〔用假设〕

$= ka_1 + \dfrac{k(k - 1)d}{2} + (a_1 + kd)$

$= ka_1 + a_1 + \dfrac{k(k - 1)d + 2kd}{2}$

$= (k + 1)a_1 + \dfrac{(k + 1)kd}{2}$ 〔凑形式〕

$\therefore$ 当 $n = k + 1$ 时，公式成立。

设计意图：递推步可以看作一个独立的命题，归纳假设" $n = k$ 时，命题成立"可以看作问题的条件，而" $n = k + 1$ 时命题成立"可以看作问题所要证明的结论。同时强调一些关键细节的处理。

（三）设计的问题应以问题解决引领，培养数学建模素养，促进思维深度参与

"问题是数学的心脏"，问题的驱动引领可以促使学生思维的深度参与。教学中要注重创设问题情境，让学生在情境中学会发现问题、提出问题、分析问题、解决问题，发展学生的数学素养。

1. 问题解决应侧重数学建模素养的培养

《普通高中数学课程标准（2017 年版）》（以下简称《课标》）建设性地把数学建模素养列入数学学科核心素养的范畴，这是在高中数学教学中坚决夯实学生应用数学基础的重要举措。数学建模是对现实问题进行数学抽象，用数学语言表达问题，用数学方法构建模型解决问题的素养。数学模型搭建了数学与外部世界联系的桥梁，是数学应用的重要形式。数学建模是应用数学解决实际问题的基本手段，也是推动数学发展的动力。

2. "微建模"是高中数学深度学习问题设计的可行模式

《课标》建议在必修、选修中共计 10 课时进行数学建模与数学探究活动。整体看，课时数很少，远不足以让学生领会数学建模思想，熟悉数学建模步骤。因此，需要课堂内外相结合，把数学建模思想融入每一内容板块的教学。在每一板块内容增设"微建模"题目有助于加强教、学双方对这方面的关注，并提供教学资源。

日常测试以及学考、高考中与数学建模素养考核相关的命题与日常建模活动的区别主要考虑：

（1）限时考试且为短时段考试。

（2）闭卷考试，无法执行开放的、实地的调查。

（3）学考、高考不能使用计算器。

基于以上考虑，在这些考试中，运用"微建模"题目进行建模素养测评是最好的选择。

"微建模"题目是与开放性数学建模活动相对应的一种仿真性题目，用以辅助教学双方在建模教学过程中分段明晰数学建模步骤，用以支持在非开放实践调查环境、限时等条件限制下进行建模相关练习，也适用于闭卷、限时的建模素养水平测试。

这类题目有以下主要特征：

（1）有合理的仿真背景，问题的解决方案在现实中有一定的应用价值。

（2）有一定开放性的命题。

（3）考查建立现实模型（转换、诠释情境信息，完成假设、简化）、建立数学模型、解释数学模型、检验数学模型、优化模型五个步骤中的至少 1～2 个步骤。

（4）经合理假设后所建的模型是高中阶段知识、技能、思想方法能覆盖的类别。

3."微建模"题目与传统应用题的区别与联系

传统应用题设计的目的是某知识点的运用，通常会为突出该知识点的运用做人为的情境设计。在目前的应用题设计中不乏"伪情境"（与现实不符或背景是无用、无意义装扮的情境信息）。

传统的应用题通常已经建立了现实模型并为问题解决配备了充分条件，这类命题的焦点放在问题的数学表征和数学解答上。当然这两部分也是数学建模的重要环节。

数学建模问题是应某个实际存在的问题而产生的，数学建模将焦点放在转换与诠释情境信息，辨别潜在的问题，建立模型，再诠释数学解答的前提、假设与可能的误差。与传统应用题相比较，"微建模"题目应该突出四个方面的特征：

（1）背景是仿真的，情境信息合理、自然，往往需要解题人转换与诠释、辨别潜在的问题才能建立现实模型。

（2）问题解决的条件不一定充分，需要解题人通过假设进行补足。

（3）结果可能需要在实际中反复检验并根据检验结果对过程进行相应的修改和完善。

（4）问题解决的表达方式往往是解释某种现象、分析某种合理性、提供问题解决方案等。

4."微建模"问题设计例举

例1：（考查"建立数学模型"的"微建模"问题设计）一个截面为抛物线形的旧河道（如图2-1-10），河口宽 $AB=4$ 米，河深2米，现要将其截面改造为等腰梯形（如图2-1-11），要求河道深度不变，而且施工时只能挖土，不准向河道填土。

（1）建立恰当的直角坐标系并求出抛物线弧 AB 的标准方程；

（2）试求当截面梯形的下底（较长的底边）长为多少米时，才能使挖出的土最少？

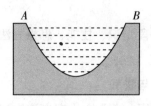 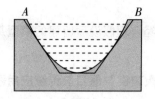

图 2 - 1 - 10   图 2 - 1 - 11

解：（1）如图 2 - 1 - 12，以抛物线的顶点为原点，AB 中垂线为 y 轴建立直角坐标系，则 A（-2，2），B（2，2）。

设抛物线的方程为 $x^2 = 2py$（$p > 0$），

将点 B（2，2）代入得 $p = 1$，

所以抛物线弧 AB 的方程为 $x^2 = 2y$（$-2 \leqslant x \leqslant 2$）。

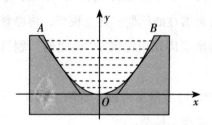

图 2 - 1 - 12

（2）设等腰梯形的腰与抛物线相切于 $P\left(t, \dfrac{1}{2}t^2\right)$（不妨 $t > 0$），

则过 $P\left(t, \dfrac{1}{2}t^2\right)$ 的切线 l 的斜率为 $y'\,|_{x=t} = t$，

所以切线 l 的方程为：$y - \dfrac{t^2}{2} = t(x - t)$，即 $y = tx - \dfrac{t^2}{2}$，

令 $y = 0$，得 $x = \dfrac{t}{2}$，

令 $y = 2$，得 $x = \dfrac{t}{2} + \dfrac{2}{t}$，

所以梯形面积 $S = \dfrac{1}{2}\left[2 \cdot \left(\dfrac{t}{2} + \dfrac{2}{t}\right) + 2 \cdot \dfrac{t}{2}\right] \cdot 2 = 2\left(t + \dfrac{2}{t}\right) \geqslant 4\sqrt{2}$，

当仅当 $t = \dfrac{2}{t}$，即 $t = \sqrt{2}$时，" = " 成立，

此时下底边长为 $2\left(\dfrac{\sqrt{2}}{2}+\dfrac{2}{\sqrt{2}}\right)=3\sqrt{2}$ 。

答：当梯形的下底边长等于 $3\sqrt{2}$ 米时，挖出的土最少。

例 2：（考查"检验数学模型"的"微建模"问题设计）某机构组织的家庭教育活动上有一个游戏，每次由一个小孩与其一位家长参与，测试家长对小孩饮食习惯的了解程度。在每一轮游戏中，主持人给出 A，B，C，D 四种食物，要求小孩根据自己的喜爱程度对其排序，然后由家长猜测小孩的排序结果。设小孩对四种食物排出的序号依次为 $x_A x_B x_C x_D$，家长猜测的序号依次为 $y_A y_B y_C y_D$，其中 $x_A x_B x_C x_D$ 和 $y_A y_B y_C y_D$ 都是 1，2，3，4 四个数字的一种排列。定义随机变量 $X=(x_A-y_A)^2+(x_B-y_B)^2+(x_C-y_C)^2+(x_D-y_D)^2$，用 X 来衡量家长对小孩饮食习惯的了解程度。

（1）若参与游戏的家长对小孩的饮食习惯完全不了解。

（ i ）求他们在一轮游戏中，对四种食物排出的序号完全不同的概率。

（ ii ）求 X 的分布列（简要说明方法，不用写出详细计算过程）。

（2）若有一组小孩和家长进行了三轮游戏，三轮的结果都满足 $X<4$，请判断这位家长对小孩饮食习惯是否了解，说明理由。

解：（1）（ i ）若家长对小孩的饮食习惯完全不了解，则家长对食物的排序是随意猜测的，先考虑小孩的排序 $x_A x_B x_C x_D$ 为 1234 的情况，家长的排序有 $A_4^4=24$ 种等可能结果，其中满足"家长的排序与对应位置的数字完全不同"的情况有 9 种，分别为：2143，2341，2413，3142，3412，3421，4123，4312，4321。

∴ 家长的排序与对应位置的数字完全不同的概率 $P=\dfrac{9}{24}=\dfrac{3}{8}$。

若小孩对四种食物的排序是其他情况，只需将角标 A，B，C，D 按照小孩的顺序调整即可，假设小孩的排序 $x_A x_B x_C x_D$ 为 1423 的情况，四种食物按 1234 的排列为 ACDB，再研究 $y_A y_B y_C y_D$ 的情况即可，其实这样处理后与第一种情况的计算结果是一致的。

∴ 他们在一轮游戏中，对四种食物排出的序号完全不同的概率为 $\dfrac{3}{8}$。

（ ii ）根据（ i ）的分析，同样只考虑小孩排序为 1234 的情况，家长的排序一共有 24 种情况,列出所有情况,分别计算每种情况下 x 的值,如表 2 - 1 - 3。

表 2 - 1 - 3

X	0	2	4	6	8	10	12	14	16	18	20
P	$\frac{1}{24}$	$\frac{1}{8}$	$\frac{1}{24}$	$\frac{1}{6}$	$\frac{1}{12}$	$\frac{1}{12}$	$\frac{1}{12}$	$\frac{1}{6}$	$\frac{1}{24}$	$\frac{1}{8}$	$\frac{1}{24}$

(2) 这位家长对小孩的饮食习惯比较了解。理由如下:

假设家长对小孩的饮食习惯完全不了解,由(1)可知,在一轮游戏中,

$P(X < 4) = P(X = 0) + P(X = 2) = \frac{1}{6}$,三轮游戏结果都满足 "$X < 4$" 的

概率为 $\left(\frac{1}{6}\right)^3 = \frac{1}{216} < \frac{5}{1000}$,这个结果发生的可能性很小。

∴ 这位家长对小孩饮食习惯比较了解。

(四) 设计的问题应有足够练习并且练习应有变式,促进知识深度内化

因应试取向,一线教学中充斥着 "题海战术",盲目追求练习的数量,以期达到 "熟能生巧" 的效果,但往往事与愿违,很多学生越练越笨,甚至练多生厌。ACT - R 理论认为:基本的信息加工过程是触发一系列用于某些陈述性知识并解决问题的产生式规则,能否提取成功以及提取的速度快慢由被提取的陈述性知识的激活水平和进行提取的产生式系统的强度所决定,也就是激活水平越高,提取成功的概率越大,速度越快。ACT - R 理论通过对练习和记忆的研究,提出了学习的三大定律,证明了反复的练习可以提高陈述性知识激活水平及加强产生式触发强度,但这并不等于练习的次数越多越好,与应试教学中 "题海战术" 不同的是,ACT - R 理论认为只有 "质" 和 "度" 的精致练习才能达到熟能生巧的境界,而精致要注意以下原则:

(1) 主体性原则。教师在进行问题设计时,要根据教学的进度,立足于学生现有的基础知识和基础技能,设置符合学生的 "最近发展区" 的习题进行有效练习。

(2) 目标性原则。教师基于学情和教材的分析,制定相应的教学目标,精选有利于达成目标的习题,而非与教学目标无关杂乱之题。

(3) 适度性原则。适当数量的练习,陈述性知识的激活水平高,练习效果最好。一旦过多,学生易产生疲惫,甚至厌学,不利于知识的吸收,达不到效

果，还浪费时间。

（4）渐进性原则。练习题目设置全都是简单题，达不到思维之启发；全都是难题，打击学生的自信心。因此，练习的题目难度要梯度性增加，由浅至深，前面简单题的解决为后面难题提供基础和自信，增加学生挑战的欲望。

（5）变式性原则。数学学习是一个理解、探究和解决问题，进而领悟数学本质的过程，练习一定要变式，在"变"中寻找"不变"的规律，抓住本质，内化知识，促进知识的迁移，培养思维品质。

（6）反思性原则。ACT－R理论强调知识的内化，教师要精选能让学生在解题过程中不断反思、带着批判性、有选择性学习的习题进行练习。

（五）设计的问题应重视及时反馈，深度针对指导

ACT－R理论认为，学生的陈述性知识主要来源于对环境的编码和先前心理操作结果的储存。学生的能力有限，在学习过程中难免会对新知识的理解产生偏差，一旦理解或记忆产生错误，带着错误的知识去建构新的知识网络，对下位后续知识的掌握也会产生偏差，所以ACT－R理论强调教师在发现学生认知上存在偏差时，要给予学生及时的反馈，这有利于学生审视自己的知识结构并对学生进行深度的指导，促进知识的内化，避免错误理解的知识积少成多，影响后续的学习。

四、总结

ACT－R理论指导的高中数学问题设计与评价，就是应注重陈述性知识的获得，掌握知识的纵向发展及横向关联，深入知识的本质，促进知识的理解；在理解知识的基础上，由问题导航，由"问题链"导思，将目标分层解析，促进陈述性知识程序化，提高解决实际问题的能力。学生进行精致练习、变式训练，提高程序性知识自动化水平，发展辩证思维，促进知识迁移。教师进行及时反馈，避免学生错误理解的知识或问题积少成多，深度针对指导，帮助学生建构正确的知识网络，最终达到知识的深度内化，提高解决问题的能力，发展学生的核心素养。

ACT－R理论指导的高中数学深度学习问题设计与评价的基本原则总结如下：

（1）设计的问题应深入陈述性知识的本质，促进知识深度理解。

（2）设计的问题应促进程序性知识的准确与规范执行，形成稳固的产生式。

（3）设计的问题应以问题解决为引领，培养数学建模素养，促进思维深度参与。"微建模"是高中数学深度学习问题设计的可行模式。

（4）设计的问题应有足够练习并且练习应有变式，促进知识深度内化。

（5）设计的问题应重视及时反馈，深度针对指导。

参考文献：

［1］Shiffrin R M，Schneider W. Controlled and automatic human information processing Ⅱ：Perceptual learning，automatic attending and a general theory ［J］. Psychological Review，1977，84：127 –190.

［2］Schustack M W，Anderson J R. Effects of analogy to prior knowledge on memory for new information ［J］. Journal of Verbal Learning and Verbal Behavior，1979，18：565 –584.

［3］Anderson J R. The Architecture of Cognition ［M］. MA：Harvard University Press，1983.

［4］Pirolli P L，Anderson J R. The acquisition of skill in the domain of programming recursion ［J］. Canadian Journal of Psychology，1985，39：240 –272.

［5］Mayer R E. Educational Psychology：A cognitive approach ［M］. London：Little Brown，1987.

［6］Norman D. The design of everyday things ［M］. New York：Doubleday，1988.

［7］Anderson J R. Cognitive Psychology and Its Implicanon ［M］. New York：Freeman，1990.

［8］Anderson J R. The Adaptive Character of Thought ［M］. Hillsdale，NJ：Erlbaum，1990.

［9］ Reason J T. Human error ［M］. New York： Cambridge University Press， 1990.

［10］ Anderson J R. Rules of the Mind ［M］. Hillsdale NJ： Erlbaum， 1993.

［11］ Lebiere C， Anderson J R， Reder L M. Error modeling in the ACT – R production system ［A］. In Proceedings of the Sixteenth Annual Conference of the Cognitive Science Society ［C］. Hillsdale， NJ： Erlbaum， 1994： 555 – 559.

［12］ Anderson J R. Learning arid Memory An Integrated Approach ［M］. New York： Wiley， 1995.

［13］ Anderson J R. ACT： A simple theory of complex cognition ［J］. American Psychologist， 1996， 51： 355 – 365.

［14］ Anderson J R， Reder， L M， Lebiere C. Working memory： Activation limitations on retrieval ［J］. Cognitive Psychology， 1996， 30 （3）： 221 – 256.

［15］ Dedre Gentner， Arthur B Markman. Structure Mapping in Analogy and Similarity ［J］. American Psychologist， 1997， 52 （1）： 45 – 56.

［16］ Keane M T. What makes an analogy difficult： the effects of order and causal structure in analogical map – ping? ［J］. Journal of Experimental Psychology： Language， Memory and Cognition， 1997 （23）： 946 – 967.

［17］ Anderson J R， Lebiere C. The atomic components of thought. Mahwah ［M］. NJ： Erlbaum， 1998.

［18］ Taatgen N A. Learning without limits： from problem solving toward a unified theory of learning ［D］. The Netherlands： University of Groningen， 1999.

［19］ John R Anderson， Daniel Bothell， Michael D Byrne， et al. An Integrated Theory of the Mind ［J］. Psychological Review， 2004， 111 （4）： 1036 – 1060.

[20] Byrne M D, Kirlik A. Using computational cognitive modeling to diagnose possible sources of aviation error [J]. International Journal of Aviation Psychology, 2005, 15 (2): 135 – 155.

[21] 周以雄. 从逻辑角度浅析概念性错误 [J]. 中学教研（数学），1992 (12): 2.

[22] 傅小兰, 何海东. 问题表征过程的一项研究 [J]. 心理学报，1995 (2): 204 – 210.

[23] 刘建清. 9—12 岁儿童类比推理能力的发展 [J]. 心理科学，1995 (1): 56 – 58.

[24] 邵瑞珍. 教育心理学 [M]. 上海：上海教育出版社，1997.

[25] Paul Ernest. 数学教育哲学 [M]. 齐建华，译. 上海：上海教育出版社，1998.

[26] 张庆林, 王永明. 类比迁移发生机制的研究 [J]. 心理科学，1999 (2): 141 – 143.

[27] 罗增儒. 解题分析：谈错例剖析 [J]. 中学数学教学参考，1999 (12): 32 – 35.

[28] 莫雷, 刘丽虹. 样例表面内容对问题解决类比迁移过程的影响 [J]. 心理学报，1999, 31 (3): 313 – 321.

[29] 莫雷, 唐雪峰. 表面概貌对原理运用的影响的实验研究 [J]. 心理学报，2000, 32 (4): 399 – 408.

[30] 李士琦. PME：数学教育心理学 [M]. 上海：华东师范大学出版社，2001.

[31] 李亦菲, 朱新明. 对三种认知迁移理论的评述 [J]. 心理发展与教育，2001 (1): 58 – 62.

[32] 李亦菲, 朱新明. 迁移的四因素理论：一种解释技能之间迁移机制的整合模型 [J]. 北京师范大学学报（人文社会科学版），2001 (4): 113 – 118.

［33］何小亚. 建构良好的数学认知结构的教学策略［J］. 数学教育学报，2002，11（1）：24－27，85.

［34］李善良. 数学概念学习中的错误分析［J］. 数学教育学报，2002，11（1）：24－27.

［35］李莉. 学生学习数学概念的层次分析［J］. 数学教育学报，2002，11（3）：12－15.

［36］何小亚. 全日制义务教育阶段数学课程标准（实验稿）刍议［J］. 数学教育学报，2003（1）：45－49.

［37］何小亚. 与新课程同行：数学学与教的心理学［M］. 广州：华南理工大学出版社，2003.

［38］周友士. 基于建构主义的数学概念转变学习［J］. 数学教育学报，2004（3）：19－22.

［39］王萍萍. 从ACT－R理论看我国的数学双基教学［D］. 苏州：苏州大学，2007.

［40］任庆梅. 从ACT认知模式理论看外语测试中的若干问题［J］. 课程·教材·教法，2007，27（12）：36－40.

［41］陈英和，赵笑梅. 类比问题解决的理论及研究［J］. 北京师范大学学报（社会科学版），2008（1）：50－56.

［42］何小亚，姚静. 中学数学教学设计［M］. 北京：科学出版社，2008.

［43］何小亚. 教育战争与数学教育的出路［J］. 数学教育学报，2008（1）：70－74.

［44］鲍建生，周超. 数学学习的心理基础和过程［M］. 上海：上海教育出版社，2009.

［45］邵光华. 作为教育任务的数学思想与方法［M］. 上海：上海教育出版社，2009.

［46］喻平. 数学教学心理学［M］. 北京：北京师范大学出版社，2009.

［47］张萌，崔光佐. 基于 ACT－R 对小学算术解题过程的分析研究：以一道有余数的除法题为例［J］. 现代教育技术，2013，23（3）：36－40.

［48］刘伟. 基于 ACT－R 理论下的初中数学概念课教学设计研究［D］. 上海：上海师范大学，2014.

［49］吴增生. 数学课堂教学难点的认知分析及教学启示［J］. 中国数学教育，2014（10）：2－7.

［50］何小亚，李耀光，张敏. 数学教育研究与测量［M］. 北京：科学出版社，2015.

［51］刘月霞，郭华. 深度学习：走向核心素养（理论普及读本）［M］. 北京：教育科学出版社，2018.

［52］卒燕芬. 基于 ACT－R 理论指导的深度教学［J］. 数学教学通讯，2020（6）：13－14.

［53］中华人民共和国教育部. 普通高中数学课程标准（2017 年版）［M］. 北京：人民教育出版社，2018.

［54］刘晓玫，黄延林. 深度学习：走向核心素养（学科教学指南·初中数学）［M］. 北京：教育科学出版社，2019.

第二节　SOLO 分类评价理论在高中数学深度学习问题设计中的应用

汕头市金山中学　卢镇豪

教育面临的最大挑战是发现新的思维方式。从认识论的角度分析，可以把思维方式看作人的认知定势和认知运行模式的总和。从个体的角度分析，思维方式是个体思维的层次、结构、方向的综合表现，是一个人认知素质的核心。从学生学习的角度分析，思维方式反映了学生认识事物的立场和视角，也决定了他们解决问题的思路和方向，对学生的学习质量和水平具有根本的制约作用。

一、SOLO 分类评价理论

SOLO 意为可观察学习结果的结构。这种理论可操作性强，在指导高中数学教与学中收到了较好的效果。

SOLO 的评价基于这样一种理念：任何学习结果的数量和质量都是由学习过程中的教学程序和学生的特点决定的。

（一）SOLO 的定义

比格斯认为：一个人回答某个问题时所表现出来的思维结构是可以检测的，比格斯称之为"可观察学习结果的结构"，英文缩写为 SOLO。也就是说，我们可以判断学生在回答某一具体问题时的思维结构处于哪一层次，这个具体问题的思维层次我们一般是能够划定的。比格斯把这种分析学生解决一个问题时所达到的思维高度的评价方法称为 SOLO 分类评价法。

（二）SOLO 的五个层次

根据 SOLO 分类评价法，SOLO 分类评价表如表 2 - 2 - 1，比格斯把学生对某个问题的学习结果（思维层次、水平）由低到高划分为五个层次：前结构、单点结构、多点结构、关联结构和抽象拓展结构。

表 2 - 2 - 1

				抽象拓展结构
			关联结构	
		多点结构		
	单点结构			
前结构				

也就是说，由于教学过程中学生作为学习的主体，学生个体间在思维能力和接受能力等方面存在一定的差异，不同学习者对同一个问题的学习反应、能力表现是不一样的，同一个学习者在不同时段学习同一个问题的思维能力表现也是不一样的，因此教学过程是一个很复杂的思维过程，利用 SOLO 分类理论可以分层次识别学生学习结果和水平的不一样。SOLO 分类法就是针对学生的学习结果的不一样给予划分，分成五个层次，SOLO 评价法与传统的评价法的区别是很大的，它力求能够准确评价学生思维能力所达到的深度和广度，所以 SOLO 分类法是从学生的思维能力的角度进行层次划分的，是一种质性的评价。

1. 前结构层次（prestructural）

学生被已有材料中的不相关信息误导或被前面所学的没有关系的知识所干扰，不能准确提取处理问题所需要的有效信息。这类学生在数学学习过程中，对相关概念、性质的理解比较困难，思维一片混乱。学生只能做一些自以为正确的判断，基本上无法理解和解决问题，只提供了一些逻辑混乱、没有论据支撑的答案，对待新问题就像一张没有写东西的纸，如图 2 - 2 - 1。

图 2 - 2 - 1

2. 单点结构层次（unistructural）

学生基本明白了相关的知识点，能写出一点知识，回答简单的问题，没有掌握这些知识间的相关性。学生找到了一个解决问题的思路，但却就此收敛，单凭一点论据就跳到答案上去，如图 2-2-2。

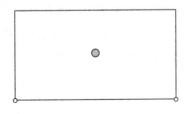

图 2-2-2

3. 多点结构层次（multistructural）

学生理解两个或两个以上知识间的关系，能写出若干个知识点，但是缺乏把它们整合起来的能力。学生脑海中的知识形态是单点结构，并不是网状结构，学生找到了多个解决问题的思路，但却未能把这些思路有机地整合起来，如图 2-2-3。

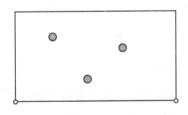

图 2-2-3

4. 关联结构层次（relational）

学生通过整合各个部分的内容而使其成为一个有机整体。这类学生思维不再是定向的，能够发散，脑海中的知识间具有连贯结构和更深层次的关联。学生联系新旧知识找到了多个解决问题的思路，并且能够把这些思路结合起来思考，产生解决问题的框架结构，从而解决综合的问题，如图 2-2-4。

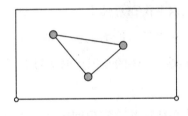

图 2-2-4

5. **抽象拓展层次**（extended abstract）

学生摆脱了现有材料的束缚，能概括出部分相关的抽象特征，并提出假设，能迁移到新的问题情境中进行归纳和演绎，结论具有一定的开放性。这类学生能将所学的数学知识提升到更高的水平，可以体会到所用的研究方法，对知识有更深入的认识，能够灵活运用所学知识，具有一定的拓展和创新行为。也就是说，学生能够对问题进行抽象的概括，能总结出解决问题的方法和思想，并利用这些方法和思想解决其他类似的问题。学生能从理论的高度来分析问题，而且能够深化问题，使问题本身的意义得到拓展，如图 2 - 2 - 5。

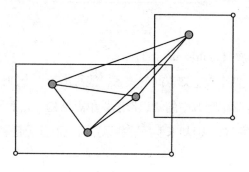

图 2 - 2 - 5

从上述分类法中，我们首先可以看到，比格斯提出的思维分类结构是根据学生的已有知识结构、学习的投入及学习策略等多方面的特征，从简单到复杂，从低级层次到高级层次，从具体到抽象，从单维到多维，从组织的无序到有序。具体来说，就是从点、线、面到立体、系统的发展过程，思维结构越复杂，思维能力的层次也就越高。其次，SOLO 分类的焦点在学生回答问题的"质"上，而不是回答问题的"量"。当然没有量的支撑，质是无从体现的，但针对"质"的评价与针对"量"的评价的确大有区别，针对"质"的评价更有意义。

（三）问题设计的原则

比格斯认为：人的认识不仅在总体上有阶段性的特点，对具体问题的认识也呈现出阶段性的特点。学生学习能力的提高是一个从量变到质变的过程，不仅从总体上看是这样，从某个具体的知识点的学习上看也是这样。

1. **基础性原则**

深度学习问题的设计必须从基础知识问题开始进行量的积累，实现量的变化，达到一定程度后实现质的变化。

2. **易错性原则**

深度学习问题设计应该针对基础知识容易出错的地方进行重点设计，帮助学生形成准确的辨析。设计的问题能否深入基础知识的本质，促进知识深度理解，也应该成为评价问题设计质量的重要指标。

3. **专题性原则**

在深度学习过程中，应鼓励学习者以某方面作为切入点进行深入研究，以垂直研究作为深化学习的方向，所以深度学习问题的主线是同一个专题的问题。

4. **连贯性原则**

深度学习问题必须是围绕同一主题的问题串，由多串问题组成，能承上启下，同一串的问题一般是同一个分类层次的，是从不同侧面提出的问题。

5. **梯度性原则**

深度学习问题必须是多个分类层次的问题串成的，由易到难逐步加深，串与串之间应该有一定的梯度。

6. **对应性原则**

深度学习问题的层次一般对应着 SOLO 五个层次分类的后四个，分别是单点结构问题、多点结构问题、关联结构问题和抽象拓展结构问题，或者"问题驱动的三阶深度学习引导模式"的"三生问题"，或者布卢姆目标分类理论中"认知领域"的问题分类。

7. **迁移性原则**

深度学习需要经过各个层次的逐级学习，最后实现知识的迁移，实现质的变化，形成新的知识和能力结构，为下一步的学习做好准备。

8. **主体性原则**

不同对象的学习者在学习某个知识时所表现出来的水平是不一样的，有的人只能达到关联结构层次，有的人只能达到多点结构层次，所以深度学习问题的设计必须考虑为谁设计，必须考虑学习对象在这一个知识点上的知识结构和能力水平，以及设计出来的问题是否适合该学习者的认知水平。

9. **导向性原则**

根据 SOLO 分类法，教师可以根据教学目标、教学计划，预先确定学生学习某一问题要达到哪一思维层次，并按照循序渐进的方法设计问题串，解决问题串，引导学生的学习走向深处，逐步提高学生的思维层次。

10. **思想性原则**

深度学习问题的设计不但要设计出能体现数学知识和数学能力的数学问题，还要设计出能体现数学思想与方法的数学问题，让学生的数学学习从数学知识的加深、数学能力的提高上升到数学思想与方法的深化，使学生的数学学习终身有用。

二、深度学习问题设计案例

案例1：关于函数概念的分层次理解

在函数概念引入后，我们应该结合函数概念设计一些问题帮助学生理解函数概念，逐步达到深度学习。

1. 利用图表直观理解函数概念

问题串1：

（1）（多点结构问题）给出下列四个图形，各表示变量 x，y 的对应关系，其中能表示从集合 $A = \{x \mid 0 \leqslant x \leqslant 2\}$ 到集合 $B = \{y \mid 0 \leqslant y \leqslant 1\}$ 的函数有_____个。

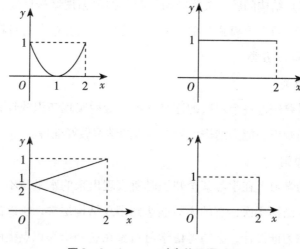

图 2-2-6　x，y 对应关系图（1）

（2）（多点结构问题）给出下列四个图形，各表示变量 x，y 的对应关系，其中能表示从集合 $A = \{x \mid 0 \leqslant x \leqslant 2\}$ 到集合 $B = \{y \mid 0 < y \leqslant 1\}$ 的函数有_____个。

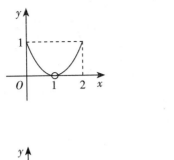
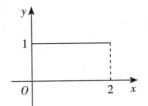
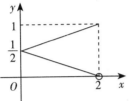
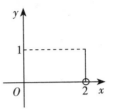

图 2 - 2 - 7 x, y 对应关系图（2）

设计意图：让学生理解定义中的"A 中的任意一个数 x，在 B 中都有唯一确定的数 $f(x)$ 和它对应"。

2. 利用生活问题的体验来理解函数概念

问题串 2：

（单点结构问题）下列对应关系能表示函数 $f(t)$ 吗？

（1）推铅球，铅球垂直高度 h 与时间 t 的关系。

（2）推铅球，铅球水平距离 X 与时间 t 的关系。

（3）学生投篮球，篮球垂直高度 h 与时间 t 的关系。

设计意图：在生活问题中理解定义。

（4）（多点结构问题）高一入学考试，高一（4）班数学成绩 x 与学号 y 的对应关系，能建立 y 关于 x 的函数吗？能建立 x 关于 y 的函数吗？

（5）（多点结构问题）下列两组数 x, y 是否可以建立 y 关于 x 的函数？

将一颗质地均匀的骰子掷 10 次，骰子向上面的点数 y 与抛掷的序号 x 的关系。（不能，对应关系不确定）

设计意图：帮助学生理解定义中的"按照某种确定的对应关系 f。

（6）（多点结构问题）如果对于问题（5）的 10 次抛掷记录结果如表 2 - 2 - 2：

表 2 - 2 - 2

x	1	2	3	4	5	6	7	8	9	10
y	3	5	2	4	3	6	6	3	1	6

此时能建立 x, y 的函数关系 $y = f(x)$ 吗?

此时能建立 x, y 的函数关系 $x = g(y)$ 吗?

3. 从不同角度理解函数概念

问题串 3:

(关联结构问题) 下列 x, y 的关系, 哪些可以表示函数 $y = f(x)$, 如果可以, 请用另外两种方法表示函数 $f(x)$。

(1) $y^2 = x$。

(2) $x^2 + y^2 = 1$。

(3) x, y 的关系记录表, 如表 2 - 2 - 3。

表 2 - 2 - 3

x	4	1	0	1	4
y	0	1	2	3	4

(4) x, y 的关系图, 如图 2 - 2 - 8。

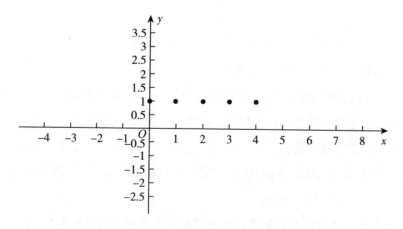

图 2 - 2 - 8

(5) 当 $x \geqslant 1$ 时 $y = x$, 当 $x < 1$ 时 $y = -x$。

设计意图: 帮助学生建立联系的观点, 从不同角度, 用不同思路去理解问题，并解决问题。

4. 利用抽象符号进行理解

问题串4：

（抽象拓展结构问题）

（1）$f^2(x) = a$ 能表示 a 关于 x 的函数吗？

（2）$f(x) = \pm\sqrt{a}$ 能表示函数吗？

（3）$f(x) = \sqrt{a}$ 能表示函数吗？

（4）$y = \sqrt{x-1} + \sqrt{1-x} + \dfrac{1}{x-1}$ 能表示函数吗？

（5）$y = x^2 + 2x$ 与 $t = u^2 + 2u$ 是同一个函数吗？

（6）$y = x^2 + 2x$ 与 $x = u^2 + 2u$ 是同一个函数吗？

（7）$y = f(x)$ 与 $y = f(u)$ 是同一个函数吗？

（8）$f(x) = \sqrt{a}$ 与 $f(x) = \sqrt{x}$ 是同一个函数吗？

设计意图：让学生在抽象符号中理解函数概念的定义。

5. 利用多变量关系式，识别函数关系

问题串5：

（抽象拓展结构问题）x，y，a 的关系式 $x^3 - y^2 + 2a = 0$，能否表示下列函数。

（1）$y = f_1(x)$

（2）$y = f_2(a)$

（3）$x = f_3(y)$

（4）$x = f_4(a)$

（5）$a = f_5(x)$

（6）$a = f_6(y)$

答：（1）$y = \pm\sqrt{x^3 + 2a}$，不能表示 y 关于 x 的函数。

（2）$y = \pm\sqrt{x^3 + 2a}$，不能表示 y 关于 a 的函数。

（3）$x = \sqrt[3]{y^2 - 2a}$，能表示 x 关于 y 的函数。

（4）$x = \sqrt[3]{y^2 - 2a}$，能表示 x 关于 a 的函数。

(5) $a = \dfrac{1}{2}(y^2 - x^3)$，能表示 a 关于 x 的函数。

(6) $a = \dfrac{1}{2}(y^2 - x^3)$，能表示 a 关于 y 的函数。

设计意图：让学生搞清楚"是谁关于谁的函数"，哪个是自变量，哪个是因变量。例如 $x = f_3(y)$，说的是：y 是自变量，x 是因变量，是表示 x 关于 y 的函数。例如 $a = f_6(y)$，说的是：y 是自变量，a 是因变量，是表示 a 关于 y 的函数。

6. 识别对应法则

问题串 6：

（抽象拓展结构问题）下列函数表示的方法对吗？

(1) $a = f(x) = \dfrac{1}{2}(y^2 - x^3)$

(2) $a = f(y) = \dfrac{1}{2}(y^2 - x^3)$

(3) $a = f(x) = f(y) = \dfrac{1}{2}(y^2 - x^3)$

设计意图：让学生明白，同一个问题中，两个不同函数不能用同一个对应法则 f。

问题串 7：

（抽象拓展结构问题）

(1) 函数 $y = f(x + 1)$ 与 $y = f(x)$ 是相同的两个函数吗？

(2) 若 $y = f(x + 1) = x^2 - 2x$，设 $t = x + 1$，则 $x = t - 1$，$y = f(t) = (t - 1)^2 - 2(t - 1)$，那么 $y = f(t)$ 与 $y = f(x)$ 是相同的两个函数吗？

(3) 若 $y = h(x) = f(g(x))$，设 $t = g(x)$，则 $y = f(t)$，所以 $f(t)$ 与 $h(x)$ 是同一个函数，对吗？$h(x)$ 与 $f(x)$ 是同一个函数，对吗？

通过以上问题的逐步解决，相信学生对函数概念会有更加深入的理解。在具体的教学过程中，对以上问题可以适当选择，要根据学生回答问题的情况而定，也可以分时段进行，例如在函数单元复习时让学生回答，或者在解决函数概念相关问题时作为变式问题让学生回答。学生对函数概念的理解是需要时间的沉淀的。我们要做好细水长流的计划，多设计一些数学问题促进学生数学思维的发展。

案例2：关于函数零点存在定理的理解及其深度学习问题和学习结果

在帮助学生深刻理解函数零点存在定理时，笔者设计了如下问题，并于2019年10月30日在汕头市金山中学2019级高一（4）班（55人）进行真实教学，并当场统计问题的回答情况，统计方式有两种：①举手肯定或否定；②书面回答。

前一节课刚好讲到函数零点存在定理：如果函数 $y = f(x)$ 在区间 $[a, b]$ 上的图像是一条连续不断的曲线，且有 $f(a)f(b) < 0$，那么，函数 $y = f(x)$ 在区间 (a, b) 内（至少）有一个零点，即存在 $c \in (a, b)$，使 $f(c) = 0$，这个 c 也就是方程 $f(x) = 0$ 的解。（注：新教材增加了"至少"）

那么如何帮助学生深度学习这个定理呢？本节课从函数零点存在定理的理解开始设计问题。

问题1： 函数 $y = f(x)$ 在区间 $[a, b]$ 上的图像是一条不连续的曲线，结论还成立吗？（单点结构问题）若不成立，请举例说明，可以举个函数表达式或画个函数图像。（多点结构问题）

设计意图：让学生明确"连续不断的曲线"的必要性。

学生回答情况及其思维层次分析如下。

认为"结论不成立"的有52人（占94.5%，达到单点结构层次），3位同学很慢才举手，不能算回答正确（前结构层次）。

在举例说明时，有23人（占41.8%）写了反比例函数，基本理解"图像是一条连续不断的曲线"的必要性，但是思维不够严密，忽略了"区间 $[a, b]$ 上的图像"，反比例函数在原点处没有定义，不能算"区间 $[a, b]$ 上的图像"（基本达到多点结构层次）。

有21人（占38.2%）画出了与图2-2-9相似的正确图像。

79

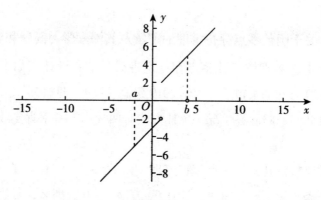

图 2-2-9

这说明这些学生能够很好地理解"函数 $y = f(x)$ 在区间 $[a, b]$ 上的图像是一条连续不断的曲线"这句话，思维严密（达到多点结构层次）。

有 11 人（占 20%）一时举不出好例子（未能达到多点结构层次）。

问题 2：定理中的条件" $f(a)f(b) < 0$ "若改为" $f(a)f(b) > 0$ "，那么函数 $y = f(x)$ 在区间 (a, b) 内一定没有零点吗？（单点结构问题）请举例说明，可以举个函数表达式或画个函数图像。（多点结构问题）

设计意图：让学生明确 $f(a)f(b) > 0$ 不能判断零点情况。

学生回答情况及其思维层次分析如下。

有 54 人（占 98%）举手回答"不一定"（单点结构层次）。

在举例说明时，有 51 人（占 92.7%）画出一个二次函数的图像或 $y = |x|$ 或 $y = |x| - 1$ 的图像（如图 2-2-10），说明绝大多数学生思维灵活（达到多点结构层次）。

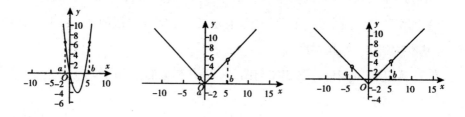

图 2-2-10

有 4 人（占 7.3%）画出类似图 2-2-11 的图像，这说明这些学生表达不清（未能达到多点结构层次）。

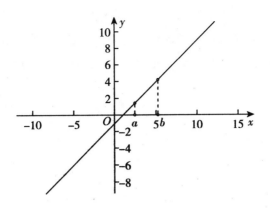

图 2 - 2 - 11

问题 3：如果函数 $y = f(x)$ 在区间 $[a，b]$ 上的图像是一条连续不断的曲线，且有 $f(a)f(b) < 0$，那么函数 $y = f(x)$ 在区间 $(a，b)$ 内一定只有一个零点吗？（单点结构问题）请举例说明。（多点结构问题）

设计意图：让学生明确有零点但不一定只有一个零点。

回答情况：有 54 人（占 98.2%）回答"不一定"（单点结构层次）。

反例大致如图 2 - 2 - 12（多点结构层次）。

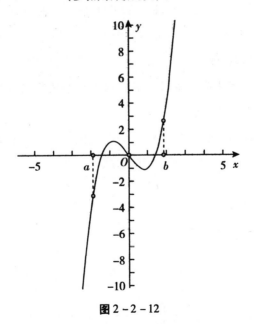

图 2 - 2 - 12

问题 4：若函数 $y = f(x)$ 在区间 $(a，b)$ 内有零点，那么一定有 $f(a)f(b) < 0$ 吗？（单点结构问题）请举例说明。（多点结构问题）

设计意图：让学生明确有零点但不一定有 $f(a)f(b) < 0$ 。

回答情况：有 55 人（占 100%）回答"不一定"（单点结构层次）。

反例大致如图 $2-2-13$（多点结构层次），有前面问题做铺垫，本问题的回答情况很好。

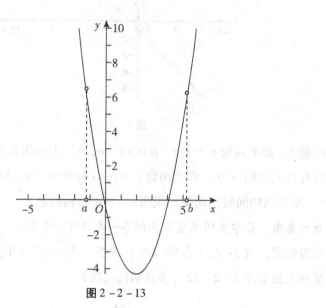

图 $2-2-13$

问题 5：函数的零点一定可以用零点存在定理判断吗？（多点结构问题）请举例说明。（多点结构问题）

设计意图：让学生明确有些零点不能利用这个定理进行判断，例如下面两个图像的零点。

回答情况：有 53 人（占 96.4%）回答"不一定"（多点结构层次）。

反例基本如图 $2-2-14$（多点结构层次）。

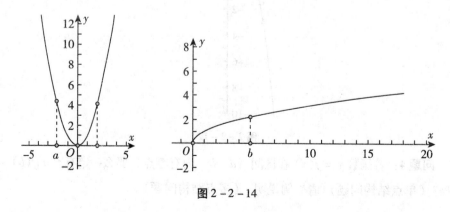

图 $2-2-14$

问题 6：如果函数 $y = f(x)$ 在区间 $[a, b]$ 上的图像是一条连续不断的曲线，且有 $f(a)f(b) < 0$，那么，增加什么条件可确定函数 $y = f(x)$ 在区间 (a, b) 内只有一个零点？（关联结构问题）

设计意图：让学生明确如何利用这个定理判断函数零点的个数，特别是"只有一个零点"如何判断。

回答情况：有 19 人（占 34.5%）回答"增加增函数"（多点结构层次），有 10 人（占 18.2%）回答"增加减函数"（多点结构层次），有 15 人（占 27.3%）回答"增加单调性"（关联结构层次），有 11 人（占 20%）没有回答（前结构层次），如图 2 - 2 - 15。

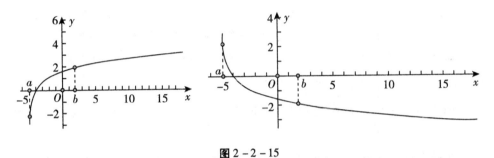

图 2 - 2 - 15

学生对函数零点存在定理有深入理解后，应该可以应用定理解决问题。

问题 7：求函数 $f(x) = \ln x + 2x - 6$ 的零点个数（关联结构问题，老师分析、讲解为主）

方法 1：研究 $f(x)$ 的单调性（增函数），找到 $f(1)f(3) < 0$，根据函数零点存在定理可知零点个数为 1。

问题 8：你能用另一个方法求函数 $f(x) = \ln x + 2x - 6$ 的零点个数吗？求零点个数实际上是求什么？（关联结构问题）

绝大多数学生回答：求方程 $f(x) = 0$ 的实数根的个数（概念能关联）。

方法 2：由 $f(x) = 0$ 得方程 $\ln x = -2x + 6$。

问题 9：你能作函数 $y = \ln x$ 及 $y = -2x + 6$ 的图像吗？（多点结构问题）

绝大多数学生回答：能。

问题 10：请作函数 $y = \ln x$ 及 $y = -2x + 6$ 的图像，你能发现什么？（多点结构问题）

绝大多数学生回答：两个图像只有一个交点。

由此可见函数 $f(x) = \ln x + 2x - 6$ 的零点个数为 1。

问题 11：这种解题方法可以叫什么方法？（抽象拓展结构问题）

绝大多数学生回答：函数图像法。

问题 12：函数 $f(x) = \ln x + 2^x - 6$ 的零点个数是 _____ 个。（关联结构问题）

设计意图：让学生学会利用函数零点存在定理判断零点个数的方法和步骤。第一步，判断定义域内函数图像是否连续。第二步，判断函数的单调性。第三步，在单调区间内考虑是否存在 $f(a)f(b) < 0$。如果第一"连续"，第二"单调"，第三"存在"，那么在区间 (a, b) 内只有一个零点。或者会利用函数图像法判断零点个数。

回答情况：有 50 人（占 90.9%）回答正确（达到关联结构层次）。

有 45% 的学生利用函数零点存在定理，有 45% 的学生利用函数图像法。9.1% 的学生回答错误，主要是作图错误。

问题 13：作业，求函数 $f(x) = 2x\ln(x-2) - 3$ 的零点个数。（关联结构问题）

设计意图：让学生知道有些函数在定义域内单调性不好判断时，需要分区间解决问题。

作业完成情况：有 46 人（占 83.6%）回答正确（达到关联结构层次），其中有 20 人（占 36.4%）利用函数零点存在定理求解，但是有 32.3% 学生强行认为函数 $f(x) = 2x\ln(x-2) - 3$ 在 $(2, +\infty)$ 上为增函数；有 26 人（占 47.3%）利用函数图像法，但是图像作错的有 4 人（占 7.3%）；答案错误的有 9 人（占 16.4%），其中 5 人（占 9.1%）式子转化错误，4 人用 $g(x) = \ln(x-2)^{2x}$，$y = 3$ 作出错误图像。（未能达到多点结构层次）

没有回答正确的，思维障碍在关联知识上。

本题当 $2 < x \leqslant 3$ 时，$\ln(x-2) \leqslant 0$，$\therefore f(x) < 0$，此时没有零点。当 $x > 3$ 时 $\ln(x-2) > 0$，且为增函数，$2x > 0$，且为增函数（只有 2 人能这样解答），$\therefore f(x) = 2x\ln(x-2) - 3$ 在 $(3, +\infty)$ 上为增函数，且 $f(3)f(4) < 0$，此时只有一个零点。所以函数 $f(x) = 2\ln(x-2) - 3$ 的零点个数为 1 个。

或者转化为 $g(x) = \ln(x-2)$，$h(x) = \dfrac{3}{2x}$ 的图像的交点问题。

案例3：数学例题深度学习问题设计

一题多变指的是利用一个数学题（母题），改变它的条件或结论，从而产生新的数学题（子题）。多个子题就组成了一串，即问题串，问题串的难度可以近似，也可以明显不同，为学生的深度学习而设计的问题串一般需要由浅入深，逐步推进，这样才有利于学生的学习建构。一题多解指的是同一个问题可以运用不同的解题思路和解题方法进行解答。一题多解能拓展学生的想法，提高思维的灵活性。

例：（关联结构问题）函数的零点问题，人教版（2019）数学必修第一册有简单例题（P143 例1）：求方程 $\ln x + 2x - 6 = 0$ 的实数解的个数。

我们可以讲解两种方法。

方法1：转化为函数 $f(x) = \ln x + 2x - 6$（函数思想），研究 $f(x)$ 的单调性，寻找 $f(a)f(b) < 0$，利用函数零点存在定理进行判断。

方法2：转化为方程 $\ln x = -2x + 6$，作函数 $y = \ln x$ 及 $y = -2x + 6$ 的图像，转化为两个函数图像的交点问题（数形结合思想）。

变式1： 求方程 $\log_{\frac{1}{2}} x + \dfrac{2}{x} - 6 = 0$ 的实数解的个数。（关联结构问题）

解法同上，只有一个实数解。

变式2： 求函数 $f(x) = \ln x - 2x - 6$ 的零点个数。（关联结构问题）

方法1：没有求导方法之前，不好判断单调性，只能由函数转化为方程 $\ln x = 2x + 6$，作函数 $y = \ln x$，$y = 2x + 6$ 的图像，可知没有交点。

方法2：学习了导数之后，可以利用求导方法判断 $f(x)$ 在 $\left(0, \dfrac{1}{2}\right)$ 上为单调增函数，在 $\left(\dfrac{1}{2}, +\infty\right)$ 上为单调减函数，$f(x)_{\max} = f\left(\dfrac{1}{2}\right) = \ln \dfrac{1}{2} - 7 < 0$，所以 $f(x)$ 没有零点。

变式3： 求函数 $f(x) = \ln x - 2x + 6$ 的零点个数。（关联结构问题）

方法1：没有求导方法之前，不好判断单调性，只能由函数转化为方程。 $\ln x = 2x - 6$，作函数 $y = \ln x$，$y = 2x - 6$ 的图像，可知有两个交点。

方法2：学习了导数之后，可以利用求导方法判断 $f(x)$ 在 $\left(0, \dfrac{1}{2}\right)$ 上为单调增函数，在 $\left(\dfrac{1}{2},\ +\infty\right)$ 上为单调减函数，$f(x)_{\max}=f\left(\dfrac{1}{2}\right)=\ln\dfrac{1}{2}+5>0$，且 $f\left(\dfrac{1}{4}\right)=\ln\dfrac{1}{4}-2<0$，$f(e^2)=8-2e^2<0$，所以 $f(x)$ 在 $(0,\ +\infty)$ 上有两个零点。

变式 4：设 $k<0$，函数 $f(x)=\ln x-kx-6$ 在 $(2,\ e)$ 内有零点，求 k 的取值范围。（关联结构问题）

注意到 $f(x)$ 在 $(2,\ e)$ 上为单调增函数，所以零点只有一个，所以 $f(2)<0$，且 $f(e)>0$，得 $\dfrac{1}{2}\ln 2-3<k<-\dfrac{5}{e}$。

变式 5：函数 $f(x)=\ln x-kx-6$ 在 $(e,\ e^{10})$ 内有两个零点，求 k 的取值范围。（关联结构问题）

首先 $k\leqslant 0$ 时，$f(x)$ 在 $(e,\ e^{10})$ 上为单调增函数，最多有一个零点，不合题意。

$k>0$ 时，$f'(x)=\dfrac{1-kx}{x}(x>0)$，可知 $f(x)$ 在 $\left(0,\ \dfrac{1}{k}\right)$ 上为单调增函数，在 $\left(\dfrac{1}{k},\ +\infty\right)$ 上为单调减函数，有两个零点必须满足 $f\left(\dfrac{1}{k}\right)>0$，且 $f(e)<0$，且 $f(e^{10})<0$，得 $4e^{-10}<k<e^{-7}$。

变式 6：讨论函数 $f(x)=\ln x-kx-6$ 的零点个数。（关联结构问题）

方法 1：$f'(x)=\dfrac{1-kx}{x}\ (x>0)$，

当 $k\leqslant 0$ 时，$f'(x)=0$，$f(x)$ 在 $(0,\ +\infty)$ 上为单调增函数，

且 $x\to 0^+$ 时，$f(x)\to -\infty$，

又 $f(e^7)=1-ke^6>0$，所以此时 $f(x)$ 只有一个零点。

当 $k\geqslant 0$ 时，可知 $f(x)$ 在 $\left(0,\ \dfrac{1}{k}\right)$ 上为单调增函数，在 $\left(\dfrac{1}{k},\ +\infty\right)$ 上为单调减函数，

所以 $f(x)_{\max}=f\left(\dfrac{1}{k}\right)=\ln\dfrac{1}{k}-7$。

当 $\ln\dfrac{1}{k}-7=0$，即 $k=e^{-7}$ 时，此时 $f(x)$ 只有一个零点。

当 $\ln\dfrac{1}{k}-7<0$，即 $k>\mathrm{e}^{-7}$ 时，此时 $f(x)$ 没有零点。

当 $\ln\dfrac{1}{k}-7>0$，即 $0<k<\mathrm{e}^{-7}$ 时，$f(x)_{\max}=f\left(\dfrac{1}{k}\right)>0$，

又 $f(1)=-k-6<0$，且 $x\rightarrow+\infty$ 时 $f(x)\rightarrow-\infty$，此时 $f(x)$ 只有两个零点。

方法 2：转化为 $\ln x=kx+6$，作函数 $y=\ln x$，$y=kx+6$ 的图像，求出两条曲线相切时的 $k=\mathrm{e}^{-7}$，结合图像可得结论。

方法 3：$f(x)=0$ 转化为 $k=\dfrac{\ln x-6}{x}$，设 $y=k$，$g(x)=\dfrac{\ln x-6}{x}$，$g'(x)=\dfrac{7-\ln x}{x^2}$，$g(x)$ 在 $(0,\mathrm{e}^7)$ 上为单调增函数，在 $(\mathrm{e}^7,+\infty)$ 上为单调减函数，所以 $g(x)_{\max}=g(\mathrm{e}^7)=\mathrm{e}^{-7}$，又 $x\rightarrow0^+$ 时，$g(x)=-\infty$，且 $x\rightarrow+\infty$ 时，$g(x)\rightarrow0^+$，结合图像可得结论。

例：学习一元二次不等式及其解法时，人教版（2019）数学必修第一册有简单例题（P52 例 3）：求不等式 $-x^2+2x-3>0$ 的解集（答案：空集）。

例题虽然简单，但是有必要利用它讲解配方法、求根公式法和二次函数图像法三种解法，同时还要利用它的变式讲解转化与化归思想、函数与方程思想、分类讨论思想和数形结合的思想。这些方法和思想才是学习者需要掌握的，有了这些方法和思想，同类的问题就能很快得到解决。学习的过程需要由浅入深，由表象到实质，由低阶思维到高阶思维，学习者的知识才能逐步建构、内化，解决问题的能力才能逐步提升。下面给出对上述问题进行深度学习的问题设计。

问题串 1：

变式 1： 如果把不等式改为 $-x^2+2x+3>0$，还可以讲解利用十字相乘法进行因式分解。（单点结构问题）

变式 2： 如果把不等式改为 $-x^2+2|x|+3>0$，还可以讲解换元法和分类讨论思想。（多点结构问题）

方法 1：由原不等式变形得 $x^2-2|x|-3<0$，设 $t=|x|$ 进行换元，转化为 $t^2-2t-3<0$，解之即可。

方法 2：分类讨论，当 $x\geq0$ 时，$x^2-2x-3<0$ 解之，当 $x<0$ 时，$x^2+2x-3<0$ 解之，最后解集为 $[-3,3]$。

适当的例题变式教学可以激活学生的发散思维和创新思维，通过一题多解使学生掌握解决问题的多种方法和思想。当学生掌握了一元二次不等式的基本解法后，可以把问题的难度适当提高。例如：

变式3： 如果改为解关于 x 的不等式 $-x^2 + 2x - c > 0$，那么可以讲解分类讨论思想。（多点结构问题）

答案：当 $c < 1$ 时，解集为 $\{x \mid 1 - \sqrt{1-c} < x < 1 + \sqrt{1-c}\}$；当 $c \geq 1$ 时，解集为空集。

变式4： 如果改为解关于 x 的不等式 $-x^2 + bx - 3 > 0$，那么可以讲解分类讨论思想。（多点结构问题）

答案：当 $b > 2\sqrt{3}$，或 $b < -2\sqrt{3}$时，解集为 $\left\{x \mid \dfrac{1}{2}\left(b - \sqrt{b^2-12}\right) < x < \dfrac{1}{2}\left(b + \sqrt{b^2-12}\right)\right\}$；当 $-2\sqrt{3} \leq b \leq 2\sqrt{3}$ 时，解集为空集。

变式5： 如果改为解关于 x 的不等式 $ax^2 + 2x - 3 > 0$，那么可以讲解分类讨论思想。（关联结构问题）

当 $a = 0$ 时，$x > \dfrac{3}{2}$。

当 $a > 0$ 时，$\Delta = 4 + 12a > 0$，方程 $ax^2 + 2x - 3 = 0$ 有两个实根，$x_1 = \dfrac{-1 - \sqrt{1+3a}}{a}$，$x_2 = \dfrac{-1 + \sqrt{1+3a}}{a}$，此时解集为 $\{x \mid x < x_1 \text{ 或 } x > x_2\}$。

当 $a < 0$ 时，$\Delta = 4 + 12a$，若 $\Delta = 4 + 12a > 0$，即 $-\dfrac{1}{3} < a < 0$，

方程 $ax^2 + 2x - 3 = 0$ 有两个实根，$x_1 = \dfrac{-1 - \sqrt{1+3a}}{a}$，$x_2 = \dfrac{-1 + \sqrt{1+3a}}{a}$，

此时解集为 $\{x \mid x_2 < x < x_1\}$；

若 $\Delta = 4 + 12a \leq 0$，即 $a \leq -\dfrac{1}{3}$，不等式无解。

上述三个变式，引进了参数，从常数项到一次项系数再到二次项系数逐个变化，难度逐渐提高，学生的思维一步一步地激活，能力也一步一步地获得提高。

变式6： 关于 x 的不等式 $ax^2 + 2x - 3 > 0$ 的解集为空集，则实数 a 的取值范

围是_____。（多点结构问题）

本题可以讲解分类讨论思想、数形结合思想。

分析：当 $a = 0$ 时，$x > \dfrac{3}{2}$，解集不为空集。

当 $a > 0$ 时，解集不为空集。

当 $a < 0$ 时，结合函数图像，可知 $\Delta = 4 + 12a \le 0$，即 $a \le -\dfrac{1}{3}$。

变式 7：是否存在实数 a 使关于 x 的不等式 $ax^2 + 2x - 3 > 0$ 的解集为 $(-1, 3)$。（关联结构问题）

本题可以讲解函数与方程思想，或者逆向思维与比较系数法。

分析 1：若存在，结合函数 $f(x) = ax^2 + 2x - 3$ 的图像，可知 $a < 0$，且 -1 和 3 是方程 $ax^2 + 2x - 3 = 0$ 的两个根，所以 $-1 + 3 = -\dfrac{2}{a}$，且 $-1 \times 3 = \dfrac{-3}{a}$，解得 $a = -1$，且 $a = 1$，所以 a 不存在。

分析 2：若存在，则 $-1 < x < 3$，即 $(x + 1)(x - 3) < 0$，即 $x^2 - 2x - 3 < 0$，即 $-x^2 + 2x + 3 > 0$ 与 $ax^2 + 2x - 3 > 0$ 有相同解集，所以 $a = -1$，且 $-3 = 3$，这不可能。

变式 8：是否存在实数 a 使关于 x 的不等式 $ax^2 + 2x - 3 > 0$ 在区间 $(0, +\infty)$ 上有解？若有，求 a 的取值范围。（关联结构问题）

分析：不等式有解问题可以转化为函数的最值问题。本题可以讲解函数与方程思想、分类讨论思想、转化与化归思想和数形结合的思想。

方法 1：分类讨论，当 $a = 0$ 时，$x > \dfrac{3}{2}$，符合题意，所以存在实数 a 使关于 x 的不等式 $ax^2 + 2x - 3 > 0$ 在区间 $(0, +\infty)$ 上有解。

当 $a > 0$ 时，抛物线 $y = ax^2 + 2x - 3$ 开口向上，在区间 $(0, +\infty)$ 上必存在。

当 $a < 0$ 时，设 $f(x) = ax^2 + 2x - 3$，配方得 $f(x) = a\left(x + \dfrac{1}{a}\right)^2 - \dfrac{1}{a} - 3$，

$f(x)_{\max} = -\dfrac{1}{a} - 3$，由不等式 $ax^2 + 2x - 3 > 0$ 在区间 $(0, +\infty)$ 上有解，

$-\dfrac{1}{a} - 3 > 0$，得 $-\dfrac{1}{3} < a < 0$。综合上述，所求 a 的取值范围是 $a > -\dfrac{1}{3}$。

方法2：分离参数，假设存在实数 a 使关于 x 的不等式 $ax^2+2x-3>0$ 在区间 $(0，+\infty)$ 上有解。

$\because x>0$，$\therefore a>-\dfrac{2}{x}+\dfrac{3}{x^2}$ 在区间 $(0，+\infty)$ 上有解，

$\because x<0$，$\therefore f(x)=-\dfrac{2}{x}+\dfrac{3}{x^2}=3\left(\dfrac{1}{x}-\dfrac{1}{3}\right)^2-\dfrac{1}{3}$ 有最小值 $-\dfrac{1}{3}$，

所以 $a>-\dfrac{1}{3}$。

这种解法非常简洁，避开了分类讨论。

方法3：数形结合，由 $ax^2+2x-3>0$，得 $ax^2>3-2x$，作函数 $y=ax^2$ 及 $y=3-2x$，$x>0$ 的图像。可知 $a\geqslant0$ 时 $ax^2+2x-3>0$ 在区间 $(0，+\infty)$ 上有解。

当 $a<0$ 时，两个图像相切时 $\Delta=4+12a=0$，$a=-\dfrac{1}{3}$，又抛物线 $y=ax^2$ 开口越大，$|a|$ 越小，所以要 $ax^2+2x-3>0$ 在区间 $(0，+\infty)$ 上有解，必须 $|a|<\dfrac{1}{3}$，因为 $a<0$，所以 $0>a>-\dfrac{1}{3}$。综合上述，$a>-\dfrac{1}{3}$。

变式9：关于 x 的不等式 $-x^2+bx-3>0$ 在区间 $[1，4]$ 上恒成立，求实数 b 的取值范围。（延伸拓展结构问题）

分析：不等式恒成立问题，可以转化为函数的最值问题。本题通过不同解题方法可以讲解函数与方程思想、分类讨论思想、转化与化归思想和数形结合的思想。

思路一：求出函数 $f(x)=-x^2+bx-3$ 在区间 $[1，4]$ 上的最小值，分类讨论求得，当 $b\geqslant5$ 时，$f(x)_{\min}=f(1)=b-4$，当 $b<5$ 时，$f(x)_{\min}=f(4)=4b-19$。

由 $f(x)_{\min}>0$，得 $b>\dfrac{19}{4}$。

思路二：分离参数，$b>x+\dfrac{3}{x}$ 在区间 $[1，4]$ 上恒成立，求出函数 $f(x)=x+\dfrac{3}{x}$ 在区间 $[1，4]$ 上的最大值 $f(x)_{\max}=\dfrac{19}{4}$，得 $b>\dfrac{19}{4}$。

思路三：不等式 $-x^2+bx-3>0$ 转化为 $bx>x^2+3$，作函数 $y=bx$ 和 $y=$

$x^2 + 3$ 的图像，依题意得，$b > 1^2 + 3$ 且 $4b > 4^2 + 3$，所以 $b > \dfrac{19}{4}$。

变式 10：关于 x 的不等式 $-x^2 + bx - 3 > 0$ 在区间（0，$+\infty$）上的解集含有唯一整数，求实数 b 的取值范围。（延伸拓展结构问题）

方法 1：数形结合，由 $-x^2 + bx - 3 > 0$ 得 $x^2 - bx + 3 < 0$，设 $f(x) = x^2 - bx + 3$，则 $f(x)$ 的图像开口向上且过定点（0，3）。

依题意必须 $b > 0$，当 $\Delta = b^2 - 12 = 0$ 时，$b = 2\sqrt{3}$，此时 $x = \sqrt{3}$，

所以唯一整数可能是 1 或 2。

若 $x = 1$，则必须 $f(1) < 0$，且 $f(2) \geqslant 0$，此时 b 无解。

若 $x = 2$，则必须 $f(1) \geqslant 0$，且 $f(2) < 0$，$f(3) \geqslant 0$，解得 $\dfrac{7}{2} < b \leqslant 4$。

方法 2：数形结合，不等式 $-x^2 + bx - 3 > 0$ 转化为 $bx > x^2 + 3$，

作函数 $g(x) = bx$ 和 $h(x) = x^2 + 3$ 的图像，首先知 $b > 0$，

由方程 $bx = x^2 + 3$ 在区间（0，$+\infty$）上有唯一解，得 $\Delta = b^2 - 12 = 0$，$b = 2\sqrt{3}$，此时 $x = \sqrt{3}$，所以唯一整数可能是 1 或 2。

若 $x = 1$，则必须 $g(1) > h(1)$，且 $g(2) \leqslant h(2)$，此时 b 无解。

若 $x = 2$，则必须 $g(1) \leqslant h(1)$，且 $g(2) > h(2)$，$g(3) \leqslant h(3)$，解得 $\dfrac{7}{2} < b \leqslant 4$。

方法 3：分离参数，因为 $x > 0$，所以不等式 $-x^2 + bx - 3 > 0$ 转化为 $b > x + \dfrac{3}{x}$，设 $f(x) = x + \dfrac{3}{x}$，则 $f(x)$ 在区间（0，$\sqrt{3}$）上为减函数，在区间（$\sqrt{3}$，$+\infty$）上为增函数。因为 $f(1) = 4$，$f(2) = \dfrac{7}{2}$，所以唯一整数是 2。结合图像可知 $\dfrac{7}{2} < b \leqslant 4$。

变式 11：已知函数 $f(x) = -x^2 + bx + 3$，函数 $g(x) = x^2 - 2x - 1$，对于任意 $x_1 \in [-1, 2]$，存在 $x_2 \in [-1, 2]$，使 $f(x_1) \geqslant g(x_2)$ 成立，求实数 b 的取值范围。（延伸拓展结构问题）

分析：本题主要讲解等价转化思想、分类讨论思想，对于任意 $x_1 \in [-1, 2]$，存在 $x_2 \in [-1, 2]$，使 $f(x_1) \geqslant g(x_2)$ 成立，转化为在区间 $[-1, 2]$

上，$f(x)_{min} \geqslant g(x)_{min}$，求出 $g(x)_{min} = -2$，求 $f(x)_{min}$ 时需要分类讨论。

当 $\left| 2 - \dfrac{b}{2} \right| \leqslant \left| -1 - \dfrac{b}{2} \right|$，即 $b \geqslant 1$ 时，$f(x)_{min} = f(-1) = 2 - b$，所以 $2 - b \geqslant -2$，得 $b \leqslant 4$，此时 $1 \leqslant b \leqslant 4$；

当 $\left| 2 - \dfrac{b}{2} \right| > \left| -1 - \dfrac{b}{2} \right|$，即 $b < 1$ 时，$f(x)_{min} = f(2) = -1 + 2b$，所以 $-1 + 2b \geqslant -2$，得 $b \geqslant -\dfrac{1}{2}$，此时 $-\dfrac{1}{2} \leqslant b \leqslant 1$。

综上所述，所求实数的取值范围为 $-\dfrac{1}{2} \leqslant b \leqslant 4$。

问题串 2：

请归纳总结上述各个变式的解题方法和数学思想。（抽象拓展结构问题）

数学思想与解题方法总结（从上往下看难度越来越大，思维越来越深入）。

表 2 - 2 - 4

	知识点	解题方法	数学思想	思维深度
变式 1	解不等式 $-x^2 + 2x + 3 > 0$	十字相乘法、配方法、求根公式法和二次函数图像法	简单转化	逐步加深
变式 2	解不等式 $-x^2 + 2|x| + 3 > 0$	换元法	分类讨论思想	逐步加深
变式 3	解关于 x 的不等式 $-x^2 + 2x - c > 0$	分类解决	分类讨论思想	逐步加深
变式 4	解关于 x 的不等式 $-x^2 + bx - 3 > 0$	分类解决	分类讨论思想	逐步加深
变式 5	解关于 x 的不等式 $ax^2 + 2x - 3 > 0$	分类解决	分类讨论思想	逐步加深
变式 6	含参数不等式无解问题	结合图像	分类讨论思想，数形结合思想	逐步加深
变式 7	含参数不等式解的问题	比较系数法，倒推法	函数与方程思想，或者逆向思维	逐步加深

续　表

	知识点	解题方法	数学思想	思维深度
变式8	含参数不等式有解问题	转化为函数的最值问题	函数与方程思想、分类讨论思想、数形结合的思想	逐步加深
变式9	含参数不等式恒成立问题	转化为函数的最值问题	函数与方程思想、分类讨论思想、数形结合的思想	逐步加深
变式10	含参数不等式解集含有唯一整数问题	结合图像，分离参数	数形结合思想	逐步加深
变式11	含参数不等式有解问题与恒成立问题	转化为在区间 $[-1,2]$ 上，$f(x)_{min} \geq g(x)_{min}$	等价转化思想、分类讨论思想	逐步加深

通过变式教学、一题多解，我们能够把一类问题讲深讲透，学深学透，还能渗透数学思想与方法的学习，这不但能达到深度学习的效果，还能学到更多有用的提出问题、分析问题、解决问题的方法和思想，体现数学学科的核心素养，为日后提高工作能力奠定基础。

参考文献：

［1］中华人民共和国教育部．普通高中数学课程标准（2017年版）［S］．北京：人民教育出版社，2018.

［2］余文森．核心素养导向的课堂教学［M］．上海：上海教育出版社，2017.

［3］钱勇．SOLO分类理论在高中数学教学设计中的应用研究［D］．上海：上海师范大学，2015.

［4］张爱华．SOLO分类评价理论在数学课堂教学中的应用——《正切函数的图象和性质》同课异构的对比分析［J］．教学月刊·中学版（教学参考），2016（11）：29-32.

第三节 高中数学深度学习的相关理论探究

汕头市金山中学 李丙铮

在当今的中学数学学习中，深度学习成为一种大的趋势，其产生和发展拥有十分丰富的理论基础和思想渊源。深度学习不是单一的某个理论，而是许多教育教学理念的综合，深度学习提倡的是主动、探究性地学习和吸收，最终内化成自己学习习惯和行为的一种学习方式，是一种个人和社会教育文化行为在垂直层面上的互动。对于学习者而言，其有着深刻的自发性，对于施教者而言，更有着启发性。而适当的问题设计可以多方面、深层次地体现这些思想的引导作用。下面介绍数学深度学习及其问题设计所应用到的理论基础。

一、建构主义理论

建构主义的最早提出者是瑞士的皮亚杰（J. Piaget）。他是认知发展领域最有影响力的一位心理学家，强调学习者的认知主体作用。但是教师作为课堂教学行为的组织者的作用并不被削弱，教师在进行教育活动的过程中，应认同的是学生的自省与反思，教授的知识在理解层面上更多地是产生其现实背景的意义，而不是夹带着所谓"知识的惰性"。这是一类有别于传统行为主义的学习观，更加重视人本身的能动性。

基于建构主义的深度学习，将个人对于世界的理解和看法、经验等各方面，进行内省、整理和优化，将所得整合进已有的思想行为框架中或者重新构建个人的行为方式。深度学习强调的是学习的网络和认知地图，在知识框架下的情逐事迁，在面对新问题时不断找到各个层面适合的方法并且拓展认知行为。它同时鼓励学习者在学习行为中，以某方面作为切入点进行深入研究。数学学习的意义下，深度学习用现实需求驱动，目的是建构一套良好的学习手段，以垂直研究作为深化学习的方向，在不同层面上做到对数学思想的完整归纳和重现。

对应的问题设计，思想来源于建构主义教学观下的支架式教学，其基本思想流程如下。

（1）搭脚手架——围绕当前学习主题，按"最近发展区"的要求建立概念框架。

（2）独立探索——让学生独立探索。探索内容包括：确定与给定概念有关的各种属性，并将各种属性按其重要性大小顺序排列。探索开始时要先由教师启发引导，然后让学生自己去分析；探索过程中教师要适时提示，帮助学生沿概念框架逐步攀升。

（3）协作学习——进行小组协商、讨论。使原来多种意见相互矛盾且态度纷呈的复杂局面逐渐变得明朗一致，在共享集体思维成果的基础上达到对当前所学概念比较全面、正确的理解，即最终完成对所学知识的意义建构。

在数学学习中，好的问题设计十分关键，扮演着引导和深化数学概念的作用，直接影响教学的效果。支架式的问题设计，体现了深度学习中的垂直性学习，同时拥有良好的建构学习的模式方法，能够激发学生的内省和互动。例如，在2018年全国 I 卷理科题中，出现以下题目。

图 2 – 3 – 1 来自古希腊数学家希波克拉底所研究的几何图形。此图由三个半圆构成，三个半圆的直径分别为直角三角形 ABC 的斜边 BC，直角边 AB，AC。△ABC 的三边所围成的区域记为 I，黑色部分记为 II，其余部分记为 III。在整个图形中随机取一点，此点取自 I，II，III 的概率分别记为 p_1，p_2，p_3，则（　　）

图 2 – 3 – 1

A. $p_1 = p_2$ 　　　　　　　　B. $p_1 = p_3$

C. $p_2 = p_3$ 　　　　　　　　D. $p_1 = p_2 + p_3$

该题目就很好地体现了建构主义学习的思想特点，学生分析题目的过程中需要垂直地建构出一个思维线条，真实情境中往往以分析法来推导。

p_1，p_2，p_3 的关系其实可由几何概型的概率计算公式求解得到。学生必须先去求解不同区域的具体面积，面积计算中涉及三角形面积的求解和圆形面积的求解，可应用割补法求面积。

学生需要在学习过程中找到抓手不断攀爬，并且独立地分析其相关知识在所涉及题目中重要程度的前后顺序，解题需要框架，学习亦然。平时的学习过程中，创设好的切入点并且让相关的知识延展进去，是我们要努力让学生感悟到的，这也体现了深度学习中知识框架的作用。

二、情境认知理论

20 世纪 80 年代，情境认知学家莱夫提出，学校的一个难点是它们总是不把宣讲的东西付诸实践，只让学生有限接触这些外部共同体。这样的经验被商品化，而学生则与完整的经验割裂开来，导致学术任务和与之相关的身份也被割裂开来。情境认知在学习观上期待将学习者放置在一个多元的情境中，直面复杂的问题，抓住核心，通过内化的方法和处理手段将未知转化成熟悉的问题。

深度学习十分重视知识来源和脉络，在多元情境中知识的冲击和碰撞可以让学生寻求各种现成的方法手段去处理和解决问题，迁移能力是深度学习中最需要锻炼和体现的方法能力。把知识的获得与学习者的发展、身份建构等统合在一起，让学习过程成为个人丰富成长的一个关键性的契机，亦可以深入个人情感的层次，这是深度学习在情境问题中最重要的体现。

问题基于情境认知方法论的设计应该明确的是学习实践直接影响了学习效果和认知深度，数学问题的研究和学习应该让学生明确知识是情境化的，可以随着学习的开展不断拓展和延伸，不应只是把数学的知识当成工具，只有通过完全的理解和各个侧面的解读才能让客观、严谨的价值观内化成行为模式。数学情境伸，多元化问题的设计可以基于同一个知识点的不同情境，也可以同一题目以多维问题设计作为导向，为学习者的思想迁移提供条件，使他们在获取题目意义的同时，不断丰富自己的身份认同，形成自我认知。

例如，2020 年全国 I 卷理科题中，出现如下题目：如图 2 - 3 - 2，在三棱锥 $P - ABC$ 的平面展开图中，$AC = 1$，$AB = AD = \sqrt{3}$，$AB \perp AC$，$AB \perp AD$，

$\angle CAE = 30°$，则 $\cos \angle FCB =$ _____。

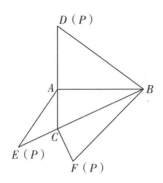

图 2 – 3 – 2

      具体的解答和思路方向如下：在 $\triangle ACE$ 中，利用余弦定理可求得 CE，可得出 CF，利用勾股定理计算出 BC，BD，可得出 BF，然后在 $\triangle BCF$ 中利用余弦定理可求得 $\cos \angle FCB$ 的值。

      题目的设计与之前的模拟题和练习所不同的一点在于同样是椎体，利用展开图的边长相等并且最终求解角度的问题比较少，这也符合情境认知论中对于数学深度学习的深化要求——变式教学，即利用不同的角度理解与拓展，不同面向地研究数学题，这不仅仅是为了解决当前问题，也是为了让学生的思维中潜入数学理解的的本质。接下来的教学，以该题作为切入点，设计各类不同的问题，以点带面，设计诸如体积、表面积、三视图、体高、内切球、外接球等方面的求解来推动知识体系的完善，这是一个不错的方向。变式教学，是我们深度学习中最为核心的教学手段。

三、分布式认知理论

      分布式认知这一理论由赫钦斯等研究者在 20 世纪 80 年代提出。该理论主要关注认知活动是如何分布于人类的大脑、外在的认知工具、人群以及时间、地点之中的。其主要的理论思想是，人类的认知行为内嵌于自己所处的环境和面对的具体情境，提醒人家认知的基础延伸在时间、空间、社会、自我等各层面。分布式认知观通过将社会物质境脉引入理论思考之中，与建构主义观点区别开来。分布式认知和真实世界场境中进行的认知活动有自然的共通点。分布常常指真实世界而不是设计的世界中的人和制品之间的分布。如果认为社会物质与进行的认知活动密切相关的话，分布式认知理论与情境认知理论有接近的地方。分布式认知观并不放弃对"知识的内部表征"和"知识向不同场境中的迁移"的关注。而且分布式认知通常是在系统内各要素的可利用性的基础上进行的，这一点与生态心理学观点的一些方面类似。

深度学习实际上就是搭建一个层次鲜明的认知系统，基于内部表征和外部表征的把握，前者是意识中的认知，后者是外化出的媒介与工具。外部表征是实现自我认知十分重要的手段，而且通过合适的设计与规范，可以反过来搭建学习的梯度和促进对问题的思考。分布式认知有别于其他认知理论的特点在于借助外显化的手段，另一个维度丰富对问题的思考。深度学习指向高阶学习，可以用概念图等方式降低思考难度，引入人工制品，促进学习者的思考，例如数学学习中的模型化思维、数形结合等思想，其中需要跨越的地方在于数学等价这样的符号化处理方法。

举一个例子来加深对于概念的说明。美国著名教育学家赫钦斯用分布式认知的方法描述了海上船只的定位行为。首先，站在船侧的船员需要发现并回想岸边陆标的描述，这是内部表征状态的交互过程。紧接着，该船员应用照准仪测量陆标的方位，这是内部表征与技术工具表征的交互过程。接下来，该船员需要将方位数据告知操舵室里的记录员，这是不同内部表征的社会性交互过程。再接着，记录员在日志上记录下方位数据，这又是内部表征与外部技术工具表征的交互过程。最后，船长可以通过查看日志上的数据或直接听记录员的口头报告做出决策或计划。

基于分布式认知的数学问题设计，基本的操作流程如下。

（1）提出陌生问题，围绕建立分布式认知这一框架创设情境。

（2）将命题或者问题做分析或者等价化处理。

（3）搭建平台让学生参与，利用数学模型、计算器、几何体建模等手段外化问题，并且分析变量的影响。

（4）协作提升，抽象出问题主干并给出一般化结论。

工具的应用是问题设计中需要充分考虑的方向，在新课标的要求中，数学建模作为一个很重要的数学素养要求，说明了其重要性，分布式认知作为其中的理论依据，将问题和思考过程可视化，可以拥有更多理解数学问题的视角。

数学考试中常常利用等价化的思想将内部表征和外部表征进行统一处理和转化，例如2017年全国Ⅰ卷理科题中，出现了以下的问题设计。

几位大学生响应国家的创业号召，开发了一款应用软件。为激发大家学习数学的兴趣，他们推出了"解数学题获取软件激活码"的活动。这款软件的激活码为下面数学问题的答案：已知数列1，1，2，1，2，4，1，2，4，8，1，2，4，8，16，…，其中第一项是2^0，接下来的两项是2^0，2^1，再接下来的三项是2^0，2^1，2^2，依此类推。求满足如下条件的最小整数N：$N > 100$且该数列的前N项和为2的整数幂。那么该款软件的激活码是（　　）

A. 440   B. 330

C. 220   D. 110

很明显，该题的外部表征是求某个特殊数列的前n项和，但是在解答过程中，如何将其内部表征体现出来便于理解，是数学解题中常常涉及的概念。

可以类似这样表述：

1，

1，2，

1，2，4，

…，

1，2，4，…，2^{k-1}，

…

则该数列的前$1 + 2 + L + k = \dfrac{k(k+1)}{2}$项和为

$$S_{\frac{k(k+1)}{2}} = 1 + (1 + 2) + L + (1 + 2 + L + 2^{k-1}) = 2^{k+1} - k - 2，$$

利用分组观察的表征特点，将数列嵌套数列的特征显露，第一个数列的和又作为下一个数列的通项。

要使$\dfrac{k(k+1)}{2} > 2$，有$k \geq 14$，此时$k + 2 < 2^{k+1}$，此时，内部表征可以继续深化新的表征，$k + 2$是第$k + 1$组等比数列1，2，L，2^k的部分和，设$k + 2 = 1 + 2 + L + 2^{t-1} = 2^t - 1$，所以$k = 2^t - 3 \geq 14$，则$t \geq 5$，此时$k = 2^5 - 3 = 29$，对应满足条件的最小整数$N = \dfrac{29 \times 30}{2} + 5 = 440$。

我们选择的表征转化挖掘有许多角度，如数形结合、分离转化，不同的视角就会导致表征交互过程的处理手段上的差异，这是我们数学解题过程里面，一题多解的思想根源，也是我们在深度学习过程中不得不教给学生的方法。

四、元认知理论

元认知一词最早出自美国心理学家弗拉威尔在 1976 年出版的《认知发展》一书。所谓元认知就是对认知的认知，具体地说，是关于个人认知过程的知识和调节这些过程的能力，即对思维和学习活动的知识的控制。学习的主体是个人，处理问题的过程实际上也是个人认知世界的一个过程，元认知作为一种理论，更加关注的是"认知"的质量。

深度学习的另一个维度就是对自我"认知"水平的评判，高水平的学习者可以将"内省"作为自我学习的源动力和纠错的机制，元认知理论提供了这样的思维模式，在中学的数学学习中体现的问题类似于为何而学、如何实践等，启发利用自己的好奇或者社会责任感促进反思和强化结果。元认知是对认知行为本身的监控，需要的是个人对自我的要求和更高层次的思考方法，元认知的个体差异较大，提高学生的元认知水平是我们作为教育工作者要努力去实现的目标。

问题设计利用元认知理论必然涉及对认知水平的评定，方法有许多，传统的作业评定、自我学习报告都是可行的方法。而如今，元认知的分支——认知控制论渐渐被接纳，课堂上问题的处理及设计巧妙与否直接影响学习效果和学生的自我认同。目前，基于元认知理论的问题设计较为有效的处理手段按以下步骤推行。

制订计划：根据面对的数学知识和情境制订好计划并预估其有效性。

实际控制：修正遇到的问题中应对策略上的不足，例如问题的理解偏差和预备数学知识的不足。

检查结果：依据认知的结果，利用出声思考法、书面报告等正确评估自我数学认知过程。

补救措施：丰富结论，发现问题并且寻求突破的新路径。

元认知的数学问题设计核心在监控认知过程，这当中需要教师作为引导，让学生不断地内省和突破固有的思考方式。例如，学生只会用判别式求解二次问题，教师可利用元认知的问题设计，引导其利用图像，利用分离法等各种手段解决相应问题，并且重点反思固有刻板印象的根源。

例如 2020 年新高考山东卷中，选择题的 12 题出现了以下情境。

信息熵是信息论中的一个重要概念，设随机变量 X 所有可能的取值为 1，2，$\cdots$，n，且 $P(X=i) = p_i > 0$ $(i=1, 2, \cdots, n)$，$\sum\limits_{i=1}^{n} p_i = 1$，

定义 X 的信息熵 $H(X) = -\sum\limits_{i=1}^{n} p_i \log_2 p_i$，则（　　）

A. 若 $n=1$，则 $H(X) = 0$

B. 若 $n=2$，则 $H(X)$ 随着 p_i 的增大而增大

C. 若 $p_i = \dfrac{1}{n}$ $(i=1, 2, \cdots, n)$，则 $H(X)$ 随着 n 的增大而增大

D. 若 $n=2m$，随机变量 Y 所有可能的取值为 1，2，$\cdots$，m，且 $P(Y=j) = p_j + p_{2m+1-j}$ $(j=1, 2, \cdots, m)$，则 $H(X) \leq H(Y)$

学生普遍反馈题目的难度大，不知如何理解元认知的深度学习过程。我们必须抛开所有单独解题技巧去讨论与研究。我们需要明确的问题是，如何理解概率？如何理解信息熵？如何理解其中嵌套的数列的递推本质？如何理解数学这样一套精密的语言系统？每一个问题都是在反思之前所学知识在新情境下的应用，是对自己所掌握知识的认知。

解答：对于 A 选项，若 $n=1$，则 $i=1$，$p_1=1$，所以 $H(X) = -(1 \times \log_2 1) = 0$，所以 A 选项正确。

对于 B 选项，若 $n=2$，则 $i=1$，2，$p_2=1-p_1$，

所以 $H(X) = -[p_1 \cdot \log_2 p_1 + (1-p_1) \cdot \log_2(1-p_1)]$，

当 $p_1 = \dfrac{1}{4}$ 时，$H(X) = -\left(\dfrac{1}{4} \cdot \log_2 \dfrac{1}{4} + \dfrac{3}{4} \cdot \log_2 \dfrac{3}{4}\right)$，

当 $p_1 = \dfrac{3}{4}$ 时，$H(X) = -\left(\dfrac{3}{4} \cdot \log_2 \dfrac{3}{4} + \dfrac{1}{4} \cdot \log_2 \dfrac{1}{4}\right)$，

两者相等，所以 B 选项错误。

对于 C 选项，若 $p_i = \dfrac{1}{n}$ $(i=1, 2, L, n)$，则

$$H(X) = -\left(\dfrac{1}{n} \cdot \log_2 \dfrac{1}{n}\right) \times n$$

$$= -\log_2 \frac{1}{n}$$

$$= \log_2 n,$$

则 $H(X)$ 随着 n 的增大而增大，所以 C 选项正确。

对于 D 选项，若 $n = 2m$，随机变量 Y 的所有可能的取值为 1，2，$\cdots$，m，且 $P(Y = j) = p_j + p_{2m+1-j}(j = 1，2，\cdots，m)$，

$$H(X) = -\sum_{i=1}^{2m} p_i \cdot \log_2 p_i = \sum_{i=1}^{2m} p_i \cdot \log_2 \frac{1}{p_i}$$

$$= p_1 \cdot \log_2 \frac{1}{p_1} + p_2 \cdot \log_2 \frac{1}{p_2} + L + p_{2m-1} \cdot \log_2 \frac{1}{p_{2m-1}} + p_2 m \cdot \log_2 \frac{1}{p_{2m}}$$

$$H(Y) = (p_1 + p_{2m}) \cdot \log_2 \frac{1}{p_1 + p_{2m}} + (p_2 + p_{2m-1}) \cdot \log_2 \frac{1}{p_2 + p_{2m-1}} + L + (p_m + p_{m+1}) \cdot \log_2 \frac{1}{p_m + p_{m+1}}$$

$$= p_1 \cdot \log_2 \frac{1}{p_1 + p_{2m}} + p_2 \cdot \log_2 \frac{1}{p_2 + p_{2m+1-i}} + L + p_{2m-1} \cdot \log_2 \frac{1}{p_2 + p_{2m-1}} + p_{2m} \cdot \log_2 \frac{1}{p_1 + p_{2m}}$$

由于 $p_i > 0$ $(i = 1，2，L，2m)$，

所以 $\dfrac{1}{p_i} > \dfrac{1}{p_i + p_{2m+1-i}}$，

所以 $\log_2 \dfrac{1}{p_i} > \log_2 \dfrac{1}{p_i + p_{2m+1-i}}$，

所以 $p_i \cdot \log_2 \dfrac{1}{p_i} > p_i \cdot \log_2 \dfrac{1}{p_i + p_{2m+1-i}}$，

所以 $H(X) > H(Y)$，所以 D 选项错误。

故选 AC。

问题最终涉及的还包括数学与现实生活关联起来的许多可能性。例如，如何认识题目中数列分析和具体概率间的关系？我们能计算出具体的 p_i 取值，但是它们是否有真实的含义？如果有，那是什么？如果没有，为何存在？信息熵存在着其他哪些方面的应用？

作为数学深度学习最为宏观和水平要求最高的层面，我们必须努力追求让学生理解，并真切感受数学思想和魅力。数学不仅仅是计算的工具，还是一种

全新的思想，一种理解世界的角度，就像我们身边的事物一样真实可靠。正是因为数学的存在，我们人类的文化从荒芜一点点走向繁荣，这是人类理性思维最极致的体现。让学生能基于自己的认知而去尝试认知自我，是我们数学教学最终想留给他们的思想财富。

对于数学深度学习的相关理论工具，上面四种为我们最为主要的方向指引，分别代表着数学思想理解切入问题，多角度理解数学情境，数学表征转化分析，数学认知的自我认识。在具体的教学研究中，我们可能会用到更多的其他相关理论，但也都是在这些框架下去演进和生发的。

参考文献：

［1］陈威．建构主义学习理论综述［J］．学术交流，2007（03）：175 －177.

［2］林崇德．学习与发展（修订版）［M］．北京：北京师范大学出版社，2011.

［3］薛国凤，王亚辉．当代西方建构主义教学理论评析［J］．高等教育研究，2003（01）：95 －99.

［4］李凡．元认知策略研究综述［J］．卷宗，2018（24）：149 －150.

第四节　高中数学深度学习问题设计路径

汕头市金山中学　卢镇豪

当今时代已经进入了智能时代，智能时代的竞争将是思维能力的竞争，思维能力决定了成败。思维能力是学习、工作等能力的核心。而传统的学校教育过于看重知识传授，按照教材设定的问题进行教学，绝大多数教师是照本宣科，缺少创新，忽略对思维能力的递进式培养。这样培养出来的学生，大多数有传统的大众化的知识，但是在解决实际问题时往往表现为能力一般，缺少创新能力。

著名物理学家、诺贝尔奖获得者劳厄曾这样评价教育："重要的不是获得知识，而是发展思维能力，教育无非是一切已学过的东西都遗忘掉的时候所剩下来的东西。"绝大多数人学习数学知识，最终都会遗忘掉。学生花了大量时间学习数学究竟为了什么？笔者认为更重要的是培养学生的数学思维能力，提高解决问题的能力。学习数学不能简单理解为解数学题。数学题只是数学学习的载体，解数学题只是数学学习的一个过程。在解数学题的过程中学会解决问题的思想和方法，提升数学思维能力，才是数学教育的最终目的。

要提高数学思维能力，就必须进行深度学习，教师就必须为学生设计可以进行深度学习的数学问题。如何设计呢？有什么路径呢？下面举一些例子说明数学问题的变式设计路径，以达到深度学习，并提升数学思维能力的目的。

路径一：改变定义　诱发创新

在数学概念的深入学习时，有必要理清概念的定义过程，对概念的定义过程进行思考、联想、类比，考虑是否可以改变定义中的某些条件从而产生新问题，激发创新动机。这对于创新思维的培养起着重要的作用。

例1：在学习等差数列的定义后，可以考虑把定义式 $a_n - a_{n-1} = d(n \geqslant 2)$ 进行变式。

变式1：$a_n - a_{n-1} = n(n \geqslant 2)$；

变式2：$a_n - a_{n-1} = 3^n(n \geqslant 2)$。

激发学生的思考：如何求通项公式和前 n 项和公式。

例2：在学习等比数列的定义后，可以考虑把定义式 $\dfrac{a_n}{a_{n-1}} = q(q \neq 0)$ 进行变式。

变式1：$\dfrac{a_n}{a_{n-1}} = q^n(q \neq 0)$；

变式2：$\dfrac{a_n}{a_{n-1}} = n$。

激发学生的再思考：如何求通项公式。

变式3：$a_n - ka_{n-1} = d(n \geqslant 2)$，$kd \neq 0$，情况又怎样？

例3：在学习椭圆的定义时，学生对椭圆的定义有了较好的理解后，老师可以启发学生对椭圆的定义进行探究学习。学生通过观察椭圆的产生过程，以及对产生椭圆的几何条件的思考，然后发现定义：在平面内与两个定点 F_1，F_2 的距离的和等于常数（大于 $|F_1F_2|$）的点的轨迹叫作椭圆。老师引导学生细读定义并深入思考：

变式1：如果把定义中的"大于"换为"等于"又怎样呢？

变式2：如果把定义中的"和"改为"差"或"差的绝对值"，把"大于"改为"小于"又怎样呢？

变式3：如果把定义中的 F_1，F_2 其中一点换成一条直线，情况又怎样呢？

如果能这样思考问题，不满足于现状，对问题进行联想、类比，那么，思维就有新意了，并且自己还能定义出一些新的曲线，说不定一些新的数学问题就在这样的思维中产生。创新思维能力自然而然就提升了。

路径二：转换角度　获取新知

当我们学习一个定理且对它有深刻的理解后，不妨考虑对该定理进行探究学习，考虑是否可以变换定理的表达形式，从另一个角度去理解定理，这样有时能发现新问题。

例4：推导余弦定理 $c^2 = a^2 + b^2 - 2ab\cos C$ 后，由余弦定理的改写形式 $\cos C$ $= \dfrac{a^2 + b^2 - c^2}{2ab}$，可以发现给出三角形的三边就能确定三角形的三个内角，从而确定三角形的形状。

变式1：如果 $a^2 + b^2 - c^2 = 0$，那么角 C 为直角，反之也成立。从这里还可以得到勾股定理是余弦定理的特殊情况。

变式2：如果 $a^2 + b^2 - c^2 > 0$，那么角 C 为锐角，反之也成立。

变式3：如果 $a^2 + b^2 - c^2 < 0$，那么角 C 为钝角，反之也成立，可见三角形的形状判断可用余弦定理。

从另一个角度去看问题有时能获得解决问题的好方法和好想法。

培养创新思维的另一途径是逆向思维。可以考虑逆命题是否成立，或者从命题的结论出发，考察条件是否必要。考察的过程，就是不断进行探索、推理、建构知识，掌握解决问题的思想和方法，完成从未知到已知的创新思维过程。

例5：课本关于函数的零点存在判断方法：如果函数 $y = f(x)$ 在区间 $[a, b]$ 上的图像是连续不断的一条曲线，并且有 $f(a)f(b) < 0$，那么，函数 $y = f(x)$ 在区间 (a, b) 内有零点，即存在 $c \in (a, b)$，使得 $f(c) = 0$，这个 c 也是方程 $f(x) = 0$ 的根。

当我们学会这个判断方法后，老师可以启发学生考虑这个结论的逆命题是否正确。

变式：如果函数 $y = f(x)$ 在区间 $[a, b]$ 上的图像是连续不断的一条曲线，并且函数 $y = f(x)$ 在区间 (a, b) 内有零点，那么有 $f(a)f(b) < 0$。该命题是真是假？

经过探究知道命题为假，只需用一个二次函数的图像就能说明问题。

路径三：类比变换　发现问题

如果在数学探究学习过程中，能经常用类比的思想提出问题或发现问题，然后尝试问题的解决，那么探究学习将会具有创新性，数学思维能力则一定会提高。

例6：我们在学习正弦定理时，已经推导出公式 $\dfrac{a}{\sin A} = \dfrac{b}{\sin B}$，则可继续启发学生。

变式：你能否马上写出 $\dfrac{c}{\sin C} = $ _____？

以此培养学生的类比思想。

例7： 如果我们已经推导出公式 $c^2 = a^2 + b^2 - 2ab\cos C$，则可继续启发学生。

变式：你能否马上写出 $a^2 = $ _____，$b^2 = $ _____？

如果能，说明学生已较好地掌握公式的推导方法，并且学生具有类比思想。

例8： 课本在推导余弦定理时说了用平面向量的数量积或建立直角坐标系利用两点间的距离公式来推导，但课本只给出了用平面向量的数量积进行推导的过程，此时要启发学生。

变式：请你建立直角坐标系，利用两点间的距离公式来推导余弦定理。

若学生推导成功，说明学生的自主探究学习能力较强。

路径四：探究解法　学其实质

例9： 在推导正弦定理时，我们用到了什么方法和数学思想？

如果经过仔细研究，发现推导的过程采用分类讨论的思想，采用由特殊到一般的归纳总结方法，说明学生学到其实质。

变式：你能用其他方法推导正弦定理吗？

如果学生还能利用三角形的外接圆来辅助证明，说明学生有较高的求异思维能力和创新思维能力。

例10： 在推导余弦定理时，采用两种思路，一种写出证明，另一种没有写出，这为学习者提供了自主探究学习的空间，你是否利用了这个空间呢？如果利用了，说明在数学探究活动过程中，能对好的想法进行仔细研究和总结，说明你对教材有较好的理解能力和识别能力。

路径五：挖掘例题　发挥功能

在探究学习过程中，根据题目的特点，可以考虑利用一题多解、一题多证、一题多变、一题多衍生等方法进行灵活探究学习，从而提升学习者的创新思维能力。这也是深度学习问题设计的好路径。

1. 一题多解

例11： 学习一元二次不等式及其解法时，有如下简单例题：求不等式 $-x^2 + 2x - 3 > 0$ 的解集（答案：空集）。

例题虽然简单，但是有必要讲解配方法、求根公式法和二次函数图像法三种解法，同时要讲解等价转化、方程思想和数形结合思想。

变式 1：把不等式改为 $-x^2 + 2x + 3 > 0$，还可以讲解十字相乘法。

变式 2：把不等式改为 $-x^2 + 2|x| + 3 > 0$，还可以讲解换元法和分类讨论思想。

变式 3：把不等式改为 $-x^2 + 2x - c > 0$。

变式 4：把不等式改为 $-x^2 + bx - 3 > 0$。

变式 5：把不等式改为 $ax^2 + 2x - 3 > 0$。

变式 3，4，5 还可以讲解分类讨论思想，这些方法和思想才是学习者需要掌握的。

2. 一题多证

例 12：若 x，y 为实数，且 $xy = x + 9y$，$s = x + y$，求证：$s \geqslant 16$ 或 $s \leqslant 4$。

方法 1：方程思想、判别式法。

$\because y = s - x$，

$\therefore x(s - x) = x + 9(s - x)$，

$\therefore x^2 - (s + 8)x + 9s = 0$，用判别式法证之。

方法 2：函数思想、求导法。

$\because y = \dfrac{x}{x - 9}$，

$\therefore s = x + \dfrac{x}{x - 9}(x \neq 9)$，求导证之。

方法 3：换元法、分类讨论思想、基本不等式法。

设 $t = x - 9$，则 $x = t + 9$，$s = t + 9 + \dfrac{t + 9}{t} = t + \dfrac{9}{t} + 10(t \neq 0)$，分类讨论证之。

方法 4：分类讨论思想、基本不等式法。

由 $xy = x + 9y$，得 $(x - 9)(y - 1) = 9$，

$s = x + y = (x - 9) + (y - 1) + 10$，分类讨论证之。

方法 5：数形结合思想。

$(x - 9)(y - 1) = 9$ 的图像可由 $xy = 9$ 的图像（等轴双曲线），向右平移 9

个单位再向上平移 1 个单位而得到，结合图像证之。

通过一题多证学习，学生的数学思维更灵活，对问题的理解更深刻，解决问题更有办法，探究学习效果也会更好。

3. 一题多变

例 13：（课本数列的例题）已知数列 $\{a_n\}$ 的前 n 项和为 $S_n = n^2 + \dfrac{1}{2}n$，求这个数列的通项公式，这个数列是等差数列吗？如果是，它的首项与公差分别是什么？

变式 1：前 n 项和变为 $S_n = n^2 + \dfrac{1}{2}n + 3$，情况又怎样？

变式 2：前 n 项和变为 $S_n = pn^2 + qn + r$，其中 p，q，r 为常数，且 $p \neq 0$，情况又怎样？

变式 3：如果 $S_n = \dfrac{1}{2}n\,(a_1 + a_n)$，情况又怎样？

变式 4：数列 $\{a_n\}$ 的前 n 项和为 $S_n = pn^2 + qn + r$，其中 p，q，r 为常数，且 $p \neq 0$，求数列 $\{a_n\}$ 为等差数列的充要条件。

4. 一题多衍生

例 14：已知 a，$b \in \mathbf{R}^*$，且 $a \neq b$，求证 $a^5 + b^5 > a^3 b^2 + a^2 b^3$。证明完成后，经过类比、想象，还可以编出许多与例题相似的正确命题。

变式 1：若 a，$b \in \mathbf{R}$，$a \neq b$ 且 $a + b > 0$，则 $a^3 + b^3 > a^2 b + ab^2$。

变式 2：若 a，$b \in \mathbf{R}$，$a \neq b$，则 $a^4 + b^4 > a^3 b + ab^3$。

变式 3：若 a，$b \in \mathbf{R}$，$a \neq b$ 且 $a + b < 0$，则 $a^5 + b^5 < a^3 b^2 + a^2 b^3$。

变式 4：若 a，$b \in \mathbf{R}$，$a \neq b$，m，n 都为正奇数，则 $a^{m+n} + b^{m+n} > a^m b^n + a^n b^m$。

教师通过对例题的拓展与改编，引导学生进行再创造学习，很好地培养了创新思维和创新能力。

路径六：研究习题 变式训练

在学习例题或做练习题时，如果能根据题目的特点寻找或改编题目进行巩固练习，那么学习效果会更上一层楼。

例 15：在 $\triangle ABC$ 中，如果有性质 $a\cos A = b\cos B$，试问这个三角形的形状具

有什么特点？（答案：等腰三角形或直角三角形）之后可以考虑对题目进行改编。

变式1：在 $\triangle ABC$ 中，如果有性质 $a\cos B = b\cos A$，试问这个三角形的形状具有什么特点？

变式2：在 $\triangle ABC$ 中，如果有性质 $\dfrac{a}{\cos A} = \dfrac{b}{\cos B}$，试问这个三角形的形状具有什么特点？

变式3：在 $\triangle ABC$ 中，如果有性质 $\dfrac{a}{\cos A} = \dfrac{b}{\cos B} = \dfrac{c}{\cos C}$，试问这个三角形的形状具有什么特点？

问题的变式设计与学习，可以让学习者更深刻地感受到条件变化对于结论的影响，培养学习者的发散性思维和创新意识。

总之，在教与学的过程中，如果师生能多利用一些问题的变式问题进行深度学习与教学，多归纳总结思想与方法，前瞻性实施数学教育，那么我们的思维能力一定会更强，竞争力也会更强。

参考文献：

［1］中华人民共和国教育部．普通高中数学课程标准（2017年版）［S］．北京：人民教育出版社，2018.

［2］卢镇豪．例谈中学生的数学自主探究学习［J］．数学通讯，2003（Z2）：1-2.

［3］卢镇豪．教师专业成长印迹［M］．广州：南方出版传媒新世纪出版社，2015.

［4］卢镇豪．给高中数学教与学的建议［M］．吉林：吉林人民出版社，2019.

第五节　高中数学深度学习课堂的
教学评价探究

汕头市金山中学　张海兵

《普通高中数学课程标准》（2017年版）中明确提出："评价方式的多样化是指除了传统的书面测试外，还可以采用课堂观察、口头测验、开放式活动中的表现、课内作业等评价形式。"这其中提到的课堂观察、口头测验、开放式活动中的表现都是我们数学课堂可以采用的评价方式。

数学深度学习的课堂应该在学生掌握了陈述性知识（数学基础概念、基本定理、公式等）的基础上，引导学生将数学知识串联起来，形成知识架构，逐渐形成完整的知识体系，促进学生数学思维水平的提高，最终有利于学生的身心健康发展，符合学生个人成长的客观规律。

数学深度学习课堂的教学评价（以下简称"评价"）应有利于学生陈述性知识的熟悉和记忆，服务于学生的数学知识架构体系的形成，引导并帮助学生数学思维的深度参与，应注重及时反馈，关注学生的身心健康，符合学生的心理期待。

一、评价应有利于学生陈述性知识的熟悉和记忆

陈述性知识是关于事实或事物准确性定义与性质的知识，也就是我们平常在数学书里能找到的数学基础概念、基本定理、公式等，例如：二面角、勾股定理、两角和的正弦公式等。这些知识在SOLO理论中就表现为数学知识结构中的一个单点结构。在函数的奇偶性一节中，这样的陈述性知识就是奇函数的

定义、奇函数的图像性质等。

比如在给出奇（偶）函数的定义后，我们可以给出这样的问题："奇函数的定义与偶函数有哪些明显的差异"，"我们都学过哪些常见的奇函数或偶函数"，通过课堂观察、口头测验来对学生进行评价。

我们也可以通过以下类似的课堂小测验来评价学生的学习情况。

练习：下列哪些函数是奇函数？哪些是偶函数？

①$y = 3x$，②$y = \dfrac{1}{2}x^2$，③$y = x + \dfrac{1}{2}$，④$y = 0$（$x \in \mathbf{R}$），⑤$y = |x|$，⑥$y = x^2 - 2x$，⑦$y = x - \dfrac{2}{x}$

设置这一类的评价问题往往要求比较简单，对学生考查更多的是概念的重复、定理公式的直接应用。若学生能正确回答这一类的问题，教师也应及时给予正面的肯定和鼓励，这样有利于学生概念的形成、定理公式的记忆和使用。

二、评价应服务于学生的数学知识架构体系的形成

高中数学知识的架构体系指的是由课本概念、定理、公式及其推导的命题共同组成的，包含基本方法、基本技能的框架体系结构，知识点与知识点之间又是相互关联的。如果学生的脑海里储备的知识架构体系较为完整，则将非常有利于学生数学的学习，学生能清楚地知道高中数学有什么，考试考些什么，学起数学将更加有的放矢，游刃有余。

评价应服务于学生的数学知识架构体系的形成，应朝着引导学生建构架构体系的角度给予学生刺激性的评价。如在《函数的奇偶性》一节中，在给出函数奇偶性的定义及图像性质后，笔者就设置了如下课堂观察、口头测验的问题。

（1）有没有既不是奇函数也不是偶函数的函数？

（2）按函数的奇偶性可以将函数分为几个不同的类别？

这样的问题设置有利于学生对奇函数和偶函数进行区别，从而形成可以将函数分成四类的认知，并形成新的知识架构，有利于知识系统的形成。

三、评价应引导并帮助学生数学思维的深度参与

《现代汉语词典（第 7 版）》关于思维的定义是：在表象、概念的基础上进

行分析、综合、判断、推理等认识活动的过程。思维是人类特有的一种精神活动，是从社会实践中产生的。数学思维也就是人们通常所指的数学思维能力，即能够用数学的观点去思考问题和解决问题的能力。它包括直观抽象能力，联想辨析能力，分析综合推理能力，概括归纳能力等。人们学习数学的主要目的是去获得这些数学思维能力，从而指导自己的生活、社会实践活动。

评价应引导并帮助学生数学思维的深度参与，引导学生进行辨析判断、联想和分析综合，并利用已学知识推理得出新的结论，将学生的思维引向纵深。如在《函数的奇偶性》一节中，在得到函数奇偶性的定义后，笔者设置了如下课堂观察、口头测验的问题。

（1）奇函数、偶函数的图像特征分别是什么？

（2）与函数的单调性相比，函数的奇偶性描述函数怎样的图形特征？

函数奇偶性的定义是一个用代数方法准确描述几何特征的定义，而这两个问题则要求学生借助图形的几何直观性来阐明代数概念之间的某种关系，能让学生将代数的概念与几何的图像特征相联系，第二个问题还从函数的两个性质（单调性与奇偶性）出发，比较两者的几何（图像）特征，让学生比较辨析，从而使思维得到深度参与。

四、评价应注重及时反馈

及时反馈学生的学习情况，有利于了解学生的学习情况，更有利于老师解决课堂存在的问题，这一方面，往往体现的是教与学的相互作用，巩固学生的学习成果，提升教师的教学能力。

评价在课堂教学中的及时反馈可以表现为课堂观察、口头测验、课堂小测验等。比如在《函数的奇偶性》一节中，笔者就在后半段安排了这样的课堂小测验。

1. 已知 $f(x)$ 是奇函数，其部分图像如图 2-5-1 所示，则 $f(x)$ 的图像是（　　）

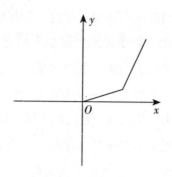

图 2 - 5 - 1

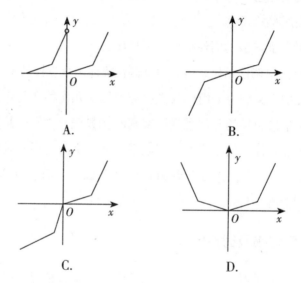

A.   B.

C.   D.

2. 设函数 $f(x)$ 为奇函数, 当 $x > 0$ 时, $f(x) = x^2 - 2$, 则 $f(f(1))$ (　　)

A. -1 B. -2 C. 1   D. 2

3. 函数 $f(x) = x^2 + \sqrt{x}$ (　　)

A. 是奇函数   B. 是偶函数

C. 是非奇非偶函数   D. 既是奇函数又是偶函数

  认知心理学的研究表明, 对初次接触的复杂事物, 大脑能产生粗略的、不一定准确且全面的表征, 及时的反馈评价很有必要, 没有反馈评价很难学会抽象的复杂认知, 这就要求我们在学完知识后进行必要的反馈评价。在《直线的点斜式方程》这一课时最后阶段, 笔者就设计了一个引导学生求直线方程的必备条件的开放性活动来作为反馈评价。

开放性活动：如果要得到 $y = \sqrt{2}x - 1$ 的直线方程，你可否列出几组最多不超过两个条件的题目？

这个思考题的答案是非常多的，大致有这么几类：直线的斜率（倾斜角）与一个点坐标（或纵截距），两个点的坐标（或截距），其中的一个点与某条直线平行（或垂直）等。这个反馈思考题的目的是巩固学生学习的知识，同时启迪新的知识（两点式与截距式），提高学生学习的积极性。

五、评价应关注学生的身心健康、符合学生的心理期待

学生的发展是指学生身心的生长和变化，数学教育的其中一个基本功能是促进学生身心的全面发展。数学的学习具有促进学生发展的重要功能，学生在学习数学过程中，不仅学到数学知识，而且在思维和情感品质等方面得到了锻炼和提高。数学学习对于他们脑功能的发展也具有重要作用。

课堂的数学教学评价，更应该关注学生的身心健康，从有利于学生个人发展的角度出发，在给予学生挫折教育的同时，也给他们一些认可、鼓励、关心的积极评价，从而有利于培养学生健全的人格，有利于他们的全面发展。

六、结语

数学课堂的教学评价是一个过程评价，是一个深入教学常规的评价，也是一个多维角度的教学评价，课堂是老师发挥教师职能的主阵地，用好我们的课堂，给予学生更全面、更客观的过程评价，人民教师责无旁贷。

参考文献：

[1] 中华人民共和国教育部．普通高中数学课程标准（2017 年版）[S]．北京：人民教育出版社，2018．

[2] 安富海．促进深度学习的课堂教学策略研究 [J]．课程·教材·教法，2014（11）：57 − 62．

[3] 人民教育出版社，课程教材研究所，中学数学课程教材研究开发中心．普通高中课程标准实验教科书（数学必修1）[M]．北京：人民教育出版社，2007．

第六节　基于数学核心素养的深度学习思考

汕头市谢易初中学　曾岳扬

《普通高中数学课程标准（2017 年版）》指出：数学核心素养包括数学抽象、逻辑推理、数学建模、直观想象、数学运算和数据分析。这些素养的落实对锻炼学生思维和提升学生的"四能"具有十分重要的作用。因此，在核心素养发展下的高中数学课堂，教师应充分地体现学生的主体地位，引导学生进行深度学习，利用自主探究性学习等方式来培养学生的数学核心素养。那么，深度学习有何意义？课堂上应怎样引导学生进行深度学习？下文针对以上两个问题阐述个人的观点。

一、核心素养下高中数学深度学习的意义

1. 以教助学，以学促教，教与学共长

深度学习就是教师以"教材内容"为载体，把抽象的"知识"转化为适合学生成长的"教学内容"，然后将"教学内容"转化为学生能够操作的具体"教学材料"，再通过课堂引导学生开展主动学习，掌握数学思想方法，使数学核心素养得到落实。也就是说，教师首先要设计好教案，争取在有限的课堂内，有序地实现丰富而复杂的教学目标。当然，在这个过程中，教师应时刻准备依据学生的反馈信息对教学活动做出相应的调整，课后还要不断总结，做好反思，并及时改进教学方法。总而言之，深度学习不仅培养了学生的数学核心素养，还推动了教师与学生的共同成长。

2. 使学生会学会思维，能沟通有毅力

随着新课改在高中数学教学的渗透和深化，培养学生数学核心素养的关键

是让学生学会学习，学会用数学的思维思考问题，能有效地沟通，养成终身学习的习惯。因此，教师必须利用课堂教学，引领学生围绕着具有挑战性的学习主题，全身心积极参与，体验学习乐趣，体验成功，完成有利于学生成长的深度学习过程。

二、核心素养发展下高中数学应如何进行深度学习

既然深度学习会对学生的学习产生如此深远的影响，那么高中阶段应如何引导学生进行深度学习呢？本文将通过以下七个方面进行探讨。

1. 单元介绍、激发兴趣、学法点拨

高中数学核心素养发展下，课堂教学应从单元设计入手，也就是说，从单元的研究对象介绍开始，激发学生对本单元学习的欲望。教师再将本单元的学习方法说明一下，以便学生有效地进行自主学习，逐步引导学生进行深度学习，提升学习兴趣。例如：在教授必修 2 的立体几何时，当教师介绍几何学是研究现实世界中物体的形状（结构特征）、大小（表面积、体积）、位置关系（线线、线面、面面间的关系）的数学学科时，学生们便对立体几何所要学习的内容有所了解，初步体验到立体几何其实就在我们身边，自然而然地对接下来的学习有了兴趣；接下来教师可以对几何学的学习方法（譬如，直观感知、操作确认、度量计算等）进行指导，为后面的学习提供方法支撑；最后，鼓励学生不畏困难认真学习，争取学了立体几何后能体验到自己的几何直观能力、图形语言的运用交流能力、空间想象能力等有所提升。

2. 由旧拓新、激活思维、建构知识

大部分高中数学知识以小学或初中的数学知识为铺垫，略作拓展就可以得到。因此，高中数学的课堂学习经常是在教师的指导下，根据当前学习任务去调动、激活以往的知识结构和数学思维，以融会贯通的方式对学习内容进行组织，从而建构出新的知识结构。例如：在学习空间中直线与直线之间的位置关系时，我们可以提示学生回顾一下平面上两条直线之间有哪些位置关系，来激活学生的数学思维，让学生通过身边的物体调动起他们对空间的感性认识，进而判断出空间中直线与直线间除了平行、相交两种关系之外，还有另一种关系，接着引导学生认真阅读课本，重新对空间中的直线与直线之间的位置关系进行

知识建构。

3. 注重知识的形成过程

在高中数学核心素养发展下，"知识的形成过程"是深度学习的一个重要特征。因为学生的数学学习过程不应该是被动地去接纳性质、定理等，而应该是通过主动的、有目的的思维，将性质、定理等的来龙去脉弄明白、搞清楚，这样才能真正落实数学核心素养。学生只有不断地经历知识的形成过程，才能逐步地学会学习，学会创新。因此，我们在课堂上，应注重鼓励学生经历知识的形成过程，使学生能够在"硬邦邦"的性质、定理之外，体会到高中数学的思想方法。例如，高一在学习对数运算性质时，如果没有利用指数式与对数式的互化来证明，并在证明的过程中感受性质的形成过程，而是直接背诵公式，那么学生很容易用错性质，甚至会无中生有地创造出错误的公式。其实，在这些对数运算性质的证明过程中，学生可以体会到转化的数学思想方法。

4. 抓住本质，进行变式训练

在高中数学的学习中，教师只有把握知识的本质，才能使学生举一反三，由本质联想到相关的变式，才能使学生"学会学习"，即学会如何对所学数学知识进行深度加工，从而培养学生的数学核心素养。例如，为使学生掌握椭圆的定义，不仅要使他们知道动点 M 到两定点 F_1，F_2 的距离的和等于常数 $2a$（$2a > |F_1F_2|$），则动点 M 的轨迹是椭圆，还要使他们通过画图弄清楚动点 M 满足 $|MF_1| + |MF_2| = 2a$（$2a = |F_1F_2|$）或 $|MF_1| + |MF_2| = 2a$（$2a < |F_1F_2|$）时的轨迹是什么。若干变式的操作，可避免学生形成"凡是到两定点的距离之和是定值的轨迹一定是椭圆"的误区。

5. 把黑板还给学生，使其充分暴露学生的计算思维轨迹

众所周知，每个学生都拥有自己的思维体系，一样的境遇，往往有不一样的思维模式，从而会选择不一样的路径来完成任务，尤其是计算方面。所以，在课堂上，教师应该尽可能多地通过练习给学生创造上讲台讲解和板演计算过程的机会，使他们的思维轨迹充分暴露出来，以便我们及时发现学生的计算问题，改进教学方法，从而更加有效地指导学生进行深度学习。

6. 借助"一题多解"，启迪批判性思维

"一题多解"无论是在对学生分析数学问题基本能力的培养，还是在养成

学生的综合思维习惯或是在提升学生的空间想象思维品质方面，都发挥了重要作用。因此，在课堂上应该多鼓励学生进行"一题多解"，在这些解法中进一步地思考不同解法在不同情境下的优劣性，也就是说，在众多的解法中，学生应学会用批判性思维来做出恰当的选择。例如，立体几何的解题方法是用传统法还是用向量法，应针对具体题目来做判断，虽然向量法在解线面角或二面角过程中思路直观、容易切入，但有时用向量法求点坐标会有点麻烦，而用传统法反而简单易求，譬如，2018 年高考全国卷Ⅰ理科数学试题第 18 题（2）小题。

7. 运用数学思想，学会"迁移"

在高中新课改的背景下，高中数学的学习更加注重数学思想方法的学习。学生只有掌握好数学思想方法，才能有综合的能力和创新的意识，才能信手拈来地将已有知识迁移到新的情境中并快速地解决问题。例如：在讲评试题"已知函数 $f(x)$ 是奇函数，$f(x+2)$ 是偶函数，$f(1)=3$，则 $f(8)+f(9)=$ _____"时，我们可以用"一般到特殊"的数学思想来解决，在我们所学的函数中，正、余弦函数就是一奇一偶函数，并且它们能够通过互相平移得到，而且奇函数 $y=\sin x$ 向左平移 $\frac{1}{4}$ 个周期得到偶函数 $y=\cos x$，由此可断定函数 $f(x)$ 是周期为 8 的周期函数，故 $f(8)+f(9)=f(0)+f(1)=0+3=3$。

在高中数学核心素养发展下，学生的深度学习是在教师的指导下，从单元的角度，整体把握模块特点，激发学生学习兴趣，适时点拨学习方法，引导学生由旧拓新，建构知识，经历知识的形成过程，抓住本质进行变式训练，鼓励学生利用好上讲台做"小老师"的机会，大胆暴露自己的思维轨迹，以得到老师及时、有针对性的指导，遇到练习时，有意识地多进行"一题多解"，争取做出有批判性的选择。因此，高中数学的学习应以教材内容为载体，通过练习题挖掘其中蕴含的数学思想，只有掌握好数学思想，我们所学的知识才能适当地被迁移。

总之，在高中数学核心素养发展下，教师与学生的深度学习是相互促进的，课堂上没有教师的精心设计，就很难有学生的深度学习的发生；同样，在不断引发学生的深度学习的过程中，教师的教学能力也得到了提高。

参考文献:

［1］中国人民共和国教育部．普通高中数学课程标准（2017 版）［S］．北京：人民教育出版社，2018．

［2］郭华．深度学习及其意义［J］．课程·教材·教法，2016（11）：25－32．

第七节　也谈深度学习

汕头市金山中学　欧钟湖

一、深度学习的本质内涵

就数学深度学习而言，马云鹏认为小学数学深度学习是基于数学学科核心内容，组织学生在深度探究中发展的有意义的学习过程。吕亚军、顾正刚认为初中数学深度学习是指在浅层学习的基础上，向探究式学习、发展高阶思维能力、构建拓展抽象型知识结构三方面转化，主动建构并进行有效迁移的过程，并指出初中数学深度学习的五大特征：主动理解和批判接受；激活经验与建构新知；知识整合与深层加工；把握本质和渗透思想；有效迁移和问题解决。

数学深度学习是一个立体的过程，相对机械式的浅层学习而言，关键在于如何在数学深度学习过程中渗透"深度"的思想。深度学习是指主动的、探究式的、理解性的学习，要求学习者主动地建构知识意义，将知识转化为技能并迁移应用到真实情境中来解决复杂问题，进而促进学习者元认知能力、问题解决能力、批判性思维、创造性思维等高阶能力的发展。

二、深度学习的基本特征

由于学习是一个由浅入深的、持续渐进的过程，因此从个体学习的过程来看，深度学习通常始于简单的、机械式的低级学习，最终指向有意义的、探究式的高级学习。可以说，深度学习和浅层学习是互相渗透的，我们在提倡深度学习的同时，也不排斥浅层学习，要根据所学知识的性质和个人的实际情况来做出合适的选择。

1. 以学生为中心

深度学习强调以学生为中心、以学习为导向，既关注学生的学习过程，也关注教师的教学活动，要求教师通过设计教学和评价活动来帮助学生掌握复杂的知识概念、建构个人知识意义、发展个人理解能力。

2. 强调信息整合

首先，深度学习是多渠道信息的整合，学习者不仅仅要接受书本内容或教师传授的知识，更要通过多种途径来获取完成学习任务所需的其他知识信息；其次，深度学习是多学科信息的整合，如在进行基于项目或问题的学习过程中要应用到多门学科的知识；最后，深度学习是新旧信息的整合，它把新信息与已知概念和原理联系起来，整合到原有的认知结构中，从而引起对新信息的深度理解、长期保持及迁移应用。此外，迁移应用实际上是信息整合的高级形式，即建立所学知识信息与应用情境的联系。

3. 促进知识建构与转化

学习者不仅要从信息的海洋中获取有用的信息，更要将信息转化为知识，并把新知识与已有知识经验联系起来，在已有知识结构的基础上建构新知识。在完成知识建构后，深度学习者还要在一定的指导下进行变式练习，将陈述性知识转化为程序性知识，以掌握简单技能；更要通过在新的情境中迁移应用所掌握的知识技能，将一般性的知识技能转化为问题解决技能，以获得高阶能力。

4. 着意迁移运用

"举一反三""触类旁通""学以致用"是古人提出来的学习理念，在当代的学习中依然适用。如果要达到深度学习的水平，学习者不仅要在深度理解所学知识的基础上，实现知识的有效迁移，还要创造性地应用所学知识来解决各种真实情境中的复杂问题。可以说，知识的迁移和应用是深度学习与浅层学习的本质区别。

5. 面向问题解决

学习是为了解决存在的问题，不只是单纯地掌握知识技能。深度学习要求学习者灵活运用所学知识来解决真实情境中的复杂问题，并创造新知识。

三、立体化评价

首先，进行诊断性评价，即预评估学生的学习需求和知识水平，以确定学生学习的起点和目标，以及促进学生学习所需的教学策略等。其次，进行过程性评价，一方面要求教师及时地针对学生的学习活动提供反馈信息，另一方面要求学生经常性地对自己的学习活动进行反思，并根据教师的反馈信息和自己的反思结果来发现学习过程中存在的问题和不足，对自己的学习方法、学习态度和学习活动等进行调整，以纠正对知识技能的错误理解，促进对正确理解的长久保持，特别是对复杂认知技能的掌握。最后，进行总结性评价，即对学生的学习结果做出价值判断，确定学生所获得的学习成效及所达到的学习层次。学习评价贯串整个深度学习活动过程中，但由于深度学习是一个动态发展的过程，因此更要注重过程性评价和表现性评价。

四、问题设计的想法

深度学习是从浅层次到深层次的学习，是阶梯式的学习，从机械记忆到识别原理，从零散认识到联想关联，从机械完成到自我反思，从叙述模仿到灵活应用。学生在日常学习中，常局限于单个知识点，缺乏对数学知识整体的连贯构建。构建知识网络的有效方式是单元复习。在一个单元的学习中，前面知识是后面知识的铺垫，后面知识是对前面知识的补充。采取单元的教学设计（预习、教学、复习、测试）可以帮助学生系统地学习知识，在这一过程中把教学目标转化为学习目标，同时结合考纲的要求对知识点的理解进行分级，设计相对应的问题串。比如，解二次不等式可以细分为：不含参可因式分解、不含参不可因式分解、含参可因式分解、含参不可因式分解，每种类型再进行细化研究。

参考文献：

[1] 周福云. 基于深度学习的高中数学单元教学研究 [J]. 数学教学通讯，2018（27）：25 - 26.

第八节　数学课堂深度学习的问题设计

——以三角函数的诱导公式为例

汕头市金山中学　张海兵

一、高中数学深度学习的课堂认知

深度学习理论认为学习既是个体感知、记忆、思维等认知过程，也是根植于社会文化、历史背景、现实生活的社会建构过程。深度学习（deep learning）也被译为深层学习，是美国学者弗伦茨·马丁和罗杰·萨尔霍基于学生阅读的实验，针对孤立记忆和非批判性接受知识的浅层学习（surface learning），于1976年首次提出的关于学习层次的一个概念。事实上，早在1956年布鲁姆在其《教育目标分类学》中关于认知维度层次的划分中就已蕴含了"学习有深浅层次之分"的观点。Ference Marton 和 Roger Saljo 借鉴了布鲁姆认知维度层次划分理论，创造性地提出了深度学习的概念并借助实验推进了深度学习的研究。

深度学习是学生源于自身内部动机的对有价值的学习内容展开的完整的、准确的、丰富的、深刻的学习。从本质上看，深度学习是一种主动的、探究式的、理解性的学习方式，要求学习者掌握非结构化的深层知识并进行批判性的高阶思维、主动的知识建构、有效的迁移应用及真实问题的解决，进而实现元认知能力、问题解决能力、批判性思维、创造性思维等高价能力的发展；与之相对应的浅层学习则是一种被动的、机械式的、记忆性的学习方式，只是把信息作为孤立的、不相关的事实来被动接受、简单重复和机械记忆，忽视对知识的深层加工、深度理解及长期保持，更无法实现知识建构、迁移应用及真实情境中的复杂问题解决。

深度学习是有意义的学习，要求学生的学习不是单纯的接受，而是在发现基础上的同化；深度学习是理解性的学习，重在引导学生通过深切的体验和深入的思考，达成对学科本质和知识意义的渗透理解；深度学习是阶梯式的学习，这样的学习必须是促进式的、层次性的、阶梯式的。

对深度学习的理解肯定不能望文生义，不能认为难度挖深的教学就能让学生处于深度学习的状态。真正的深度学习，笔者以为离不开基于理论的学习。但理论又常常是空洞的，因此从一线教师的角度来看，理论又不能脱离教学实际，这里笔者尝试通过"三角函数的诱导公式"（人教 A 版高中数学必修 4）这一内容来说明自己对深度学习问题设计的理解。

笔者认为，所谓深度学习，是指学生以结构性的知识为工具，以思维发展与问题解决为学习目标，以积极主动的学习态度进行批判性的、建构性的学习。深度学习有两个关键环节：一是新旧知识的有效联系；二是所学知识在新情境中的迁移。

二、高中数学深度学习的课堂问题设计

人教 A 版《普通高中课程标准实验教科书·数学（必修 4）》中的"1.3 三角函数的诱导公式"是学生已学习过的任意角的三角函数等知识的延续和拓展，体现了三角函数之间的内部联系。诱导公式兼具"运算工具"与"表达函数性质"的双重作用，是圆的对称性的代数表示。这节课蕴含着丰富的数学思想：诱导公式的引入蕴含了分类与整合思想；诱导公式自身的功能诠释了化归与转化思想；诱导公式在解决问题中的作用无不体现函数与方程思想；探究与证明诱导公式的过程中自始至终凸显特殊与一般思想（特别把 α 看成锐角）；诱导公式的引入、证明、应用处处体现数形结合思想。学生通过对这节内容的学习可充分体验和感悟丰富的数学思想方法，有利于发展数学抽象、逻辑推理、数学建模、数学运算、直观想象、数据分析等核心素养。对"诱导公式"的推导教学可微设计如下：

问题 1：请大家回忆一下，终边相同的角的同名三角函数值之间有什么关系（公式）？我们是如何研究的？

设计意图：通过对终边相同的角的同一三角函数值之间关系及研究方法的回忆，使学生明确单位圆和三角函数的定义在研究三角函数性质上所起的作用，

为后续三角函数诱导公式的推导提供研究思路，同时体会这组公式体现了三角函数具有周而复始的性质。

问题2：角 $\pi + \alpha$ 的终边与角 α 的终边有什么关系？它们的终边与单位圆交点的坐标有什么关系？由此你能得到角 $\pi + \alpha$，角 α 的三角函数之间的关系（公式）吗？

设计意图：引导学生自主探究，体会研究问题的思路以及圆的对称性与三角函数性质的关系，体会单位圆在研究问题中的工具作用。在此基础上，让学生交流、概括公式的基本研究思路：角的关系→终边关系→坐标关系→三角函数值关系。

问题3：请大家探究角 $\pi - \alpha$ 与角 α、角 $-\alpha$ 与角 α、角 $2\pi - \alpha$ 与角 α、角 $2\pi + \alpha$ 与角 α 的终边之间的关系，并得出相应的三角函数值之间的关系（公式）。

设计意图：让学生类比问题2概括的研究思路进行自主探究，进一步体会圆的几何性质（对称性）与三角函数性质的关系，体会单位圆、三角函数线等在研究问题中的作用。

问题4：请大家探究角 $\dfrac{\pi}{2} - \alpha$ 与角 α，角 $\dfrac{3}{2}\pi - \alpha$ 与角 α，角 $\dfrac{\pi}{2} + \alpha$ 与角 α，角 $\dfrac{3}{2}\pi + \alpha$ 与角 α 的终边之间的关系，并得出相应的三角函数值之间的关系（公式）。

设计意图：在问题2、问题3的基础上，让学生继续沿着研究思路进行自主探究，进一步体会圆的几何性质（轴对称性、图形旋转）与三角函数性质的关系，体会单位圆、三角函数线等在研究问题中的工具作用。

问题5：你能发现以上探究得到的几组诱导公式之间的内在联系吗？

设计意图：让学生用推理的方法发现公式，体会公式与公式之间的内在联系，感悟公式中角指代的"广泛性"；同时，让学生观察这几组诱导公式的结构特征，引导学生从"函数值的符号"和"函数名"的改变与否的视角对公式的变化规律加以概括，从而总结得到"奇变偶不变、符号看象限"的公式口诀，构建完整的诱导公式知识网络。

深度学习提倡将新知识与已知概念和原理联系起来，整合到原有的认知结构中，从而引起对新的知识信息的理解、长期保持及迁移应用。本问题设计，重视学习的迁移运用和问题解决。"问题1"和"问题2"的设计有利于学生深入理解解决问题的原理方法，以在"问题3"和"问题4"的求解中能分析判断差异并将原理思路迁移运用。如果学生不能将习得的原理方法迁移应用于"问题3"和"问题4"，则说明学习者对"问题1"和"问题2"的学习只停留在被动接受的浅层水平上，对课堂上可迁移、具有普遍意义的原理和方法缺乏深入的考究和理解，影响发展数学核心素养。因而，对本设计的教学实施，教师一定要着意于学生的主动思考和自主探究，着意于促进学生思维的深入交流和对新知的积极建构，着意于促进学生的深度学习。

三、高中数学深度学习的课堂再认识

本设计在得到一组诱导公式后，运用类比探究其他诱导公式和寻找公式之间的内在联系的过程中可促进学生发展"逻辑推理"核心素养；在借助单位圆工具，按照"角的关系→终边关系→坐标关系→三角函数值关系"的思路展开探究的过程中可促进学生发展"直观想象""数学运算"和"数据分析"核心素养；在引导学生从"函数值的符号"和"函数名"的改变与否的视角对公式的变化规律加以概括的过程中可促进学生发展"数学抽象"核心素养；在对诱导公式中的角 α 既可以是"单角"，也可以是"复角"，即指代具有"广泛性"的理解上可促进学生发展"数学建模"核心素养。

深度学习是内源性的学习，让学生积极主动地参与到课堂教学活动中，学生的学习才可能是有深度的，也只有学生深度学习，才可能促进学生发展核心素养。从这个意义上讲，准确把握学情和深刻解读教材就显得尤为重要，因为它们是引导深度学习的基点。如何把握这两个基点进行课堂教学微设计，以更好地促进学生发展数学核心素养是个值得深入研究的问题，笔者愿对此做进一步的思考，以期为一线教师提供可资借鉴的基于深度学习的数学课堂教学微设计策略、方法和教学案例。

参考文献：

［1］冯锐，任友群．学习研究的转向与学习科学的形成［J］．电化教育研究，2009（2）：23－26．

［2］Marton F, Saljo R. On Qualitative Difference in Learning：Outcome and Process［J］．British Journal of Educational Psychology，1976（46）：4－11．

［3］安德森．布鲁姆教育目标分类学（修订版）［M］．北京：外语教学与研究出版社，2009．

［4］贺慧．回归课堂原点的深度学习论：回归课堂原点的深度学习引论［J］．基础教育课程，2015（23）：6－13．

［5］张浩，吴秀娟，王静．深度学习的目标与评价体系构建［J］．中国电化教育，2014（7）：51－55．

［6］陈柏良．课堂教学要注重演绎结构的设计［J］．中学数学教学参考，2014（12）：2－4．

［7］安富海．促进深度学习的课堂教学策略研究［J］．课程·教材·教法，2014（11）：57－62．

深度学习是学生源于自身动机的对有价值的学习内容展开的完整的、准确的、丰富的、深刻的学习，是一种有意义、理解性、阶梯式的学习。开展以发展学生数学核心素养为价值取向，基于深度学习的高中数学课堂教学问题设计，具有促进学生主动学习，改善学生课堂学习状况，提高学生课堂学习质量的现实意义，也具有探寻与高中数学课程建设相适应，与高中数学学科发展核心素养相承接的课堂教学行为的现实性和紧迫性。课堂教学微设计是方法，深度学习是过程，发展核心素养是目标，三者逻辑相关，有机统一。

本章分享一些高中数学深度学习问题的设计案例，其中有概念课、命题课、习题课、复习课和"微建模"课的设计案例。

第三章

深度学习之教学问题设计案例

第一节　概念课

以核心问题串培养学生深度学习思维

——以函数单调性概念问题设计为例

汕头市聿怀中学　陈煜斌

一、以核心问题串培养学生深度学习思维的背景

深度学习源于人工神经网络的研究，是指对信息予以深度加工、深刻理解和掌握。深度学习要求"学习者进行理解性的学习"。从学校现实教育的角度来说，有学生的发展就应该有教师的深度教学。以核心问题串培养学生深度学习思维是当前课堂教学中有效促进学生学习和发展的得力抓手，是教学追求的目标之一。

在教学中，教师应积极引导学生对知识进行深入探讨，或把学生的思维"聚焦"，引向问题深处，或把学生的思维"发散"，多角度、多层次地分析问题，不断提升学生的思维能力。学生在深度思考、讨论和交流中，深化了对知识的认识，培养了思维的深刻性。着眼于提升学生思维的目标，教师的引导要从教学内容和学生实际出发，利用教材知识点与学生已有知识经验之间的矛盾，以核心问题串引导学生重组相关知识经验，渗透基本的思想方法和解决问题的策略。同时，应该避免让学生在低思维层次水平上重复，引导学生在已有水平基础上不断向较高思维层次递进。

二、函数单调性概念的问题设计

下面以函数单调性概念为例，通过问题串引导学生进行不同思维深度的学习。

（一）函数单调性概念的引入

课本直接从三个图像入手，比较抽象，不易激发学生的兴趣。

重新设计学生比较感兴趣的两个生活问题作为引入。

问题串 1：

通过大屏幕展示三幅动画：红日冉冉升起（如图 3 - 1 - 1），瀑布飞流直下（如图 3 - 1 - 2），大海波涛汹涌（如图 3 - 1 - 3）。

图 3 - 1 - 1   图 3 - 1 - 2   图 3 - 1 - 3

我们知道，先画出函数图像，通过观察和分析图像的特征，可以得到函数的一些性质，观察图 3 - 1 - 4 中各个函数图像，你能说说它们分别反映了相应函数的哪些性质吗？

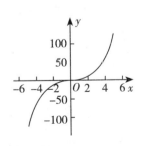 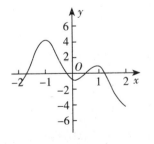 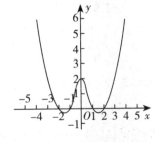

图 3 - 1 - 4

（1）请同学们用三个不同的成语来描述它们。（单点结构层次）

设计意图：由动画和成语引出新课，既能激发学生的求知欲，又增加了课堂的趣味性和观赏性。

（2）请画出反映上述动画的三种函数图像（如图 3 - 1 - 5）。（单点结构层次）

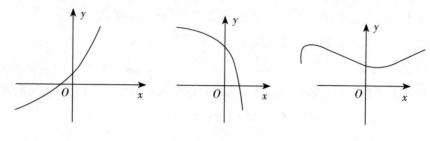

图 3 - 1 - 5

设计意图：将生活中的现象转化为数学问题，思维由形象转变为抽象。

（3）图 3 - 1 - 6 为北京市某一天 24 小时内的气温变化图，请同学们观察这张气温变化图，说说这一天的气温是怎样变化的。

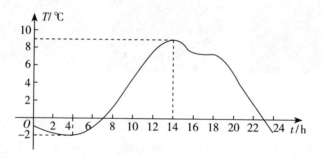

图 3 - 1 - 6

设计意图：①引导学生观察图像，得出气温随时间的变化而"上升"或是"下降"；②从生活中的实例出发，使学生体会研究函数单调性的必要性，拉近数学与实际的距离，使他们感受数学源于生活，激发学生的学习兴趣和主动探究的精神。（多点结构层次）

（4）请同学们动手分别作出函数 $f(x) = x + 1$，$f(x) = x^2$ 的图像，观察图 3 - 1 - 7，图像有怎样的几何特征？（多点结构层次）

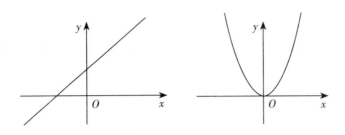

图 3 - 1 - 7

设计意图：由生活中的实例过渡到数学中的具体函数，以学生熟悉的一次函数、二次函数作为切入点，从学生的认知基础出发，即从学生熟悉的常见函数的图像出发，直观感知函数的单调性，完成对函数单调性定义的第一步认识。

问题串 2：

（1）函数图像的这种特征怎样从"数"的角度进行描述呢？

（2）在图像由左至右逐渐上升或下降的过程中，函数值是如何随自变量的变化而发生相应的变化的呢？（关联结构层次）

设计意图：学生从直观感知函数的单调性到用数学语言来表述，完成对函数单调性定义的第二步认识。

（二）函数单调性的定义

1. 增函数和减函数

一般地，设函数 $f(x)$ 的定义域为 I，如果对于定义域 I 内某个区间 D 上的任意两个自变量的值 x_1，x_2，当 $x_1 < x_2$ 时，都有 $f(x_1) < f(x_2)$，那么就说函数 $f(x)$ 在区间 D 上是增函数（如图 3 - 1 - 8）。

如果对于定义域 I 内某个区间 D 上的任意两个自变量的值 x_1，x_2，当 $x_1 < x_2$ 时，都有 $f(x_1) > f(x_2)$，那么就说函数 $f(x)$ 在区间 D 上是减函数（如图 3 - 1 - 9）。

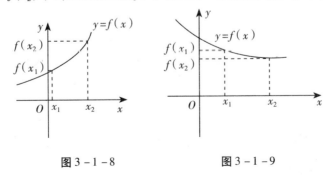

图 3 - 1 - 8　　　　图 3 - 1 - 9

133

2. 单调性与单调区间

如果一个函数在某个区间 M 上是增函数或是减函数，就说这个函数在这个区间 M 上具有单调性，区间 M 称为单调区间。

（三）函数单调性概念的分层次理解

1. 利用图表或具体实例直观理解

问题串3：

（1）请根据图3-1-10描述某装配线的生产效率与生产线上工人数量间的关系。（单点结构层次）

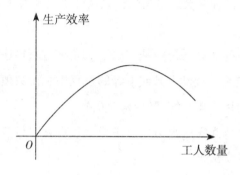

图3-1-10

（2）图3-1-11是定义在单调区间 $[-5，5]$ 上的函数 $y = f(x)$，根据图像说出函数的单调区间，以及在每一个单调区间上它是增函数还是减函数。（多点结构层次）

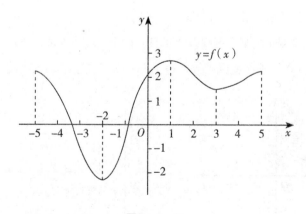

图3-1-11

设计意图：让学生懂得由图像直接得到函数的单调区间，并根据每一个单调区间上曲线的上升或下降判断函数是增函数还是减函数。

2. 利用辨析判断题加强对函数单调性概念的理解

问题串 4：（判断正误）

（1）若函数 $f(x)$ 满足 $f(2) < f(3)$，则函数 $f(x)$ 在区间 $[2，3]$ 上为增函数。（　）

（2）若函数 $f(x)$ 满足 $f(2) < f(2.5)$，$f(2.5) < f(3)$，则函数 $f(x)$ 在区间 $[2，3]$ 上为增函数。（　）

（3）已知函数 $f(x)$ 在定义域 D 上存在两个自变量的值 x_1，x_2，当 $x_1 < x_2$ 时，都有 $f(x_1) < f(x_2)$，则函数 $f(x)$ 在区间 D 上是增函数。（　）

（多点结构层次）

设计意图：强调对定义中"任意"一词的理解。

问题串 5：（判断正误）

（1）函数 $f(x) = 2x + 1$ 是增函数。（　）

（2）函数 $f(x) = x^2 + 2x + 1$ 是增函数。（　）

（3）函数 $f(x) = x^2 + 2x + 1$ 在区间 $(-1，+\infty)$ 上是增函数。（　）

（4）函数 $f(x) = 2$ 是增函数。（　）

（关联结构层次）

设计意图：强调有的函数在整个定义域内单调（如一次函数），有的函数只在定义域内的某些区间上单调（如二次函数），有的函数根本没有单调区间（如常函数）。

问题串 6：（判断正误）

（1）函数 $f(x) = 5x$（$x \in \{1，2，3，4，5\}$）是增函数。（　）

（2）因为函数 $f(x) = \dfrac{1}{x}$ 在区间 $(-\infty，0)$ 和 $(0，+\infty)$ 上都是减函数，所以 $f(x) = \dfrac{1}{x}$ 在 $(-\infty，0) \cup (0，+\infty)$ 上是减函数。（　）

（3）若函数 $f(x)$ 在区间 $(1，2]$ 和 $(2，3)$ 上均为增函数，则函数 $f(x)$ 在区间 $(1，3)$ 上为增函数。（　）（关联结构层次）

（4）如何说明一个函数在某个区间上不是单调函数？（抽象结构层次）

设计意图：①单调性是对定义域内某个区间而言的，离开了定义域和相应区间就谈不上单调性。②函数在定义域内的两个区间 A，B 上都是增（或减）函数，不能认为函数在 $A \cup B$ 上是增（或减）函数。

3. 利用抽象符号进行理解

问题串 7：

（1）对任意的 x_1，$x_2 \in (a, b)$，有 $(x_1 - x_2)[f(x_1) - f(x_2)] < 0$，能断定函数 $f(x)$ 在区间 (a, b) 上是增函数吗？

（2）对任意的 x_1，$x_2 \in (a, b)$，且 $x_1 \neq x_2$，有 $\dfrac{f(x_2) - f(x_1)}{x_2 - x_1} > 0$，能断定函数 $f(x)$ 在区间 (a, b) 上是增函数吗？（抽象结构层次）

（3）若 $f(x)$ 的定义域为 $\mathbf{R}$，当 $x > 0$ 时 $f(x) > 0$，且对任意的 a，b，满足 $f(a + b) = f(a)f(b)$，则 $f(x)$ 是增函数吗？（抽象结构层次）

设计意图：让学生在抽象符号中理解函数单调性的概念。

三、反思与感悟

在深度学习的教学设计中，教师首先应该设计出学生可以积极参与的学习活动，如采用基于核心问题串的教学设计，让问题串的任务情境与学生的生活联系起来，这样既可以保持学生的参与积极性，也更利于学生运用所学的知识去解决实际问题。

总之，有效的引导是教学取得成功的关键。教师应在充分尊重学生主体地位的基础上，摆正自身角色，紧扣教学目标，引导学生主动参与学习活动，激活学生的思维，把学生的学习引向自主和谐、多元发展的境界。

问题解决，素养达成

——函数零点的教学问题和评价设计

汕头市第一中学　许秋妍

一、问题的提出

在平时的教学工作中，教师时常会遇到这样的学生：他们学习数学的方式主要是刷题，在平时的学校考试和地区性考试中成绩还不错，但到了真正的高考，尤其是近两年以问题解决为评价取向的高考，他们的成绩就不行了。其中主要的原因在于学生的学习（其实是刷题）只会重复一个解题反应，没有学会独立去创造一个反应——问题解决。

教师需要思考如何将低效的应试刷题教学转向数学问题解决教学。

课程标准指出，数学教学必须以促进学生的学习为主要目标，体现"以人为本"的先进教育理念。现代的数学教育十分强调以问题解决教育为价值取向，这就要求数学教学设计必须以提高学生的问题解决能力为重要目标，使学生逐步学会独立学习。

二、数学学业质量要求和 SOLO 分类评价法

《普通高中数学课程标准（2017 年版）》指出，高中数学学习评价关注学生知识技能的掌握，更关注数学学科核心素养的形成和发展，应制定科学合理的学业质量要求，促进学生在不同学习阶段数学学科核心素养水平的达成。评价既要关注学生学习的结果，也要重视学生学习的过程。因此，我们应开发合理的评价工具，将知识技能的掌握与数学学科核心素养的达成有机结合，建立目标多元、方式多样、重视过程的评价体系；通过评价提高学生学习兴趣，帮助学生认识自我，增强自信，同时帮助教师改进教学，提高质量。

教师如果想要提高学生的思考能力、推理能力和问题解决能力，就需要一

种富有认知挑战的教学任务，因为它可以培养学生进行复杂思考的能力。尽管刚开始实施这项教学任务时不能保证学生马上能够达到高水平的认知层面，但这是由低水平向高水平转变的必经之路。

SOLO理论不仅有完整的体系，而且有坚实的实践基础。比格斯和他的同事在澳大利亚和香港做过大量的实验，使该理论与历史、地理、数学、英语等学科的评价结合起来，收到了较好的效果。

根据SOLO分类评价法，比格斯把学生对某个问题的学习结果由低到高划分为五个层次：前结构、单点结构、多点结构、关联结构和抽象拓展结构。

三、函数零点的问题和评价设计

笔者认为问题驱动和数学课堂过程性评价方法相结合，可以在课堂教学中有效地指导学生对数学概念和思想方法的学习，而且能让学生更加关注知识技能的形成过程和学习方式的多样化，并让他们在多样化的数学活动中感受、体验数学的探索和创造，使学生对数学有更好的理解，并形成良好的情感态度与价值观，最终促进学生在不同学习阶段数学学科核心素养水平的达成。

因此，笔者将问题驱动和数学课堂过程性评价方法（SOLO分类评价法）相结合，根据高一数学中函数零点章节的内容进行问题设计。

（一）函数零点的知识和方法的框架

在对问题进行设计之前，笔者先对这部分的数学概念、知识和方法进行梳理，如图3-1-12。

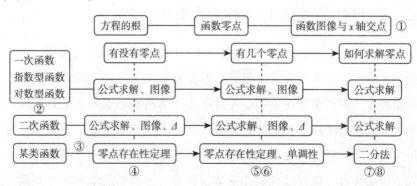

图3-1-12

（注：图中的编号分别对应以下8个问题串设计）

（二）基于 SOLO 分类评价方法的函数零点的问题设计

1. 回顾函数零点的定义

问题串 1：

（1）完成表 3 - 1 - 1。（多点结构层次）

表 3 - 1 - 1

方程	$x^2 - 2x - 3 = 0$	$x^2 - 2x + 1 = 0$	$x^2 - 2x + 3 = 0$
函数	$y = x^2 - 2x - 3$	$y = x^2 - 2x + 1$	$y = x^2 - 2x + 3$
函数的图像			
方程的实数根			
函数的图像与 x 轴交点的坐标			

（2）填空并回答：

方程 $f(x) = 0$ _____ ⇔ 函数 $y = f(x)$ 的图像 _____ ⇔ 函数 $y = f(x)$ _____。方程的根的个数和函数零点个数是否一致？（关联结构层次）

设计意图：让学生由具体例子到一般情况理解方程的根、函数的零点和函数的图像与 x 轴交点之间的关系。

问题串 2：

（1）由图像判断零点个数，并求出零点：

$f(x) = 2^{x-1}$

$f(x) = \begin{cases} x^2 - 2x - 3 & (x < 1) \\ \lg x - 1 & (x \geq 1) \end{cases}$（多点结构层次）

（2）判断 $f(x) = x^2$ 与 $f(x) = 2x + 3$ 函数图像的交点个数，与函数 $y = x^2 - 2x - 3$ 的零点个数有什么关系？

（3）讨论方程 $x^2 - 2x - 3 = k$ 的根的个数情况。

（4）已知函数 $f(x) = \begin{cases} x^2 + 2x - 3, & x \leq 0 \\ -2 + \ln x, & x > 0, \end{cases}$ 求使方程 $f(x) = k(k < 0)$ 的实数

解个数分别为 1，2，3 时 k 的相应取值范围。（关联结构层次）

设计意图：让学生通过具体问题的求解逐步掌握求解函数零点问题的多种

方法。

2. 零点存在性定理的引入

问题串 3：

（1）零点存在性的探索。

观察二次函数 $f(x) = x^2 - 2x - 3$ 的图像，如图 3 - 1 - 13 所示：

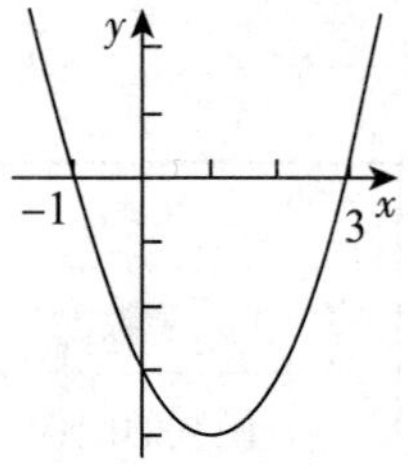

函数在区间 $(-2，1)$ 上有零点_____个；

$f(-2) =$ _____，$f(1) =$ _____，$f(-2) \cdot f(1)$ _____ 0（填"＜"或"＞"）；

$f(2) \cdot f(4)$ _____ 0（填"＜"或"＞"）；函数在区间 $(2，4)$ 上有零点_____个。（单点结构层次）

图 3 - 1 - 13

（2）对一般的连续函数 $y = f(x)$，你如何判断它在 $(a，b)$ 上是否有零点？

① 观察函数 $y = f(x)$ 的图像（如图 3 - 1 - 14）。

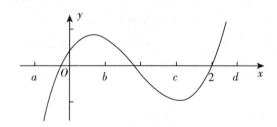

图 3 - 1 - 14

$f(a) \cdot f(b)$ _____ 0（填"＜"或"＞"）；在区间 $(a，b)$ 上_____（填"有"或"无"）零点；

$f(b) \cdot f(c)$ _____ 0（填"＜"或"＞"）；在区间 $(b，c)$ 上_____（填"有"或"无"）零点；

$f(c) \cdot f(d)$ _____ 0（填"＜"或"＞"）；在区间 $(c，d)$ 上_____（填"有"或"无"）零点。（关联结构层次）

由以上探索，你可以得出什么样的结论？

②如果函数 $y = f(x)$ 在区间 $[a，b]$ 上的图像是_____的一条曲线，并且有_____，那么，函数 $y = f(x)$ 在区间 $(a，b)$ 内至少

有一个零点。

即存在 $c \in (a, b)$，使得 _____ ，这个 c 也就是方程 $f(x) = 0$ 的根。（抽象拓展层次）

设计意图：让学生依次从二次函数、抽象函数的图像直观地获得零点存在性定理。

3. 零点存在性定理的分层次理解

问题串 4：

（1）$f(x)$ 在区间 $[a, b]$ 上的图像不是连续不断的，结论还成立吗？

（2）如果 $f(a)f(b) > 0$，那么函数 $y = f(x)$ 在区间 (a, b) 内一定没有零点吗？

（3）函数的零点一定可以用零点存在性定理判断吗？

（4）若函数 $y = f(x)$ 在区间 (a, b) 内有零点，那么一定有 $f(a)f(b) < 0$ 吗？

（5）若 $f(a)f(b) < 0$，那么函数 $y = f(x)$ 在区间 (a, b) 内一定只有一个零点吗？

（6）若 $f(a)f(b) < 0$，那么增加什么条件可确定函数 $y = f(x)$ 在区间 (a, b) 内一定只有一个零点？

（多点结构层次）

（7）图 3 – 1 – 15 中（1）（2）（3）分别为函数 $y = f(x)$ 在三个不同范围的图像。能否仅根据其中一个图像，得出函数 $y = f(x)$ 在某个区间内只有一个零点的判断？为什么？（关联结构层次）

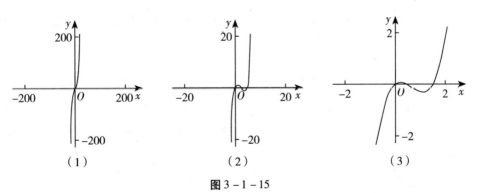

（1）　　　　　　　（2）　　　　　　　（3）

图 3 – 1 – 15

设计意图：让学生从零点存在性定理中条件与结论的充分性与必要性对该定理进行理解，从而为后续的应用做好知识和方法上的准备。

4. 判断零点个数

问题串 5：

（1）求函数 $f(x) = \ln x + 2x - 6$ 的零点个数（课本例题）。（单点结构层次）

（2）除了用信息技术画出函数图像得到函数单调性，你是否还有其他办法判断函数单调性？

（3）判断 $f(x) = \ln x$ 与 $f(x) = -2x + 6$ 函数图像的交点个数。（多点结构层次）

（4）①你有几种办法解决以下这个问题？

已知函数 $f(x) = x^3 - 2x + 1$，求证：方程 $f(x) = x$ 在（-1，2）内至少有两个实数解。

②证明①中的方程在相应区间恰有两个实数解。（关联结构层次）

方法小结：

判断函数零点个数的方法主要有：①利用零点存在性定理来确定零点的存在性，然后借助函数的单调性判断有唯一零点。②利用函数图像与 x 轴交点的个数判定函数零点的个数。③利用两个函数图像交点的个数判定函数零点的个数。

设计意图：让学生在解决问题中获得判断函数零点个数的方法。

问题串 6：

（1）若 $a > 3$，则函数 $f(x) = x^2 - ax + 1$ 在区间（0，2）上恰好有_____个零点。

（2）已知 x_0 是函数 $f(x) = 2^x + \dfrac{1}{1-x}$ 的一个零点。若 $x_1 \in （1，x_0）$，$x_2 \in （x_0，+\infty）$，则有（　　）

A. $f(x_1) < 0$，$f(x_2) < 0$　　　　B. $f(x_1) < 0$，$f(x_2) > 0$

C. $f(x_1) > 0$，$f(x_2) < 0$　　　　D. $f(x_1) > 0$，$f(x_2) > 0$

（3）已知实数 a，b 满足 $2^a = 3$，$3^b = 2$，则函数 $f(x) = a^x + x - b$ 的零点所在区间是（　　）

A. （-2，-1）　　　　　　　B. （-1，0）

C. （0，1）　　　　　　　　D. （1，2）

（4）二次函数 $f(x) = x^2 - kx - 2$ 在区间（2，5）上存在零点，则实数 k 的取值范围是_____。

（5）二次函数 $f(x) = x^2 - kx - 2$ 在区间 $[2，5]$ 上存在零点，则实数 k 的取值范围是_____。

（关联结构层次）

设计意图：让学生在解决问题中发现运用零点存在性定理判断零点存在性和个数问题时，都要挖掘出隐含条件——函数的单调性。

5. **二分法的适用条件**

问题串7：

（1）判断对错：（单点结构层次）

① 用二分法求函数零点的近似值的方法仅对函数的变号零点适用。

② 要用二分法，必须先确定零点所在区间。

③ 用二分法最后一定能求出函数零点。

④ 用二分法最后一定能求出函数零点的近似值。

⑤ 用二分法可求所有函数的零点。

（2）以下四个图像表示的函数都有零点，但不能用二分法求函数零点的是（   ）（多点结构层次）

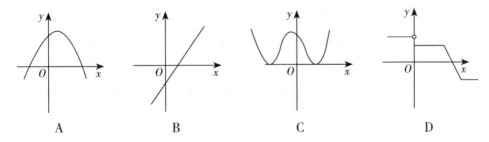

A   B   C   D

（3）下列函数中，有零点但不能用二分法求零点近似解的是（   ）（关联结构层次）

① $y = 3x^2 - 2x + 5$；② $y = \begin{cases} -x + 1, & x \geqslant 0, \\ x + 1, & x < 0; \end{cases}$ ③ $y = \dfrac{2}{x} + 1$；④ $y = x^3 - 2x + 3$；

⑤ $y = \dfrac{1}{2}x^2 + 4x + 8$

A. ①②③   B. ⑤

C. ①⑤   D. ①④

二分法的概念：对于区间 $[a, b]$ 上连续不断且 $f(a)f(b) < 0$ 的函数 $y = f(x)$，通过不断地把函数 $f(x)$ 的零点所在区间一分为二，使区间的两个端点逐步逼近零点，进而得到零点近似值的方法叫作二分法。

小结：

运用二分法求函数的零点应具备的条件：①函数图像在零点附近连续不断；②在该零点左右函数值异号。只有满足上述两个条件，才可用二分法求函数零点。

设计意图：让学生从对方法的理解和数学问题的解决过程中收获运用二分法求函数的零点具备的条件。

6. **二分法的操作过程**

课本例题：求函数 $f(x) = \ln x + 2x - 6$ 零点的近似值。

问题串8：

(1) 如何将函数 $f(x) = \ln x + 2x - 6$ 零点所在的区间缩小？可以尝试怎样取点？（让学生尝试在区间内取点：中点、三等分点等）（关联结构层次）

设计意图：在教学中追问学生为何选择取中点，让学生给出选择的理由，从而发展学生的理性思维。

(2) 我们采用"取中点"的方法逐步缩小零点所在的区间，既然是求近似值，那应该如何停止呢？"精确度"与"精确到"有何区别？（关联结构层次）

设计意图：在初中阶段，学生接触过"精确到"的概念，它与"有效数字"是密切相关的；而此处"精确度"的概念与之是不同的："精确度"是在无法求得精确值的前提下，通过近似值与精确值的差的绝对值小于某个具体数值，而对精确值的一种近似：对于数值 x^*，满足 $|x - x^*| < \varepsilon$ 的 x 即为 x^* 的满足精确度为 ε 的近似值。

(3) 在上述用二分法求函数 $f(x) = \ln x + 2x - 6$ 零点近似值的过程中，你进行了哪些操作？（教师引导学生用自然语言、数学语言和算法表述操作步骤）（抽象拓展层次）

设计意图：在一般步骤的描述中把这个过程用数学符号表达出来，这对于高一的学生来说是困难的，但需要将这种思想渗透给学生，为以后的学习做必要的准备。

四、结语

以上的问题和评价设计涉及函数零点的概念理解和方法应用，对于高一的学生虽是新的知识与技能，但通过设计结构层次层层递进的问题，让学生解决富有挑战性的任务，有意识地培养学生问题解决的能力，这些都为他们在后续的导数等知识的学习打下扎实的基础。

参考文献：

[1] 何小亚. 追求数学素养达成的教学设计标准与案例［J］. 中学数学研究（华南师范大学版），2019（3）：2 – 10.

[2] 中华人民共和国教育部. 普通高中数学课程标准（2017 年版）［S］. 北京：人民教育出版社，2018.

[3] 顾泠沅. 数学教育评价方法［M］. 上海：上海教育出版社，2018.

任意角三角函数概念的深度学习问题设计

汕头市金山中学　张怡涵

一、关于数学概念课教学的理论陈述

1. 数学概念的定义与本质

数学概念是反映客观事物的数量关系和空间形式方面的本质属性的思维形式，是人们通过实践，从数学所研究的事物对象的诸多属性中抽象出其本质属性概括而成的。概念的形成，标志着人的认识已经从感性认识上升为理性认识。概念教学的本质，就是使学生在脑中形成概念表象，帮助学生在脑中建构起良好的概念图式。

2. 获取概念的两种主要方式

人类获取概念的主要方式是概念的形成和概念的同化。

概念的形成是指从大量的具体例子出发，归纳概括出一类事物的共同本质属性的过程。这是一种发现学习的过程，是由特殊到一般，由具体到抽象的过程。因此，对于那些初次接触或较难理解的数学概念，可以采用概念的形成方式进行学习。其教学过程为提供概念例证、抽象出本质属性、形成初步概念、概念的深化、概念的运用。

概念的同化实质上是学习者利用已掌握的概念去理解新概念，或者对原有的概念重新进行加工整理的过程，它是一种有意义的学习。以概念的同化方式来学习新概念必须具备三个条件：一是学习者必须具备"我要学"的动力；二是新概念必须有逻辑意义；三是学生原有的认知结构中必须具备同化新概念所需要的基础。这种学习的关键是要把握好新概念与原有概念之间的关系。这就要求教师必须了解学生对原有概念的掌握情况。原有概念越牢固、越清晰，新概念的同化也就越容易。其教学过程为：①向学生提供概念的定义；②教师解释定义中的词语、符号、式子所代表的内在含义，突出概念的关键属性，使学生准确领会概念的内涵；③辨别例证，促进迁移；④概念的运用。

在我们日常教学中，数学概念的教学往往是教师容易忽视的一方面，对于概念课的教学，我们经常是匆匆告知学生概念，然后将重心放在概念的运用上，对例题进行各种变式，讲解题套路、解题技巧，使学生渐渐变成一个个解题的机器。这种教学模式可能在短时间内可以让学生学会解题，但学生对概念及其本质完全不知其所以然，是一种被动、机械的学习过程，长此以往，会让学生渐渐失去学习数学的兴趣。

《普通高中数学课程标准（2017年版）》（以下简称"新课标"）指出：高中数学课程应以学生发展为本，落实立德树人根本任务，培育科学精神和创新意识，提升数学学科核心素养。笔者认为，要落实新课标所制定的数学教学要求，必须在日常教学过程中进行深度学习。"深度学习"既是一种新的思维方式，也是形成数学核心素养的主要方法，更是落实"立德树人"这一教育根本任务的支撑和保障。

针对数学概念课的深度学习，就是要加强对数学概念的深度剖析，并非朗读一下课本中几句关于概念的陈述就行了，而是应该注意概念产生的背景，突出概念的本质属性，注意概念体系的建构，最后进行概念的运用。在概念体系的建构过程中，一两句话是说不清楚的，这需要教师通过一个个的问题来驱动，以学生已有知识经验作为"生长点"来讲授新知识，讲清新旧知识间的联系与区别，并提供脚手架帮助学生主动建构新知，完善知识体系。下面笔者以"任意角三角函数"为例，谈谈如何进行高中数学概念课的深度学习。

二、概念课教学设计课例——《任意角三角函数》

（一）教学内容解析

本节课是人教 A 版《普通高中课程标准实验教科书·数学（必修 4）》（以下统称"教材"）第一章第二节的第一课时，任意角三角函数不仅是继任意角、弧度制以后的又一重要概念，也是接下来学习三角函数的图像、性质的基础，具有承上启下的重要地位。

高一学生在必修 1 的学习中，已经掌握了函数的概念，任意角三角函数是函数的下位概念。因此，"任意角三角函数"概念的学习过程也是概念的同化，即始终围绕函数的本质构建任意角三角函数的同化过程。

或许有人认为，任意角三角函数和学生初中所学的锐角三角函数是一般和特殊的关系，所以这一节课就是将三角函数从锐角推广到任意角的学习过程。其实不然，虽然二者的名称看起来像是特殊与一般的关系，但是却有本质的区别——初中所学的锐角三角函数是以直角三角形为背景刻画直角三角形中边与角的关系，这并不是一种函数关系，而任意角三角函数，首先它是一类函数，反映两个变量之间的一种对应关系。虽然两者有着明显的区别，但在对任意角三角函数概念建构的过程中，还是需要以锐角三角函数作为支架，通过问题驱动，实现"边长比"到"坐标比"的转化，建构起三角函数的形式，再推广到任意锐角、任意角，层层推进，使学习过程成为学生对教材知识再发现、再创造的过程，从而培养学生的创造力。

（二）教学过程设计

1. 联系实际，创设情境，引入新课

教师：日出日落（如图 3 – 1 – 16）、四季交替、潮涨潮退（如图 3 – 1 – 17），自然界中存在许多按一定规律周而复始的现象，我们把这种现象称为"周期现象"。大家还能举出一些符合"周期现象"的例子吗？

图 3 - 1 - 16　　　　　　　　　　　　　　　图 3 - 1 - 17

学生：钟表的转动、摩天轮……

教师：很好！我们在必修 1 学习过，用"指数函数"模型来刻画人口增长问题，用"对数函数"模型刻画溶液酸碱度的 pH 变化。那我们应该用怎样的函数模型来刻画周期现象呢？

设计意图：三角函数是描绘客观世界中周期现象的重要函数模型，本节课从探索现实世界中的周期现象出发，激发学生学习新知的兴趣，充分体现了数学来源于生活，又高于生活。

教师：大家都坐过摩天轮（如图 3 - 1 - 18）吧？摩天轮的运动是生活中最常见的一种周期运动。大家想象一下，我们当中的一位同学（小明）坐在摩天轮上绕着中心逆时针转动，随着摩天轮的转动，小明的位置不断改变，你能刻画小明在每一瞬间的位置吗？（学生若有所思）

图 3 - 1 - 18

设计意图：概念同化也要在情境创设的基础上进行，针对学生的具体情况举出和实际生活紧密结合的例子，让学生获得丰富的表象认识，有利于揭示概念的本质，为概念教学做好铺垫。

2. 问题驱动，逐级引导，分步建构

（1）选择数学模型

问题1： 我们把问题简化一下，将摩天轮看成一个圆，将小明看成一个质点，则小明在摩天轮上的转动，就可以看作一个质点在圆周上的运动，小明在摩天轮上的位置，即转化为一个点 P 在圆周上的位置。那么如何确定 P 点在圆周上的位置呢？（学生再次陷入沉思）

教师：结合圆的对称性，我们以圆心为原点，如图 3 – 1 – 19 建立直角坐标系，则圆周上的点就可以用坐标 (x, y) 来表示。（学生频频点头，教师乘胜追击）

教师：另外，结合我们前面所学的任意角知识，P 点的位置还可以用有序数对 (r, α) 来表示。

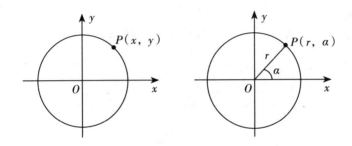

图 3 – 1 – 19

问题2： 点 P 和有序数对 (r, α) 是一一对应的关系吗？

学生：不是，与 α 终边相同的角的集合是 $\{\beta | \beta = \alpha + 2k\pi, k \in \mathbf{Z}\}$，所以点 P 和有序实数对是一对多的关系。

教师：回答得非常好。

（2）分析数学模型

问题3： 随着 P 点在圆周上运动，r，α，x，y 哪些量是变化的？

学生：α，x，y 在变化。

问题4： 随着 P 点的运动，你能得到 r，α，x，y 这些量之间的关系吗？

学生皱起眉头，没有思路。教师再次引导。

问题5： 我们先把 α 缩小一下范围，当 α 为锐角时，r，α，x，y 有什么关系？

设计意图：新课标首次提出了学科核心素养的概念，数学核心素养包括数学抽象、逻辑推理、数学建模、直观想象、数学运算和数据分析。对于"任意角三角函数"概念的建构过程，便是培养数学核心素养的过程。首先，通过大家熟悉的摩天轮作为引入，简单直观，体现出数学源于生活。再将问题抽象为一个质点在圆周上的运动，并通过建系来找到形与数之间的联系，培养学生数学抽象和数学建模的能力。问题4的提出，便是本节课所要探究的中心问题，寻找四个量之间的关系，唤起学生的探究意识。为解决这一问题，教师以问题串的形式，层层递进，螺旋上升，逐步培养学生的逻辑推理能力。解决这一问题的过程便是任意角三角函数概念的建构过程，是整节课的主体。

教师：经过大家的一番讨论，有同学得到结论了吗？有没有哪位同学愿意分享一下？

学生：（如图 3-1-20）当 α 为锐角时，P 点在坐标系中的第一象限，过 P 点作 x 轴的垂线，垂足为 M，则 $|PM| = y$，$|OM| = x$，$|OP| = r$，在 Rt $\triangle POM$ 中，$\sin\alpha = \dfrac{y}{r}$，$\cos\alpha = \dfrac{x}{r}$，$\tan\alpha = \dfrac{y}{x}$。

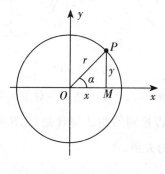

图 3-1-20

教师：非常好。

问题6：大家再想一下，如果保持 α 不变，但改变角 α 终边上 P 点的位置，上述的三个比值是否会发生改变？

问题7：这三个比值是由什么决定的？

设计意图：（如图 3-1-21）学生通过探究，发现比值与 P 点在角终边上的位置无关，是由角 α 决定的，为引出函数背景下的锐角三角函数做了铺垫。

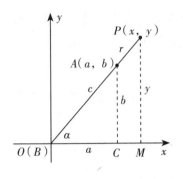

图 3 – 1 – 21

学生：不会，借助相似三角形的性质，可以得到 P 点在角终边上的位置与三个比值无关。

问题 8：既然 P 点在角终边上的位置与三个比值无关，那么 P 点该如何选取，才能使这个比值形式更加简洁？

学生思考，教师加以引导：我们发现，当 $r=1$ 时，此时 $\sin\alpha = y$，$\cos\alpha = x$，$\tan\alpha = \dfrac{y}{x}$，也就是说，当 P 点取在 $r=1$ 的特殊位置上时，我们就可以用点 P 的坐标来表示锐角三角函数。我们把以原点为圆心，以单位长度为半径的圆称为单位圆。这样，P 点就是角 α 终边与单位圆的交点。

如图 3 – 1 – 22，通过几何画板演示发现，无论 α 取何值 $\left[\alpha \in \left(0, \dfrac{\pi}{2}\right)\right]$，只要 α 确定，角 α 终边与单位圆的交点 P 的位置就确定，点 P 的坐标 $P(x, y)$ 就确定，所以此时 α 的正弦就用纵坐标 y 唯一表示，余弦就用横坐标 x 唯一表示，正切就用比值 $\dfrac{y}{x}$ 唯一表示。

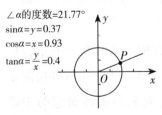
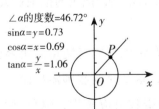
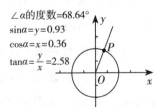

图 3 – 1 – 22

设计意图：让学生自己归纳出锐角三角函数的定义会有点困难，所以通过教师的引导、讲解，逐层渗透，突出任意性和唯一性，让学生慢慢领会锐角三角函数的高中定义，即函数的属性，接下来学生就可以顺理成章地进行任意角三角函数的知识建构。

问题9：这样的锐角三角函数定义和我们初中所学习的锐角三角函数定义有何不同？

学生：初中的锐角三角函数定义是边与边的比值，而今天所学的是角的三角函数值和坐标以及坐标比值的对应关系。

问题10：这种对应关系和我们之前所学过的什么概念有关？

学生：函数的概念。

问题11：所以在这个定义中，哪一个是自变量？谁是谁的函数？

学生：角是自变量，坐标、坐标的比值是角 α 的函数。

（3）定义三角函数概念

问题12：我们前面已经把角的范围扩大到任意角的范围，你能从锐角三角函数的定义推广得到任意角三角函数的定义吗？

学生1：当 α 不是锐角时，就没办法构造直角三角形了，也就没法利用边之比来表示角的三角函数了。

学生2：可以采用角 α 和坐标的对应关系来定义。

教师：很好，你详细说一下。

学生2：由我们今天所学习的锐角三角函数定义可知，当 α 为锐角时，α 的三角函数值与 P 点的坐标或坐标的比值相对应。当 α 为钝角、为第三象限角、第四象限角……无论角终边怎么转动，角的终边与单位圆始终有唯一的交点，所以可以借助锐角三角函数的定义，把角的范围扩大到任意角的范围，从而得到任意角三角函数的定义。

学生1的回答说明还有学生没能将锐角三角函数的定义从初中的边长比迁移到高中的函数对应中，这个时候教师需要耐心引导，结合几何画板的动态展示，强化学生的这种函数对应意识，强化学生对三角函数概念的知识建构。

教师总结归纳：结合几何画板演示（如图 3 - 1 - 23），无论 α 取何值，它的终边与单位圆始终有交点，记为 P（x，y），每一个 α 都有一个点 P 的纵坐标 y 与之对应，即 y 是 α 的函数，称为正弦函数，记为 $\sin\alpha = y$。

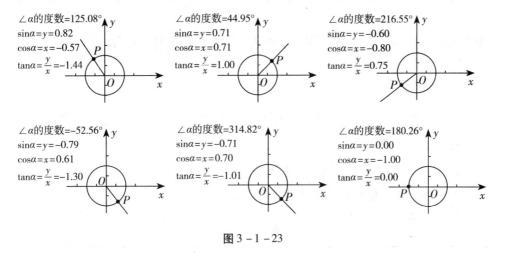

图 3 – 1 – 23

问题 13：你能用类似的方法定义任意角的余弦函数、正切函数吗？

设计意图："类比是伟大的引路人"，通过前面教师对正弦函数下的定义，学生应该可以很自然地得到余弦和正切函数的定义，检验课堂听课效果。

学生 3：无论 α 取何值，它的终边与单位圆始终有交点，记为 P（x，y），每一个 α 都有一个点 P 的横坐标 x 与之对应，即 x 是 α 的函数，称为余弦函数，记为 $\cos\alpha = x$。

学生 4：无论 α 取何值，它的终边与单位圆始终有交点，记为 P（x，y），每一个 α 都有一个点 P 的纵坐标与横坐标之比 $\dfrac{y}{x}$ 与之对应，即 $\dfrac{y}{x}$ 是 α 的函数，称为正切函数，记为 $\tan\alpha = \dfrac{y}{x}$。

问题 14：正切函数的定义有没有问题呢？任意角 α 都能跟纵坐标与横坐标的比值形成对应关系吗？

设计意图：仍然从建构函数的本质设计问题让学生探索正切函数的准确定义，发现"任意性"是一个陷阱。

学生：$x \neq 0$！

教师：当 $x = 0$ 时，角 α 的终边落在哪里？应如何表示？

学生：落在 y 轴上，此时 $\alpha = \dfrac{\pi}{2} + k\pi$（$k \in \mathbf{Z}$）。

教师：所以请同学们重新给正切函数下一个准确定义。

学生 5：当 $\alpha \neq \dfrac{\pi}{2} + k\pi$（$k \in \mathbf{Z}$）时，每一个 α 都有一个点 P 的纵坐标与横坐标之比 $\dfrac{y}{x}$ 与之对应，即 $\dfrac{y}{x}$ 是 α 的函数，称为正切函数，记为 $\tan\alpha = \dfrac{y}{x}$（$\alpha \neq \dfrac{\pi}{2} + k\pi$（$k \in \mathbf{Z}$））。

教师：因此，正弦、余弦、正切都是以角为自变量，以单位圆上点的坐标或坐标的比值为函数值的函数，我们将它们统称为三角函数。

3. 概念巩固，领会内涵，促进迁移

写出任意角三角函数的定义域（如表 3 − 1 − 2）。

表 3 − 1 − 2

三角函数	定义域
$\sin\alpha$	
$\cos\alpha$	
$\tan\alpha$	

设计意图： 函数最基本的三要素是定义域、值域、对应关系。探究三角函数的定义域，为接下来学习三角函数的图像与性质奠定了基础。

学生在思考定义域这一问题的过程中，正弦函数、余弦函数的定义域比较容易回答，正切函数的定义域可能会有学生回答 $\{x \mid x \neq 0\}$，这说明学生对函数概念还掌握得不够透彻，总认为 x 就是自变量。在这个过程中，教师应该耐心地加以引导，帮助学生解决疑惑，帮助学生深化函数概念的理解，让学生更加深刻地认识到三角函数是以角为自变量，以单位圆上点的坐标或坐标比值为因变量的函数。

问题：根据任意角三角函数的定义，探究角终边落在坐标轴的三角函数值（如表 3 − 1 − 3）。

表 3 - 1 - 3

角 α	0°	90°	180°	270°	360°
角 α 的弧度数					
$\sin\alpha$					
$\cos\alpha$					
$\tan\alpha$					

问题：探究三种三角函数在各象限的符号（如图 3 - 1 - 24）。

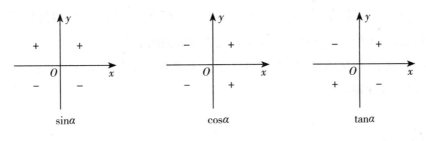

图 3 - 1 - 24

设计意图：检验学生对三角函数概念的掌握情况，有助于概念的巩固与深化。

4. 概念运用，精讲点拨，变式拓展

题型 1：求特殊角的三角函数值。

例 1：求 $\dfrac{5\pi}{3}$ 的正弦、余弦和正切值。

题型 2：已知角终边上一点的坐标，求三角函数值。

例 2：已知角 α 的终边经过点 P_0（-3，-4），求角 α 的正弦、余弦和正切值。

变式 1：已知角 α 的终边经过点 P_0（-3a，-4a）（a > 0），求角 α 的正弦、余弦和正切值。

变式 2：已知角 α 的终边经过点 P_0（-3a，-4a）（a ≠ 0），求角 α 的正弦、余弦和正切值。

变式 3：已知角 α 的终边落在直线 $y = \dfrac{4}{3}x$ 上，求角 α 的正弦、余弦和正切值。

变式4：已知 $\tan\alpha = \dfrac{4}{3}$，求角 α 的正弦、余弦和正切值。

设计意图：设计两个例题以及四个变式，意图是强化对任意角三角函数概念的理解与运用，培养学生的数学运算素养。数学的教学遵循低起点、小步子、多活动、勤反馈的原则，变式的练习可以提高学生的应变能力，完善思维的严密性，调动学生的学习积极性和主动性。

5. 归纳小结，反思提升，画龙点睛

教师：学了本节课，你有哪些体会?

任意角三角函数是刻画圆周运动的重要数学模型，实质上是以角为自变量，以角的终边与单位圆的交点坐标或坐标比为函数值的函数。

研究问题往往从熟悉的、简单的入手，通过数形结合、化归思想来学习新知识、解决新问题。

参考文献：

［1］何小亚，姚静. 中学数学教学设计［M］. 北京：科学出版社，2009.

［2］中华人民共和国教育部. 普通高中数学课程标准（2017 年版）［S］. 北京：人民教育出版社，2018.

［3］胡学平，李院德. 基于数学核心素养谈促进深度学习的策略［J］. 中学数学教学，2018（4）：27－29.

［4］严婷，刘锡光. 在"已有知识"的土壤中生根发芽：以"任意角的三角函数"教学设计为例［J］. 中学数学杂志，2019（3）：16－19.

［5］吴洪生. 基于核心素养的"任意角的三角函数"教学案例［J］. 中学数学教学参考，2017（25）：14－17.

基于深度学习的高中数学概念课教学探析

——以任意角的三角函数为例

汕头市金山中学　翁琳

近年来，随着《中国学生发展核心素养》的发布和新高中课程改革的普遍推广，深度学习越来越被教育者所重视，课程实施的主体也从教师转向学生。概念课是基于深度学习的教学设计中的一个重点课型，如何改变学生学习新概念时以记忆和被动接受为主的现状，教师在平时的教学中如何引导学生进行深度学习，真正做到对所学知识深入思考、深入理解并学会应用，是本文想要探讨的问题，也是广大高中数学教师的不懈追求。

20 世纪 70 年代中期，弗伦茨·马丁和罗杰·萨尔霍联名发表的《学习的本质区别：结果和过程》[①] 一文中，首次提出深度学习（deep learning）和浅层学习（surface learning）这两个相对的概念。概念课的深度学习，个人认为不是指教师教的层次，而是指知识的得来过程中有学生的真正参与，学生真正理解和领悟数学知识中所蕴含的数学思想与方法。深度学习追求"教得少，学得多"的境界，旨在促进学生主动、可持续发展地学习；深度学习关注学生学习知识的过程和各方面素质的学习；深度学习需要创设情境，需要教师在教学过程中发展学生的已有认知经验，并使其正迁移。本文就以必修四《任意角的三角函数》的概念课学习为例，从问题提出、概念建构、知识运用、深入探究及总结反思五个方面谈谈细节的做法。

初中学生已经学习了基本的锐角三角函数的定义，掌握了锐角三角函数的一些常见的知识和求法。初中研究范围是锐角，其研究方法是几何的，没有坐标系的参与，其研究目的是为解直角三角形服务。以上三点都是与这个课时不

---

① Marton F, Saljo R. On Qualitative Differences in Learning：Out Come and Process ［J］. British Journal of Educational Psychology，1976（46）：4 – 11.

同的。

学生虽然已有锐角三角函数的知识和经验，但他们自己在阅读教材时，会产生以下疑惑：为什么学习了任意角后就要研究任意角三角函数？任意角三角函数的定义为什么要引入坐标系？α 的正弦为什么规定用 y 比 r，而不是 y 的绝对值比 r？因此要利用学生的日常生活经验，设计数学应用的问题情境，让学生感受到"数学概念是自然的""数学是有用的"。教学中注意用新课程理念处理教材，学生自主探索、动手实践、合作交流、师生互动，教师发挥组织者、引导者、合作者的作用，引导学生主体参与、揭示本质、经历过程。

一、问题提出

观看 1 分钟视频《a journey through season （一次跨越四季的旅程）》，让学生讲述视频中展现的是大自然中四季更替的现象。

四季更替、日出日落、月盈亏、潮涨落……大自然中存在许多"按照一定规律周而复始"的现象，称之为"周期现象"。在必修一中，我们曾经学习过用"指数函数"模型来刻画人口增长问题，用"对数函数"模型进行溶液酸碱度的测量。能不能找到一个函数模型来刻画周期现象呢？周期现象一般与周期运动有关，一个最简单的例子就是"点在圆周上的旋转运动"，而生活中"点在圆周上的旋转运动"的实例是摩天轮。

问题提出：如图 3－1－25，摩天轮的中心离地面的高度为 h_0，它的直径为 r，按逆时针方向匀速转动，转动一周需要 360 秒，若现在你坐在座舱中，从初始位置点 A 出发，求相对于地面的高度 h 与时间 t 的函数关系式。

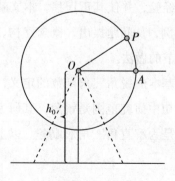

图 3－1－25

教师：一秒转动多少度？让我们想象一下整个运动过程，高度 h 是怎么变化的？

师生：h 先变大，后变小，再变大，最后回到初始位置 A 点，接着第二周、第三周……周而复始，呈"周期变化"。

教师：为了解决这个问题，我们从一个简单的情况入手。例如，过了 20 秒后，你离地面的高度为多少？

学生：$h = h_0 + r \cdot \sin 20°$。

教师：过了 50 秒呢？70 秒呢？

学生：$h = h_0 + r \cdot \sin 50°$，$h = h_0 + r \cdot \sin 70°$。

教师：一般地，过了 t 秒呢？

学生：猜想（期望）：$h = h_0 + r \cdot \sin t°$。

由此，模型引出问题：如何对任意角 t 的正弦值 $\sin t$ 进行定义？

二、概念建构

对上述问题进一步分析，提出模型 $h = h_0 \pm MP$（MP 表示 P 点到水平位置 OA 的距离）。另一方面，我们不愿意舍弃 $r \cdot \sin t = \pm MP$。将两个式子进行对比，如果想要统一起来，只需 $h = h_0 + r \cdot \sin t$，即：

$$\sin t = \frac{\pm MP}{r}$$

但是，这个式子在使用的过程中，我们发现它在说明何时取正值何时取负值时并不简洁。你能不能找到一个量来代替 $\pm MP$，并且这个量的绝对值与 MP 长度相等，符号在一些区域是正的，在另一些区域是负的？教师可以组织小组讨论，并引导学生提出引入直角坐标系（如图 3－1－26），用点 P 的纵坐标 y 来替代 MP 或 $-MP$。

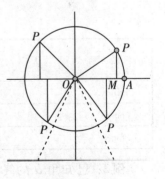

图 3－1－26

在上述求解中，引出一个更为重要的问题，任意一个角的正弦怎么定义呢？

首先要借助直角坐标系，把 α "放在"直角坐标系内，接下来，要以原点为圆心作圆，半径为 r，与 α 的终边相交于点 P，得点 P 的坐标为 (x, y)，则

$\sin\alpha = \dfrac{y}{r}$。那么，这样的规定合理吗？下面，就三个问题对新概念的合理性进行探讨。

问题1：当 α 是锐角时，此规定与初中定义矛盾吗？结论：不矛盾，相似三角形保证了定义的一致性。

问题2：圆的半径 r 大小有限制吗？结论：根据相似三角形的知识，对于确定的角 α，这个比值不会随点 P 在角 α 的终边上的位置的改变而改变，是唯一确定的。

问题3：半径 r 取多少时，会使比值更加简洁？结论：可以考虑取 $r=1$。这样的圆我们称为单位圆。即在直角坐标系中，以原点 O 为圆心，以单位长度1为半径的圆。

教师可以用板书的形式完成正弦函数的定义，并请同学类比得到余弦函数、正切函数的定义。然后进一步提出问题：如果 r 不等于1呢，如何定义任意角的三角函数，师生共同完成等价定义的表述。

三、知识应用

例1：求 $\dfrac{5\pi}{3}$ 的正弦、余弦和正切值。

练习：（课本P15）填表3-1-4中的正弦、余弦和正切值。

表3-1-4

α	0	$\dfrac{\pi}{2}$	π	$\dfrac{3\pi}{2}$	2π
$\sin\alpha$					
$\cos\alpha$					
$\tan\alpha$					

例2：已知角 α 的终边经过点 P_0（-3，-4），求角 α 的正弦、余弦和正切值。

四、深入探究

问题1：为何称"任意角三角函数"为"函数"？如何从函数概念的角度来

理解正弦函数、余弦函数和正切函数？

如图 3 - 1 - 27，对于每个确定的角 α，放入直角坐标系后，都有唯一的终边与之对应，终边与单位圆都有唯一确定的交点 P（x，y），所以正弦、余弦、正切都是以角为自变量，以单位圆上点的坐标或坐标的比值为函数值的函数，我们将它们统称为三角函数。

$$\boxed{\text{任意角}\,\alpha} \xrightarrow{\text{直角坐标系中}} \boxed{\text{唯一的终边}} \xrightarrow{\text{与单位圆}} \boxed{\text{唯一的交点}\,P\,（x，y）}$$

图 3 - 1 - 27

问题 2：三角函数的定义域是什么？如表 3 - 1 - 5 所示为三角函数及其定义域。

表 3 - 1 - 5

三角函数	定义域
$f(\alpha) = \sin\alpha$	**R**
$f(\alpha) = \cos\alpha$	**R**
$f(\alpha) = \tan\alpha$	$\left\{\alpha \,\middle|\, \alpha \neq \dfrac{\pi}{2} + k\pi\right\}$

问题 3：三种函数值 $f(\alpha)$ 在各象限的符号如何？如图 3 - 1 - 28。

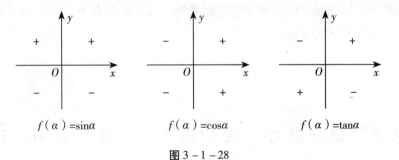

图 3 - 1 - 28

练习（选做）：口答以下函数值的符号。

（1）$\sin 156°$；（2）$\cos \dfrac{6}{5}\pi$；（3）$\tan\left(-\dfrac{3}{8}\pi\right)$

五、反思总结

笔者认为，每一节课的课堂小结都是很重要的环节。在这节课的最后，可以请学生自发地讨论并总结今天的收获，让学生了解这节概念课的思路和流程，如图 3 - 1 - 29。还可以探讨接下来课程会继续研究和学习的方向：三角函数作为一种特殊的函数，从函数的角度，可以进一步研究其值域、函数图像、性质（单调性、对称性、增减性、周期性）。注：周期性呼应课前的引入，也因为这个特有的性质，使得三角函数的求值公式可以提供便捷，为接下来的课程做铺垫。

分析数学模型
↓ 发现现有知识的不足
定义任意角三角函数

判断定义的简洁与合理性

从一般函数的角度认识三角函数
（对应法则、定义域、函数值符号）

图 3 - 1 - 29

学生在整个课程的各个环节中，一直是思考的主体，连概念建构也是由学生提出并一步一步完善的，这样的教学模式，能充分调动学生的主观能动性，引发深度学习的兴趣，既能激发学生的思维，又能愉快教学，是有利于促进学生能力和素质发展的课堂。

基于"深度学习"的"曲线与方程"教学设计

汕头市金山中学　艾志明

高中数学新课程标准提出了对学生数学核心素养的培养，在培养过程中学生的"深度学习"起到关键作用。所谓深度学习是指在理解学习的基础上学习者能够批判地学习新的思想和事实，并把它们融入原有的认知结构中，能在众多思想中进行联系，并能将已有的知识迁移到新的情境中去，做出决策和解决问题的学习。它鼓励学习者积极地探索、反思和创造，而不是反复记忆。

深度学习在教学设计中，首先应该设计出学生可以积极参与的学习活动。如采用基于问题的教学设计，不仅要设计好大的问题，更要设计好小的问题，这样才能不断激发学生深入地去思考，并且注意时时生成新的问题。如采用任务驱动的教学设计，应尽量地让任务情境与学生的生活联系起来，这样既可以保持学生的参与积极性，也更利于学生运用所学的知识。

曲线与方程在生活、生产以及科研中应用广泛，在高考中也是重点考查内容之一。学生在求解曲线的方程时常出错，这主要是因为其对曲线的方程概念中满足的两个条件认知不够，即：①曲线上点的坐标都是这个方程的解，②以这个方程的解为坐标的点都是曲线上的点，也就是学生没有达到"深度学习"。另外，教师有可能在教学过程中只是把概念告知学生，并没有让学生经历观察、分析、讨论等数学活动过程，从而由学生数学抽象出定义，也就是教师没有让学生充分经历"深度学习"。为了解决这些问题，我们给出基于"深度学习"的"曲线与方程"的教学设计。

【授课课题】

人教 A 版选修 2–1   2.1.1 曲线与方程。

【教材分析】

本节课选自人教 A 版选修 2–1 第二章《圆锥曲线与方程》。曲线与方程是高考重点考查内容之一。利用坐标法建立曲线与方程的关系，结合数形结合思想通过研究方程的性质进而得到曲线的性质，这就是分析几何的本质。本节课是曲线与方程的章节起始课，学习好曲线的方程的概念可以为接下来的研究做好铺垫。

【学情分析】

前面我们研究了直线与圆的方程，讨论了这些曲线（包括直线）和相应的方程的关系。下面进一步研究一般曲线（包括直线）和方程的关系。

【教学目标】

通过教学实施过程，培养学生的数学学科核心素养。

1. 数学建模

通过创设情境，用生活中的曲线引入，让学生学会对现实问题进行数学抽象，能用数学语言表达问题，能用数学方法构建模型解决问题。

2. 直观想象

通过回顾学习过的直线与圆的方程，让学生能够认识到事物形态变化与运动的规律；能够利用图形描述、分析数学问题，建立形与数的联系，构建数学问题的直观模型，探索解决问题的思路。

3. 数学抽象

在形成曲线与方程的概念教学中，让学生经历观察、分析、讨论等数学活动过程，数学抽象出定义，并能有条理地阐述自己的观点，培养学生运用数学抽象的思维方式思考并解决问题的能力，强化"形"与"数"一致并相互转化的思想方法。

4. 逻辑推理

在构建曲线与方程概念的过程中，培养学生分析、判断、归纳的逻辑推理能力、知识迁移能力、合情推理能力；能够从直线与圆的方程归纳类比到一般情形，学会从特殊到一般的推理。

5. 数学运算

通过例题和练习强化学生的运算能力，使学生能有效借助运算方法解决实际问题；通过运算促进数学思维发展，形成规范化思考问题的品质，养成一丝不苟、严谨求实的科学精神。

在师生活动过程中，通过反例辨析和问题解决，培养学生独立思考、自主学习、合作交流等良好的个性品质，以及勇于批判、敢于创新的科学精神，进而培养学生提出问题、分析问题、解决问题的能力。

【教学重难点】

重点："曲线的方程"与"方程的曲线"的概念。

难点：对"曲线的方程"与"方程的曲线"的概念的理解。

【教学方法】

本节课以问题为导向，启发式与探究式相结合。在启发教学过程中，利用微课和几何画板等技术手段启发学生思考，以问题引导学生思维。

【教学准备】

PPT、微课、几何画板、三角板。

【思维导图】

"曲线与方程"的思维导图如图 3 - 1 - 30。

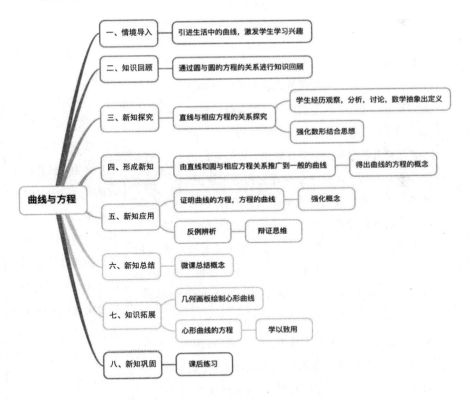

图 3 - 1 - 30

本节课是曲线与方程的章节起始课，优质的起始课可以让学生管中窥豹，是数学章节教学富有成效的坚实基础。于教师而言，上好本节起始课，可以帮助学生初步建立起曲线与方程的内容框架，体会到数形结合的数学思想，理清解决本章节所涉及的基本数学问题及数学思想和方法。于学生而言，通过本章节起始课的课堂学习，可以体会到以前所学的直线与圆向纵深推进、向广阔延展的力量；可以领略到数学知识系统化的真谛；可以跳出题海，从更广阔、高远的视角理解将要学习的知识的广度和深度，潜意识中树立起求新知、用新知的渴望；更能体验到用核心数学概念、数学思想解决现实生活中更多新的与数学相关问题的优势所在。

【教学过程】

（一）情境引入（如表 3 - 1 - 6）

表 3 - 1 - 6

时间	教师活动	学生活动	设计意图
2min	创设情境，向学生展示生活中各式各样优美的曲线。比如篮球运动员投篮之后篮球的运动轨迹，发电厂冷却塔外形的曲线，以及我国自主研发的天宫二号宇宙飞船运行的轨迹曲线，这些曲线都有各自独特的变化规律，可是它们的规律是什么呢？怎样才能掌握它们的规律呢？设想一下，假如我们已经掌握了它们的规律，下次我们在投篮的时候是不是可以投得更准，冷却塔冷却的时候是否效率更高，将来发射卫星的时候是不是可以把轨道设计得更加准确。你看学习好曲线不仅可以服务于我们生活的方方面面，甚至还可以为我国航天事业的发展贡献一分力量，相信同学们带着这样的动力，接下来一定会更加认真地学习。前面我们研究了直线与圆的方程，讨论了这些曲线（包括直线）和相应的方程的关系。下面进一步研究一般曲线（包括直线）和方程的关系	学生听讲并欣赏 PPT 中展示的曲线	通过展示图片介绍我们生活中的曲线，既可以吸引学生的兴趣、激发学习热情，也让学生明白我们学习曲线的目的是解决生活中的问题。通过篮球运动这样一种生活化的情境可以很快拉近与学生的距离，通过我国自主研发的天宫二号的例子，无形之中可以培养学生的爱国主义情怀，这也体现出数学教育的人文价值

（二）知识回顾（如表 3 - 1 - 7）

表 3 - 1 - 7

时间	教师活动	学生活动	设计意图
3min	1. 数轴上的点与数可以建立——对应关系。 2. 平面直角坐标系中的点与有序实数对可以建立——对应关系。 3. 那么曲线与方程又可以建立什么对应关系呢？ ① 曲线是由什么构成的？点 P_0 (x_0, y_0) ② 二元方程 $f(x, y)$ 的实数解是什么？有序实数对 (x, y) ③ "点"与"有序实数对"在直角坐标系中可以建立——对应关系。 综合①②③，曲线上的点与二元方程 $f(x, y)$ =0 的实数解可以建立——对应关系。 4. 说明以 C (a, b) 为圆心，r 为半径的圆 C 的方程为 $(x-a)^2 + (y-b)^2 = r^2$	学生跟随老师一起回顾数轴中的点与数，平面直角坐标系中点与有序实数对的一一对应关系，从而类比得出曲线上的点与二元方程 $f(x, y)$ =0 的实数解也可以建立——对应关系。回顾圆的方程推导过程	通过类比得出曲线上的点与二元方程的实数解的一一对应关系，培养和提升学生逻辑推理能力。由已经学过的圆与圆的方程，让学生感知圆上的点与方程的解可以建立——对应的关系

（三）新知探究（如表 3 - 1 - 8）

表 3 - 1 - 8

时间	教师活动	学生活动	设计意图
10min	曲线与方程关系举例： 1. 设曲线 C 表示直角坐标中平分第一、三象限的直线，解答下列问题： (1) 曲线 C 上的点的坐标都是方程 $\sqrt{x} = \sqrt{y}$ 的解吗？（　　　）	邀请两位同学到讲台上分别讲解(1)和(2)	课本中是直接说明直角坐标系中平分第一、三象限的直线为 $x - y = 0$

时间	教师活动	学生活动	设计意图
10min	以方程$\sqrt{x}=\sqrt{y}$的解为坐标的点都在曲线C上吗？（　　） 结论：方程$\sqrt{x}=\sqrt{y}$不是曲线C的方程； 曲线C不是方程$\sqrt{x}=\sqrt{y}$的曲线。 （2）曲线C上的点的坐标都是方程$|x|=|y|$的解吗？（　　） 以方程$|x|=|y|$的解为坐标的点都在曲线C上吗？（　　） 结论：方程$|x|=|y|$不是曲线C的方程； 曲线C不是方程$|x|=|y|$的曲线。 （3）曲线C上的点的坐标都是方程$x-y=0$的解吗？（　　） 以方程$x-y=0$的解为坐标的点都在曲线C上吗？（　　） 结论：方程$x-y=0$是曲线C的方程； 曲线C是方程$x-y=0$的曲线。 	（1）中以方程的解为坐标的点都在曲线上，但曲线上的点有些不满足方程。 （2）中曲线上的点都是方程的解，但以方程的解为坐标的点不一定在曲线上。 学生听教师讲解（3）	而这里通过探究的方式让学生经历观察、分析、讨论等数学活动过程，数学抽象出定义，并能有条理地阐述自己的观点，培养学生运用数学抽象的思维方式思考并解决问题的能力，并进一步渗透数形结合的数学思想，强化"形"与"数"一致并相互转化的思想方法

（四）形成新知（如表3-1-9）

表3-1-9

时间	教师活动	学生活动	设计意图
5min	教师引导学生总结、归纳出概念 1. 曲线的方程与方程的曲线 定义：一般地，在直角坐标系中，如果某曲线C（看作点的集合或适合某种条件的点的轨迹）上的点与一个二元方程$f(x,y)=0$的实数解建立了如下关系：	学生跟随教师总结、归纳出曲线的方程与方程的曲线	本节课的重点和难点是对"曲线的方程"与

续 表

时间	教师活动	学生活动	设计意图
5min	（1）曲线上点的坐标都是这个方程的解。 曲线上所有点都应该满足这个方程，检验纯粹性。 （2）以这个方程的解为坐标的点都是曲线上的点。 满足这个方程的所有点都在曲线上，检验完备性。 那么，方程 $f(x, y)=0$ 叫作曲线 C 的方程；曲线 C 叫作方程 $f(x, y)=0$ 的曲线。 教师对概念中的两个条件进行进一步的解释，两个条件缺一不可，曲线上的点和方程的解"不多不少刚刚好"	的曲线的概念，并结合前面的探究理解好概念中的两种关系	"方程的曲线"的概念的理解，通过直线和圆与相应方程的对应关系推广到一般的曲线
5min	教师引导学生对概念做出另外两种解读。 2. 理解概念： （1）从集合的角度来看，曲线上的点所构成的集合与方程的解所构成的集合相等。 （2）若曲线 C 的方程是 $f(x, y)=0$，则点 $P(x_0, y_0)$ 在曲线 C 上的充要条件是 $f(x_0, y_0)=0$。	从集合和充要条件的角度理解概念	锻炼学生从多种角度理解概念

（五）新知应用（如表 3 - 1 - 10）

表 3 - 1 - 10

时间	教师活动	学生活动	设计意图
4min	例1：证明与两个坐标轴的距离之积是常数 k（$k>0$）的点的轨迹方程是 $xy=\pm k$	学生从两个方面进行证明： ①曲线上任取一个点，这个点的坐标都是 $xy=\pm k$ 的解。 ②以方程 $xy=\pm k$ 的任何一个解为坐标的点都在曲线上。	本道题是课本中的例题，通过该题让学生用新学的定义进行证明

时间	教师活动	学生活动	设计意图
9min	练习1：判断下列结论的正误并说明理由。 （1）到 x 轴距离为2的点的轨迹方程为 $y=2$。 （2）已知等腰三角形三个顶点的坐标分别是 $A(0,3)$，$B(-2,0)$，$C(2,0)$，则中线 AO（O 为原点）所在直线的方程是 $x=0$。 （3）已知三角形 OAB，其中 $OA=OB$，$O(0,0)$，$A(1,0)$。则点 B 的轨迹方程是 $x^2+y^2=1$。	学生有5分钟的时间思考，并进行小组讨论，然后每个小组推选一位代表进行讲解。第（1）题错误，虽然以 $y=2$ 的解为坐标的点都在曲线上，但曲线上点的坐标不一定满足方程，轨迹方程应为 $y=\pm2$。 第（2）题正确，在讲解时额外问学生一个问题，如果将问题改为"中线 AO 的方程呢？"学生回答道："中线指线段，其方程应为 $x=0$（$0\leqslant y\leqslant3$）"。 第（3）题错误，点 B 虽然满足方程 $x^2+y^2=1$，但 O，A，B 要构成三角形，三点不共线，所以应去掉两个点（±1，0），故轨迹方程应为 $x^2+y^2=1$（$x\neq1$），或者写成 $x^2+y^2=1$（$y\neq0$）	设计这三道题的目的是强化学生在判断或者求解轨迹方程的时候要从定义的两个方面进行解释，两个要求都要满足，否则曲线就不是方程的曲线，方程也不是曲线的方程。通过反例辨析让学生进一步理解定义，知道求轨迹方程时要检验纯粹性和完备性

（六）新知总结（如表3-1-11）

表3-1-11

时间	教师活动	学生活动	设计意图
2min	播放微课对概念进行总结，时长两分钟，通过动画展示曲线上的点与相应方程的解之间的一一对应关系 点 $M(x,y)$ —按照某种规律运动→ 曲线 C 解 (x,y) —x,y 间的等量关系→ $f(x,y)=0$	观看微课，并对本节课所学知识进行总结	借助微课进行总结，既形象直观，也能激发学生兴趣。在总结时主要强调在求解或证明曲线的方程、方程的曲线时要说明定义中的两个条件，解答过程可以培养学生运用数学抽象的思维方式思考并解决问题的能力，并进一步渗透数形结合的数学思想，强化"形"与"数"一致并相互转化的思想方法

（七）知识拓展（如表 3 – 1 – 12）

表 3 – 1 – 12

时间	教师活动	学生活动	设计意图
2min	让学生绘制以下两个二元方程的曲线： 1. 二元方程 $\sqrt{1-(|x|-1)^2}-y$ $=0$ 与 $\sqrt[3]{1-\sqrt{\dfrac{|x|}{2}}}+y=0$ 	学生尝试绘制以上两个二元方程的曲线，可以从函数图像的角度入手，但函数较复杂，遇到困难。课堂中借助几何画板，两位学生分别绘制出两个二元方程的曲线（如左图，方程一的曲线为上半部分，方程二的曲线为下半部分），两个曲线合成了一个心形曲线。学生绘制完图像之后反响很热烈	学习完曲线的方程概念之后，让学生对概念进一步理解；让学生学会借助几何画板绘制方程的曲线
2min	2. 整个曲线的方程为 ＿＿＿＿＿ ＿＿＿＿＿＿＿＿＿＿＿。 提问：整个心形曲线的方程又如何呢？根据今天所学知识，任何曲线都可以找到相对应的方程，而整个曲线由上、下两部分曲线构成，曲线上的点要么满足第一个方程，要么满足第二个方程，故整个曲线的方程为二者乘积所得的方程，即 $\left(\sqrt{1-(|x|-1)^2}-y\right)$ $\left(\sqrt[3]{1-\sqrt{\dfrac{|x|}{2}}}+y\right)=0$	学生思考整个心形曲线的方程，并讨论	让学生学会将所学知识灵活运用，进行拓展

（八）新知巩固（如表 3 - 1 - 13）

表 3 - 1 - 13

时间	教师活动	学生活动	设计意图
1min	课后作业：练习第二题和习题 2.1 A 组第一题	学生思考并完成课后作业	对曲线的方程概念进一步理解，体会数形结合思想

【教学反思】

本节课是笔者参加由广东省总工会、广东省教育厅主办的第二届广东省中小学青年教师教学能力大赛高中数学决赛中的比赛课，本节课得到评委的肯定，同时本人在比赛中也很荣幸地获得一等奖。

在结合自己的思考以及听完评委的评课之后，笔者总结出如下几个方面的"得"与"失"。

1. "得"在课堂之中的表现

（1）从生活中的曲线引入，激发学生的兴趣，同时揭示数学源于生活，服务于生活，过渡到本节课学习的内容很自然。

（2）教学设计整体性强，从曲线上的点与二元方程 $f(x, y) = 0$ 的实数解可以建立一一对应关系到建立新知，环环相扣，层层深入，逐渐突破了难点。

（3）在形成概念过程中，让学生探究直线与直线的方程的对应关系，以问题为导向，让学生经历观察、分析、讨论等数学活动过程，从而数学抽象出定义，达到了深度学习。

（4）在新知探究过程中，学生开始没有非常准确地描述曲线与方程的关系，教师没有立刻否定学生的答案，而是先给学生一定的肯定，再引导学生观察图像，最终学生顺利地解决问题，重新收获自信。

（5）在新知应用过程中，解决完习题后继续让学生回答："若将题目中的条件进行修改又如何"，给学生设置不同的情境，让学生充分理解曲线与方程概念。

（6）在知识拓展方面，引入心形曲线，让学生带着强烈的好奇心去解决问题。

（7）在整个教学过程中，无论是得出概念、概念运用还是知识拓展，都充分地让学生独立思考、自主学习、合作交流，落实以学生为主体的教学理念。另外，教学始终以问题为导向，大问题中还设计了小问题，学习活动的组织围绕着曲线与方程的概念而设计，同时避免那些让学生无所适从，或者是可能导致学生思维无端发散的现象出现。课堂教学是一个多变量的动态系统，其间学生在回答问题时往往有意想不到的事情发生，当学生"山重水复疑无路"时，教师引导他们步入"柳暗花明又一村"的佳境。

2. "失"在课堂之中的表现

（1）在教学过程中因为要充分体现学生的主体地位，让学生自己经历概念的形成过程，所以学生在讨论过程中花费时间较长，导致在讲解证明题时没有时间进行板书，这样不利于规范学生书写。

（2）语言表达可以更生动、简练和深刻。例如，在得出曲线的方程概念时，应满足的两个条件重复太多次，可以直接描述为曲线上的点与方程的解"不多不少刚刚好"。

（3）在新知应用过程中，本想让学生根据已学的知识自己设计一些题目，有些是曲线上的点多了，有些是方程的解多了，还有一些是曲线上的点和方程的解不多不少刚刚好。如果能有时间设计这一环节学生就真正做到了知识迁移与创新，也就达成了"深度学习"。

参考文献：

[1] 骆妃景，潘敬贞，王晓川．基于数学核心素养的深度教学微设计[J]．中学数学月刊，2019（6）：15-17，36.

[2] 陈柏良．基于深度学习的数学课堂教学微设计[J]．中学数学杂志（高中版），2017（5）：10-13.

[3] 郝毅然．数学章节起始课的教学策略研究[J]．中学数学杂志（初中版），2017（3）：4-6.

第二节 命题课

对数概念及对数运算法则的深度学习问题设计

汕头市金山中学 卢镇豪

一、对数的引入

问题1：（1）$3^x = 27$，则 $x =$ _____。（单点结构问题）

（2）若 $3^x = 25$，则 $x =$ _____。（学生一时求不出）

设计意图：引发求知欲。

问题2：回顾加、减、乘、除、乘方、开方的定义。

（1）若 $a + x = N$，则 $x =$ _____。（$N - a$，减）

（2）若 $ax = N$，则 $x =$ _____。（$\frac{N}{a}$，除）（单点结构问题）

（3）若 $x^n = N$，则当 n 为奇数时，$x =$ _____；（$\sqrt[n]{N}$，开方）

当 n 为偶数时，$x =$ _____。（$\pm\sqrt[n]{N}$，开方）（多点结构问题）

（4）若 $a^x = N$（$a > 0$，且 $a \neq 1$），则定义 $x = \log_a^N$，叫作对数，其中 a 叫作对数的底数，N 叫作对数的真数。（关联结构问题）

设计意图：引导学生模仿、类比、联想。

问题3：（1）若 $3^x = 25$，则 $x =$ _____。（$\log_3 25$）（单点结构问题）

（2）若 $10^x = 2$，则 $x =$ _____。（$\log_{10} 2$）

（3）若 $e^x = N$，则 $x =$ _____。（$\log_e N$）

以10为底的对数 $\log_{10} N$，简记为 $\lg N$，叫作常用对数。以无理数 e =

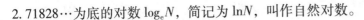

$2.71828\cdots$为底的对数$\log_e N$，简记为$\ln N$，叫作自然对数。

设计意图：引导学生应用定义解决问题，巩固定义。

巩固练习：课本63页，例1、例2。

二、对数的运算结论

问题4：（1）$3^{\log_3 25} =$ _____。

（2）$\log_3 3^x =$ _____。（多点结构问题）

设计意图：引出对数的运算性质。

解：（1）由问题3（1）可知$3^{\log_3 25} = 25$，

一般地有$a^{\log_a N} = N$（$a > 0$，且$a \neq 1$，$N > 0$）。 ①

（2）由问题2（1）可知$\log_3 3^x = x$，

一般地有$\log_a a^x = x$（$a > 0$，且$a \neq 1$）。 ②

（关联结构问题）

如何证明上述两个结论呢？观察对数定义中两个式子$a^x = N$及$x = \log_a N$，消去x可得上面①式，消去N可得上面②式。

问题5：若$a^{nx} = N^n$，则$nx =$ _____。（多点结构问题）

解：$nx = \log_a N^n$，又$nx = n\log_a N$，$\therefore \log_a N^n = n\log_a N$。 ③

设计意图：引出对数的运算性质。

问题6：（1）若$a^{nx} = M$，则$x =$ _____。（$x = \dfrac{1}{n}\log_a M$）

（2）若$(a^n)^x = M$，则$x =$ _____。（$x = \log_{a^n} M$）（多点结构问题）

设计意图：引出对数的运算性质。

解：由①②中的x相同可知$\log_{a^n} M = \dfrac{1}{n}\log_a M$。（关联结构问题） ④

由③④的运算结果，你能解决下列问题吗？

问题7：设$\log_2 3 = p$，则$\log_8 9 =$ _____。（多点结构问题）

设计意图：巩固对数的运算性质并引出新的运算性质。

解：$\log_8 9 = \log_8 3^2 = 2\log_8 3 = 2\log_{2^3} 3 = \dfrac{2}{3}\log_2 3 = \dfrac{2}{3}p$

一般地：$\log_{a^m} N^n = \dfrac{n}{m}\log_a N$（多点结构问题） ⑤

问题8：我们知道 $a^x \cdot a^y = a^{x+y}$，若设 $a^x = M$，$a^y = N$，则 $a^{x+y} = M \cdot N$，你能找出 $\log_a M$，$\log_a N$ 与 $\log_a (MN)$ 的关系式吗？（关联结构问题）

设计意图：引出对数的运算法则。

解：由对数的定义知 $x = \log_a M$，$y = \log_a N$，$x + y = \log_a (MN)$，所以
$$\log_a (MN) = \log_a M + \log_a N \qquad ⑥$$

问题9：通过类比的方法，你能否找到 $\log_a M$，$\log_a N$ 与 $\log_a \dfrac{M}{N}$ 的关系式？（抽象拓展结构）

设计意图：学习类比的方法，同时引出对数的运算法则。

其实由 $\dfrac{a^x}{a^y} = a^{x-y}$，类比上述方法就能得到 $\log_a \dfrac{M}{N} = \log_a M - \log_a N$。 ⑦

三、公式的应用

巩固练习：设 $\log_a x = p$，$\log_a y = q$，$\log_a z = r$，用 p，q，r 表示 $\log_a \dfrac{x^2 \sqrt{y}}{\sqrt[3]{z}}$。

问题10：前面已经得到同底数的对数的加与减的运算法则，即 $\log_a M + \log_a N = \log_a (MN)$，$\log_a M - \log_a N = \log_a \dfrac{M}{N}$，你能研究 $\dfrac{\log_a M}{\log_a N} = $ _____（$a > 0$，且 $a \neq 1$，$N > 0$ 且 $N \neq 1$，$M > 0$）吗？（抽象拓展结构问题）

设计意图：联想同底数的对数的加与减的运算法则，启发学生研究 $\dfrac{\log_a M}{\log_a N}$ 的运算法则，这是一个很自然的类比联想，很自然的深度学习问题，同时很自然地引出对数换底公式。

问：$\dfrac{\log_a M}{\log_a N} = \log_a \dfrac{M}{N}$ 对吗？$\dfrac{\log_a M}{\log_a N} = \log_a (M - N)$ 对吗？（都不对）（单点结构问题）

其实设 $\dfrac{\log_a M}{\log_a N} = t$，则 $\log_a M = t \log_a N$，即 $\log_a M = \log_a N^t$，因为指数函数 a^x（$1 \neq a > 0$）是单调函数，在 $a^x = N$ 中，一个 x 对应一个 N，一个 N 对应一个 x，所以 $M = N^t$，所以 $t = \log_N M$，所以 $\dfrac{\log_a M}{\log_a N} = \log_N M$。 ⑧（关联结构问题）

四、换底公式及其应用

因为 $\dfrac{\log_a M}{\log_a N} = \log_N M$，所以 $\log_N M = \dfrac{\log_a M}{\log_a N}$。 ⑨

这叫作换底公式。

公式应用：

问题 11：（1）已知 $\lg 2 = 0.3010$，$\lg 3 = 0.4771$，求 $\log_9 16$ 的值。（多点结构问题）

设计意图：巩固对数换底公式。

解：$\log_9 16 = \log_{3^2} 2^4 = \dfrac{4}{2}\log_3 2 = 2 \times \dfrac{\lg 2}{\lg 3} = 2 \times \dfrac{0.3010}{0.4771} \approx 1.2618$。

回到问题 1（2）若 $3^x = 25$，则 $x = $ _____。

解：$x = \log_3 25 = 2\log_3 5 = 2 \times \dfrac{\lg 5}{\lg 3} = 2 \times \dfrac{1 - \lg 2}{\lg 3} = 2 \times \dfrac{1 - 0.3010}{0.4771} \approx 2.9302$。

（2）已知 $\lg 2 = 0.3010$，$\lg 3 = 0.4771$，$\lg 13 = 1.1139$，$\lg 1.01 = 0.0043$，求方程 $1.01^x = \dfrac{18}{13}$ 中的 x 值。（多点结构问题）

设计意图：巩固对数运算法则、换底公式。

解：$x = \log_{1.01}\dfrac{18}{13} = \log_{1.01} 18 - \log_{1.01} 13 = \dfrac{\lg 18}{\lg 1.01} - \dfrac{\lg 13}{\lg 1.01} = \dfrac{\lg 2 + 2\lg 3 - \lg 13}{\lg 1.01} = $

$\dfrac{0.3010 + 2 \times 0.4771 - 1.1139}{0.0043} \approx 32.8604$。

（3）化简：$\left[(1 - \log_6 3)^2 + \log_6 2 \cdot \log_6 18\right] \cdot \log_4 6$。（多点结构问题）

（4）已知 $2^x = 3$，$y = \log_4 \dfrac{8}{3}$，求 $x + 2y$ 的值。（多点结构问题）

（5）已知 $\log_{14} 2 = a$，用 a 表示 $\log_{49} 49$。（多点结构问题）

（6）设 x，y，z 为正数，且 $2^x = 3^y = 5^z$，比较 $2x$、$3y$、$5z$ 的大小。（关联结构问题）

设计意图：巩固与应用对数运算性质、法则、换底公式。

解：设 $2^x = 3^y = 5^z = t$，则 $x = \log_2 t$，$y = \log_3 t$，$z = \log_5 t$，因为 x，y，z 为正数，所以 $t > 1$，$2x - 3y = 2\log_2 t - 3\log_3 t = \dfrac{2}{\log_t 2} - \dfrac{3}{\log_t 3} = \dfrac{2\log_t 3 - 3\log_t 2}{\log_t 2 \cdot \log_t 3} = $

$\dfrac{\log_t 9 - \log_t 8}{\log_t 2 \cdot \log_t 3} > 0$，所以 $2x > 3y$；

又 $2x - 5z = 2\log_2 t - 5\log_5 t = \dfrac{2}{\log_t 2} - \dfrac{5}{\log_t 5} = \dfrac{2\log_t 5 - 5\log_t 2}{\log_t 2 \cdot \log_t 5} = \dfrac{\log_t 25 - \log_t 32}{\log_t 2 \cdot \log_t 5} < 0$，

$2x < 5z$，所以 $3y < 2x < 5z$。

问题 12：既然有 $\log_a M + \log_a N = \log_a (MN)$，$\log_a M - \log_a N = \log_a \dfrac{M}{N}$，

$\dfrac{\log_a M}{\log_a N} = \log_N M$，那么能否研究同底数的对数的乘积 $\log_a M \cdot \log_a N$ 呢？（关联结构问题）

结论：$\log_a M \cdot \log_a N = \dfrac{1}{4}\left[\log_a^2 (MN) - \log_a^2 \dfrac{M}{N}\right]$。

设计意图：深入研究对数的性质。

问题 13：如果有一种运算 f 满足对于定义域内的任意 x，y 都有 $f(x) + f(y) = f(xy)$，那么这种运算 f 可以是＿＿＿＿＿＿。（对数运算）

如果有一种运算 f 满足对于定义域内的任意 x，y 都有 $f(x)f(y) = f(x+y)$，那么这种运算 f 可以是＿＿＿＿＿＿。（指数运算）（抽象拓展结构问题）

设计意图：深入研究对数的性质，学习类比思想。

问题 13：本节课我们学习了对数的哪些重要知识？

设计意图：深入总结对数的运算性质、运算法则涉及的数学方法和思想，学习知识归纳总结的方法，提升数学学科核心素养。

五、归纳总结

对数的定义：若 $a^x = N$（$a > 0$，且 $a \neq 1$），则 $x = \log_a N$。

对数的运算性质：

（1）$a^{\log_a N} = N$（$a > 0$，且 $a \neq 1$，$N > 0$）

（2）$\log_a a^x = x$（$a > 0$，且 $a \neq 1$）

（3）$\log_a N^n = n\log_a N$

（4）$\log_{a^n} M = \dfrac{1}{n}\log_a M$

（5）$\log_{a^m} N^n = \dfrac{n}{m}\log_a N$

（6）$\log_a (MN) = \log_a M + \log_a N$

（7）$\log_a \dfrac{M}{N} = \log_a M - \log_a N$

（8）$\dfrac{\log_a M}{\log_a N} = \log_N M$

（9）$\log_N M = \dfrac{\log_a M}{\log_a N}$

解题方法或数学思想：

（1）换元法

（2）运算转化

（3）比较法

（4）类比思想

六、结语

在深度学习问题的设计过程中，我们考虑更多的往往是数学知识、数学能力方面的问题设计。数学学习还有更加重要的一面，即数学思想和数学方法的学习，所以我们要设计出能体现数学思想与方法的数学问题，让学生的数学学习从低层次的数学知识的加深，到高层次的数学能力的加深，再到数学思想与方法的深化，从而提高学生的数学素养。

参考文献：

［1］ 张爱华 . SOLO 分类评价理论在数学课堂教学中的应用：《正切函数的图象和性质》同课异构的对比分析 ［J］. 教学月刊·中学版（教学参考），2016（11）：29－32.

奇偶性深度学习问题设计

汕头华侨中学　陈珊珊

　　奇偶性是函数的重要性质之一，它的研究为幂函数、三角函数的性质等后续内容的深入起着铺垫的作用。学生在初中已经学习过图形的轴对称与中心对称，对图像的对称性有一定的感性认识，另外在上一节课学生学习了单调性，对于如何用数学的语言去定义函数单调性和研究函数的性质有一定的了解。

　　以下针对普通高中教科书数学必修第一册 3.2.2 "奇偶性"的学习，设计一系列问题，引导学生进行深度学习。

一、复习初中知识

问题串 1：

（1）图 3 - 2 - 1 有何共同的特征？（单点结构层次）

图 3 - 2 - 1

（2）图 3 - 2 - 2 有何共同的特征？（单点结构层次）

图 3 - 2 - 2

（3）图3－2－3是否同时具备（1）（2）组图形的特征？（单点结构层次）

图3－2－3

（4）你认为在平面直角坐标系内最特殊的对称轴和对称中心是哪些呢？（单点结构层次）

设计意图：以生活中常见的图形为例，引入本节课核心"对称性"，同时复习轴对称与中心对称的定义。

二、引入新课、构建概念

问题串2：

（1）观察两个函数$f(x) = x^2$，$g(x) = 2 - |x|$的图像（如图3－2－4），从形的角度，它们有何共同特征？（关联结构层次）

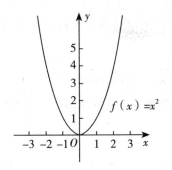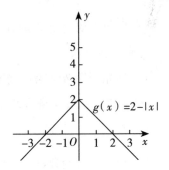

图3－2－4

（2）从形的角度，如何定义偶函数？（抽象拓展层次）

（3）如表3－2－1，不妨取函数自变量的一些特殊值，观察相应函数值的变化，你有何发现？能否把你的发现用数学语言描述出来？（抽象拓展层次）

表 3 - 2 - 1

x	...	- 3	- 2	- 1	0	1	2	3	...
$f(x) = x^2$	...	9	4	1	0	1	4	9	...
$g(x) = 2 - |x|$	...	- 1	0	1	2	1	0	- 1	...

设计意图：从形的角度定义偶函数及从数的角度初步定义偶函数。

问题串 3：

$f(x)$ 的图像如图 3 - 2 - 5：

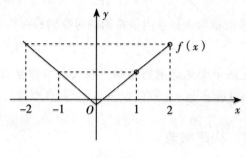

图 3 - 2 - 5

（1）它是偶函数吗？（单点结构层次）

（2）取函数自变量的任意值，是否都满足 $f(-x) = f(x)$？（多点结构层次）

（3）用数学语言定义偶函数，对于 x 的范围，即函数的定义域，要作何强调？（关联结构层次）

（4）你能否用数学语言精准给出偶函数的定义？（抽象拓展层次）

设计意图：用数学语言给出偶函数定义，并强调自变量取值的任意性。

问题串 4：

（1）观察两个函数 $f(x) = x$，$g(x) = \dfrac{1}{x}$ 的图像（如图 3 - 2 - 6），从形的角度，它们有何共同特征？（关联结构层次）

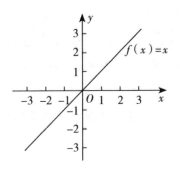 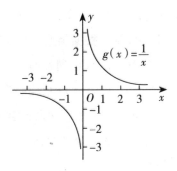

图 3 - 2 - 6

（2）从形的角度，如何定义奇函数？（抽象拓展层次）

（3）如表 3 - 2 - 2，不妨取函数自变量的一些特殊值，观察相应函数值的变化，你有何发现？（关联结构层次）

表 3 - 2 - 2

x	$\cdots$	-3	-2	-1	0	1	2	3	$\cdots$
$f(x) = x$	$\cdots$	-3	-2	-1	0	1	2	3	$\cdots$
$g(x) = \dfrac{1}{x}$	$\cdots$	$-\dfrac{1}{3}$	$-\dfrac{1}{2}$	-1	—	1	$\dfrac{1}{2}$	$\dfrac{1}{3}$	$\cdots$

（4）你能否用数学语言精确定义奇函数？（抽象拓展层次）

设计意图：从形的角度定义奇函数及从数的角度初步定义奇函数。

三、强化理解、深入内涵

问题串 5：

判断充要关系。（关联结构层次）

（1）已知 p：函数 $f(x)$ 是定义在区间 D 上的奇函数，q：$\forall x \in D$，$f(-x) = -f(x)$，则 p 是 q 的什么条件？

（2）已知 p：函数 $f(x)$ 是定义在区间 D 上的偶函数，q：$\exists x \in D, f(-x) = f(x)$，则 p 是 q 的什么条件？

设计意图：利用充要关系强化理解奇偶性定义。

问题串 6：

（1）利用函数的图像判断以下函数的奇偶性（多点结构层次）：$f(x) =$

$-x^2 + 1$，$g(x) = -2x$，$h(x) = x^2$，$x \in [-2, 2)$，$t(x) = 0$。

（2）你认为根据函数的奇偶性，可以把函数如何分类？（关联结构层次）

（3）判断函数奇偶性有什么易错点？若奇函数的定义域是 $[a, 2a+3]$，则 $a =$ _____。（关联结构层次）

设计意图：①熟练判断函数奇偶性的方法：图像法；②强调判断奇偶性的前提是定义域关于原点对称。

问题串7：

（1）利用定义判断下列函数的奇偶性。（多点结构层次）

① $f(x) = x^4$

② $f(x) = x + \dfrac{1}{x}$

③ $f(x) = \dfrac{x}{x^2 - 1}$

④ $f(x) = (-x^2 + 1)x^5$

（2）若已知在区间 D 上，函数 $h(x)$，$t(x)$ 是偶函数，$g(x)$，$k(x)$ 是奇函数，判断下列函数的奇偶性。（关联结构层次）

① $f(x) = h(x) + t(x)$

② $f(x) = g(x) - k(x)$

③ $f(x) = g(x)k(x)$

④ $f(x) = \dfrac{h(x)}{t(x)}$

设计意图：①熟练判断函数奇偶性的方法：定义法；②小结判断奇偶性的相关结论。

问题串8：

用适当的方法判断以下函数的奇偶性。（关联结构层次）

① $f(x) = \dfrac{\sqrt{x^2 - 1}}{|x| - 2}$

② $f(x) = \begin{cases} x(2-x), & x < 0 \\ x(2+x), & x > 0 \end{cases}$

设计意图：当解决问题有多种方法时，引导学生有意识地选择适当简便的方法解答。

问题串 9：

（1）已知 $f(x)$ 是偶函数，$g(x)$ 是奇函数，试将图 3 - 2 - 7 补充完整。（单点结构层次）

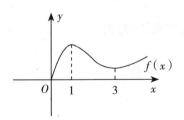 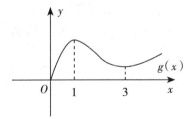

图 3 - 2 - 7

（2）根据以上图像分析 $f(x)$ 与 $g(x)$ 的单调性。（关联结构层次）

（3）一般地，如果已知函数的奇偶性，我们可以怎样简化对它的研究？（抽象拓展层次）

设计意图：探究奇偶性对单调性的影响，总结简化研究问题的方法。

问题串 10：

（1）已知函数 $f(x)$ 是定义在 **R** 上的奇函数，当 $x \geqslant 0$ 时，$f(x) = x(1 + x)$。画出函数的图像，并求出函数解析式。（关联结构层次）

（2）已知函数 $f(x)$ 是定义在 **R** 上的奇函数，当 $x \geqslant 0$ 时，$f(x) = x(1 + x)$。不画出函数的图像，能否求出函数解析式？（关联结构层次）

设计意图：掌握已知函数奇偶性及其在某区间的解析式，求其在该区间关于原点对称的区间的解析式。

问题串 11：

我们知道，函数 $y = f(x)$ 的图像关于坐标原点成中心对称图形的充要条件是函数 $y = f(x)$ 为奇函数，有同学发现可以将其推广为：函数 $y = f(x)$ 的图像关于点 $P(a, b)$ 成中心对称图形的充要条件是函数 $y = f(x + a) - b$ 为奇函数。

（1）求函数 $f(x) = x^3 - 3x^2$ 图像的对称中心。

（2）类比上述推广结论，写出"函数 $y = f(x)$ 的图像关于 y 轴成轴对称图形的充要条件是函数 $y = f(x)$ 为偶函数"的一个推广结论。

（抽象拓展层次）

设计意图：鼓励探索，深度学习，拓广知识。

基于深度学习的高中数学问题设计研究

——以"椭圆及其标准方程"为例

汕头市达濠华侨中学　谢晓鹏

《普通高中数学课程标准（2017 年版）》的基本理念是以学生发展为本，落实立德树人根本任务，以发展学生数学学科核心素养为导向，创设合适的教学情境，启发学生思考，引导学生把握数学内容的本质；而深度学习则是学生在教师的指导下具有主动性与理解性的学习，要求学生批判性建构自身的知识体系，最重要的是把知识迁移到新的环境中去解决问题，以发展自己的高阶思维和培养以核心素养为目标的学习方式，它与课程标准的理念不谋而合。本文将以"椭圆及其标准方程"为例，通过问题设计，启发学生思考，引导学生主动学习，自主探究，从而将学生由浅层学习带向深度学习。

一、浅层学习与深度学习的概念

布鲁姆教育目标分为六类，从低级到高级分别为记忆、理解、应用、分析、综合、评价。从国内深度学习的发展来看，众多学者将"记忆"和"理解"视为浅层学习，而将"应用、分析、综合、评价"视为深度学习。浅层学习的认知水平停留在识记和理解两个层面上，学习者被动地接受学习内容，对书本知识和教师讲授的内容进行简单的记忆和复制，但是对其中内容却不求甚解，不能将它背后的知识和自己已有的知识经验联系在一起，这种学习使学生在课后不久就忘记了所学知识，就像短时记忆，为备考而死记硬背的知识，往往在考试结束时就忘记了。深度学习是在理解的基础上，主动地、批判性地学习，并融入已有的知识经验，将所学知识迁移到新的情境中，做出决策，解决问题。学生的深度学习需要以问题为"药引"，所以好的问题设计能促进学生深度学习。

二、"椭圆及其标准方程"教学的问题设计

"椭圆及其标准方程"这节课是建立在学生已经学习了直线和圆的方程，初步了解了用坐标法求曲线的方程及其基本步骤的基础上，引导学生在原有的结构性知识的基础上，通过解决问题的整合，破旧立新，建构新的结构性知识，通过数学问题的深度学习发展数学思维。下面以函数概念的教与学为例，进行不同思维层次的问题设计，让学生逐步进入深度学习。

1. 椭圆概念的引入

通过多媒体演示太阳系中各行星的运行（如图 3 - 2 - 8）。

图 3 - 2 - 8

问题串 1：

（1）各行星绕太阳运行的轨迹是什么图形？（椭圆）

（2）生活中哪些物品的形状跟行星运行轨迹相似呢？

展示生活中一些形状是椭圆的物品（如图 3 - 2 - 9），给学生一种美的感觉。

图 3 - 2 - 9

设计意图：通过以上教学设计让学生对椭圆的外形有一个整体感知，让学生意识到椭圆在实际生活中是很常见的。

2. **复习回顾**

问题串 2：

（1）学分析几何的目的是什么？

预设答案：将几何图形转化为相应的方程，通过方程思想解决几何问题。

（2）如何获得圆的标准方程？

预设答案：①定义：平面内与定点距离等于定长的点的轨迹叫作圆。

②建系、设点、列式、化简。

设计意图：为下面由圆的生成过程和定义类比得到椭圆的生成过程和定义做好铺垫。

3. **知识迁移，引入新课**

利用几何画板制作与问题串 3 配套的课件，通过改变圆的定义中部分条件，让学生用几何画板动手尝试探究，有条件的班级可让学生自己制作。

问题串 3：

（1）图 3 – 2 – 10 平面内，与两个定点的距离相等的点的轨迹是什么？

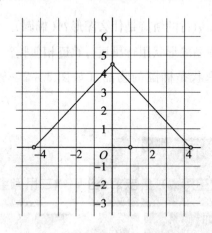

图 3 – 2 – 10

（2）图 3 – 2 – 11 平面内，与两个定点的距离之和等于常数的点的轨迹是什么？

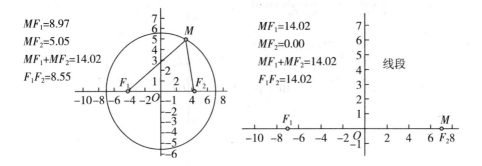

图 3 - 2 - 11

设计意图：学生通过改变两定点的距离，追踪点 M 的轨迹，可以得到椭圆的方程；随着两定点的距离越来越大，椭圆越来越扁；当两定点距离等于常数时，轨迹将变成线段。

（3）图 3 - 2 - 12 平面内，分别与两个定点连线所在直线的斜率之积等于常数的点的轨迹是什么？

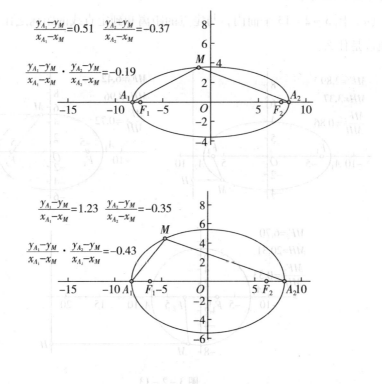

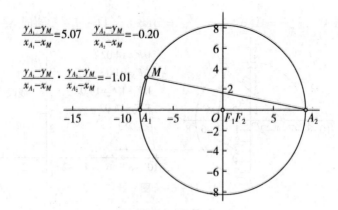

图 3 - 2 - 12

设计意图：学生通过追踪点 M 的轨迹，可以得到椭圆的方程；改变两定点的距离，可以观察到斜率之积越小，椭圆越扁，斜率之积越大，椭圆越圆；还可以观察轨迹是椭圆时，斜率之积是有范围的，在 $[-1, 0)$ 内。这将激发学生的研究兴趣，学生下课后会积极地探索斜率之积在上述范围之外的点的轨迹，引发学生的深度学习。

（4）图 3 - 2 - 13 平面内，与定点的距离和到定直线的距离之比是常数的点的轨迹是什么？

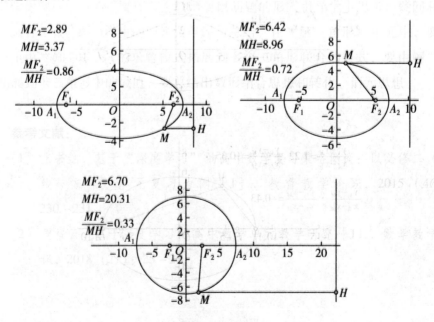

图 3 - 2 - 13

设计意图：学生通过追踪点 M 的轨迹，可以得到椭圆的方程；通过改变比值，发现比值在（0，1）内，而比值不在这个范围内的点的轨迹又是什么呢？以此激发学生课后进行探索的欲望。

问题串 4：

如何改变圆的定义的某些条件？

（1）可以将一个定点改成什么？

（2）可以将定长改成什么？

（3）可以将距离改成什么？

预设答案：①把一个定点改成两个定点，改成一个定点和一条定直线，改成两条定直线。②把定长改成之和、之差、之积、之商。③把距离改成相应直线的斜率等。

设计意图：问题串 3、4 并不要求学生精确计算出结果，而是通过利用几何画板，直观地感受椭圆的形成过程，通过改变圆的定义的条件，触发学生的高阶思维，让学生学会如何将所学知识进行拓展，激发学生的探究欲望。

4. 椭圆的定义

问题串 5：

小组交流，成果展示。

（1）如何利用细绳、铅笔画出椭圆？

（2）在椭圆的生成过程中，哪些量是不变的？哪些量是变的？

（3）椭圆是满足什么条件的点的轨迹？

（4）细绳的长度跟两端固定点的距离的关系如何？

椭圆的定义：平面内到两个定点 F_1，F_2 的距离之和等于定长（大于 $|F_1F_2|$）的点的轨迹叫作椭圆，两个定点 F_1，F_2 叫作椭圆的焦点，两焦点间的距离叫作椭圆的焦距。

设计意图：通过师生对话，进一步完善椭圆的定义，同时锻炼学生的语言表达能力。

5. 建立椭圆的标准方程

问题串 6：

（1）如何求曲线的方程，有哪些基本步骤？

预设答案：建系、设点、列式、化简。

（2）根据椭圆的几何特征，应该如何建系？

分析：根据椭圆的几何特征，最简洁的建系方法是以 F_1F_2 所在直线为 x 轴，以线段 F_1F_2 的垂直平分线为 y 轴建立直角坐标系。为防止思维定式，此处应引导学生除以 F_1F_2 所在直线为 x 轴建系外，还可以 F_1F_2 所在直线为 y 轴建系，甚至可以随意地建立直角坐标系，但为了后续设点、列式、化简能简便，还是建议以 F_1F_2 所在直线为 x 轴或 y 轴来建系。至于以 F_1F_2 所在直线为 y 轴建系的椭圆的标准方程的求解化简过程，可引导学生课后完成。

（3）如何设点的坐标？

预设答案：椭圆上的点满足 $|PF_1|+|PF_2|$ 为定值，设为 $2a$，设 $P(x, y)$ 是椭圆上任意一点，设 $|F_1F_2|=2c$，则有 $F_1(-c, 0)$，$F_2(c, 0)$，$2a>2c$。

（4）根据什么来列式？

预设答案：根据椭圆的定义得到 $\sqrt{(x+c)^2+y^2}+\sqrt{(x-c)^2+y^2}=2a$，$2a>2c$。

（5）问题（4）中所列式子该如何化简？

分析：化简需在等价的基础上进行，常见的化简方式是去根号。此次化简的式子有两个根号，是直接平方，还是将式子移项后进行平方？引导学生进行尝试与对比。最终确定使用将式子变形后进行平方的方法。

设计意图：这里实现了几何代数化，将形与数进行了转化，培养学生的数形结合思想和方程思想。让学生动手尝试，培养学生独立探究的能力。

（6）对于 $\sqrt{(x+c)^2+y^2}+\sqrt{(x-c)^2+y^2}=2a$，$2a>2c$，你能联想到所学的什么知识？

分析：若将两个根式分别看成两个数，则式子将化简为 $p+q=2a$，此时 a 可以看成 p，q 的等差中项，而 p，a，q 将成等差数列，从而 p，q 可假设为 $p=a-d$，$q=a+d$，使原有的两个参数变成一个，此时利用 $\begin{cases}\sqrt{(x+c)^2+y^2}=a-d, \\ \sqrt{(x-c)^2+y^2}=a+d,\end{cases}$ 将两个式子分别平方来去除根式，再消去唯一参数 d，便可得到椭圆的标准方程。同理，也可联系圆的标准方程，引导学生将式子化简成 $\sqrt{(x+c)^2+y^2}=2a-$

$\sqrt{(x-c)^2+y^2}$，将方程看成以 $(-c, 0)$ 为圆心，半径为 $r=2a-\sqrt{(x-c)^2+y^2}$ 的圆，进而去根号，消去唯一参数 c，得到椭圆的标准方程。

设计意图：引导学生把所学的知识迁移到新的环境中去解决问题。

三、结语

"椭圆及其标准方程"这节课的重点就在于椭圆定义和椭圆标准方程的推导。为了进一步促进学生的深度学习，在给出定义时，通过改变圆的定义的某些条件，从而产生一系列的问题串，利用几何画板进行探究，并有目的地挑选其中之一进行深度研究，进而得到椭圆的定义，同时激发学生的探究欲望，促进学生的主动性学习。在求椭圆方程的基本步骤中化简是难点，除了课本介绍的常规化简方法外，通过问题引导学生把所学的等差数列、圆的方程这些知识迁移到椭圆的方程化简中去解决问题，启发学生思考，引导学生主动学习，培养学生数形结合的思想、方程的思想、化归与转化的思想，将学生由浅层学习带向深度学习。

参考文献：

[1] 中华人民共和国教育部. 普通高中数学课程标准（2017 年版）［S］. 北京：人民教育出版社，2018.

[2] 叶晓芸，秦鉴. 论浅层学习与深度学习［J］. 教育技术导刊，2006（1）：19－21.

[3] 张浩，吴秀娟. 深度学习的内涵及认知理论基础探析［J］. 中国电化教育，2012（10）：7－11，21.

建构迁移，深化理解

——谈抛物线的性质深度学习教学设计

汕头市金山中学 李丙铮

迁移能力是深度学习中最需要锻炼和体现的方法能力。抛物线的性质较多，如何在解题中将它们串联起来，利用好的教学设计就显得十分关键。让学生在学习上不存在割裂感，鼓励学生深度地思考其中的解答方向，收获探究的乐趣，是笔者设计这节课时重点想要尝试解决的问题。

一、教学设计的过程

本节课的内容设计是在学生已经学习完简单的抛物线性质之后进行的，是学习抛物线几何性质的第二课时。

1. 复习回顾

让同学们简单回答抛物线的对称性、范围、离心率、顶点，并且提问。

问题1：观察图 3 - 2 - 14，类比椭圆和双曲线的研究，应该从哪些方面研究抛物线的性质？

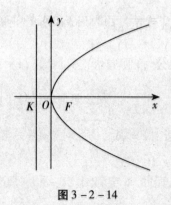

图 3 - 2 - 14

设计意图：学生对这个问题的回答比较多样，没有统一的方向和答案。笔者设计问题的目的是启发学生思考，为接下来的教学做好准备。可以适当地引导，例如利用抛物线和双曲线图形的相似性产生相应的联想，分析与讨论抛物线与直线的平面位置关系等。

2. 图形分析，学习新知

让学生先观察图形，并且提问。

问题2：大家用我们之前学过的知识讨论一下抛物线的参数 p 会影响图形当中的哪些关系？

学生回答可能会影响准线、焦点位置、开口的大小，到这里教师就可以顺势介绍标准方程中 $2p$ 的几何意义。通过焦点且垂直对称轴的直线，与抛物线相交于两点，连接这两点的线段叫作抛物线的通径。通径的长度就是 $2p$，可以通过改变 $2p$ 的大小来改变抛物线开口的大小，而这样的分析对学生来说也十分直观。

教师也可以顺势简单提示：连接抛物线任意一点与焦点的线段叫作抛物线的焦半径。

设计意图：利用问题的引入，简单总结一下部分规律，为后面的教学进行铺垫。

例：如图 3 - 2 - 15，斜率为 1 的直线过抛物线 $y^2 = 4x$ 的焦点，与抛物线交于 A，B 两点，求线段 AB 的长。

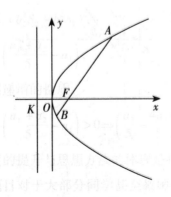

图 3 - 2 - 15

对应该题目，给出了两种解答的方法。

解法 1：直线 AB 的方程为 $y = x - 1$，

代入曲线方程得：$x^2 - 6x + 1 = 0$，

设 $A(x_1, y_1)$，$B(x_2, y_2)$，

则 $x_1 + x_2 = 6$，$x_1 \cdot x_2 = 1$，

$\therefore |AB| = \sqrt{1 + 1^2} \cdot \sqrt{(x_1 + x_2)^2 - 4x_1x_2} = 8$

解法 2：$\because |AB| = \left(x_1 + \dfrac{p}{2}\right) + \left(x_2 + \dfrac{p}{2}\right)$，

$\therefore |AB| = x_1 + x_2 + p = 6 + 2 = 8$

两种解答的方式——一种是之前学习的弦长公式，另一种是刚刚接触的抛物线定义法。

简单深化：对于一般的过焦点的弦，都有结论 $|AB| = x_1 + x_2 + p$。

问题 3： 前面学的圆锥曲线中，弦长是通过哪些方法计算的呢？

学生可能的回答：①利用弦长公式；②利用几何意义；③利用两点间距离；④利用极坐标；⑤利用投影方法。

简单总结学生提到的方法，发现无论哪种方案都是绕不开直线倾斜角的，接下来提出问题。

变式： 如图 3 - 2 - 16，若 l 的倾斜角为 θ，证明 $|AB| = \dfrac{2p}{\sin^2\theta}$。

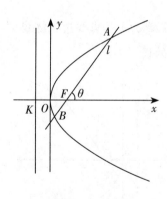

图 3 - 2 - 16

同样的图形，但是切入的角度不同，仅仅利用倾斜角就可以求解出相应弦长。

问题 4： 在还没解答问题之前大家先思考，为什么只需要 p 和 θ，就可以求解弦长？

因为过其焦点这个题设条件已经给了，p 可以决定开口形状，θ 决定直线的位置，而弦长只由这两个条件决定。

解：若 $\theta = \dfrac{\pi}{2}$，则 $|AB| = 2p$，此时 AB 为抛物线的通径，∴ 结论得证。

若 $\theta \neq \dfrac{\pi}{2}$，设直线 l 的方程为：$y = \tan\theta\left(x - \dfrac{p}{2}\right)$，即 $x = \dfrac{y}{\tan\theta} + \dfrac{p}{2}$，

代入抛物线方程得：$y^2 - 2py\,\dfrac{1}{\tan\theta} - p^2 = 0$，

∴ $y_1 y_2 = -p^2$，$y_1 + y_2 = \dfrac{2p}{\tan\theta}$，

∴ $|AB| = \sqrt{1 + \dfrac{1}{\tan^2\theta}}\,|y_1 - y_2| = 2p\left(1 + \dfrac{1}{\tan^2\theta}\right) = \dfrac{2p}{\sin^2\theta}$

推论 1：所有焦点弦中，通径最短。

由解答的过程可知 $|AB| = \dfrac{2p}{\sin^2\theta}$，∵ $\sin^2\theta \leqslant 1$，∴ $\dfrac{2p}{\sin^2\theta} \geqslant 2p$，于是可以和椭圆和双曲线的相关性质也联系在一起。

推论 2：$x_1 \cdot x_2 = \dfrac{p^2}{4}$，$y_1 \cdot y_2 = -p^2$。

可以由解答过程得到该结论。

设计意图：在传统的教学设计中，这一部分内容的教学往往是老师直接介绍过程方法而不注重引导学生去思考，更多地是展示技巧上的处理，而不是探究其中的数学本质，对比本节课利用证明和提问来设计教学，显然后者更有利于学生加深理解。

问题 5：同学们思考一下，前面学的圆锥曲线中，弦长还有哪些应用？

预期的回答：①可以用来求面积；②可以用来转化成平面几何关系；③可以用于解三角形等。

变式：同样图形中，请证明 $S_{\triangle AOB} = \dfrac{p^2}{2\sin\theta}$。

经过前面的问题思考，本题结论中面积可以由 p 和 θ 来确定，学生就会比较容易理解。

解：$S_{\triangle OAB} = S_{\triangle OBF} + S_{\triangle OAF}$

$= \dfrac{1}{2}|OF||BF|\sin\theta + \dfrac{1}{2}|OF||AF|\sin\theta$

$= \dfrac{1}{2}|OF| \cdot (|AF| + |BF|) \cdot \sin\theta$

$$= \frac{1}{2} |OF| \cdot |AB| \cdot \sin\theta$$

$$= \frac{1}{2} \cdot \frac{p}{2} \cdot \frac{2p}{\sin^2\theta} \cdot \sin\theta$$

$$\therefore S_{\triangle AOB} = \frac{p^2}{2\sin\theta}$$

设计意图：变式的方式可以加深学生对于这种结构的理解和应用。

问题6：在理解完该题目之后，不妨来应用一下。

例：（2017 年高考全国卷 I 理数）已知 F 为抛物线 C：$y^2 = 4x$ 的焦点，过 F 作两条互相垂直的直线 l_1，l_2，直线 l_1 与 C 交于 A，B 两点，直线 l_2 与 C 交于 D，E 两点，则 $|AB| + |DE|$ 的最小值为（　　　）

A. 16　　　　　　　B. 14　　　　　　　C. 12　　　　　　　D. 10

让学生讨论，其中在课堂评讲过程中，有学生提出特殊法处理。

方法1：在这类平面几何问题的处理过程中，往往特殊位置就会有特殊情况，所以选择 l_1，l_2 两条直线是相互对称的，斜率分别为 1 和 -1（如图 3 - 2 - 17），可以直接算得相应的弦长。答案为 A。

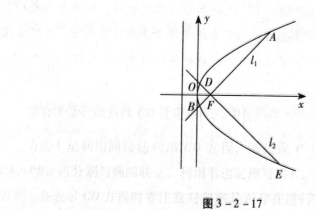

图 3 - 2 - 17

方法2：设 $A(x_1, y_1)$，$B(x_2, y_2)$，$D(x_3, y_3)$，$E(x_4, y_4)$，直线 l_1 的方程为 $y = k_1(x - 1)$，

联立方程 $\begin{cases} y^2 = 4x, \\ y = k_1(x - 1), \end{cases}$ 得 $k_1^2 x^2 - 2k_1^2 x - 4x + k_1^2 = 0$，

$$\therefore x_1 + x_2 = -\frac{-2k_1^2 - 4}{k_1^2} = \frac{2k_1^2 + 4}{k_1^2}$$

同理，直线 l_2 与抛物线的交点满足 $x_3 + x_4 = \dfrac{2k_2^2 + 4}{k_2^2}$，

$$|AB| + |DE| = x_1 + x_2 + x_3 + x_4 + 2p = \frac{2k_1^2 + 4}{k_1^2} + \frac{2k_2^2 + 4}{k_2^2} + 4,$$

$$\therefore |AB| + |DE| = \frac{4}{k_1^2} + \frac{4}{k_2^2} + 8,$$

而其中 $\dfrac{4}{k_1^2} + \dfrac{4}{k_2^2} + 8 \geqslant 2\sqrt{\dfrac{16}{k_1^2 k_2^2}} + 8 = 16$，当且仅当 $k_1 = -k_2 = 1$（或 -1）时，

取等号。

方法 3：此题还可以利用弦长的倾斜角表示，设直线的倾斜角为 α，

则 $|AB| = \dfrac{2p}{\sin^2 \alpha}$，

$$|DE| = \frac{2p}{\sin^2 \left(\alpha + \dfrac{\pi}{2} \right)} = \frac{2p}{\cos^2 \alpha},$$

$$|AB| + |DE| = \frac{2p}{\cos^2 \alpha} + \frac{2p}{\sin^2 \alpha} = 4 \left(\frac{1}{\cos^2 \alpha} + \frac{1}{\sin^2 \alpha} \right)$$

$$= 4 \left(\frac{1}{\cos^2 \alpha} + \frac{1}{\sin^2 \alpha} \right) (\cos^2 \alpha + \sin^2 \alpha),$$

$$\therefore |AB| + |DE| \geqslant 4 \times (2 + 2) = 16$$

设计意图：学生只要想到利用特殊方法来求解，老师就要鼓励，无论是否正确，对学生的敢于猜想要积极肯定。方法 2 是通性通法，每个学生都应该掌握，方法 3 可使学生对于这类问题有进一步的理解与深化。

接下来对问题 6 进行深化理解。

变式 1：如图 3 - 2 - 18，若 CD 是过焦点为 F 的抛物线的另一条弦，且 $CD \perp AB$，证明 $\dfrac{1}{|AB|} + \dfrac{1}{|CD|} = \dfrac{1}{2p}$。

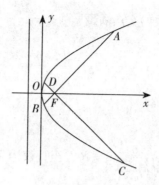

图 3 – 2 – 18

解：∵ $AB \perp CD$，

∴ 直线 CD 的倾斜角为 $90° + \theta$，

由前面解答可知：$|AB| = \dfrac{2p}{\sin^2 \theta}$，

∴ $|CD| = \dfrac{2p}{\sin^2 (90° + \theta)} = \dfrac{2p}{\cos^2 \theta}$，

∴ $\dfrac{1}{|AB|} + \dfrac{1}{|CD|} = \dfrac{1}{2p}$。

变式 2：如图 3 – 2 – 19，请求证：$\dfrac{1}{|FA|} + \dfrac{1}{|FB|} = \dfrac{2}{p}$。

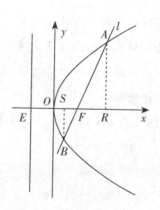

图 3 – 2 – 19

解法 1：过 A，B 作 x 轴的垂线，垂足分别为 R，S，直线 l 的倾斜角为 θ，

$|ER| = |EF| + |FR| = p + |AF|\cos\theta = |AF|$，

$$\therefore |AF| = \frac{p}{1 - \cos\theta},$$

$$\therefore \frac{1}{|AF|} = \frac{1 - \cos\theta}{p}, \text{ 同理,} \quad \frac{1}{|BF|} = \frac{1 + \cos\theta}{p},$$

$$\therefore \frac{1}{|FA|} + \frac{1}{|FB|} = \frac{2}{p}.$$

解法 2：若直线 l 的斜率不存在，结论成立。

若直线 l 的斜率存在，设为 k，则 $\begin{cases} y = k\left(x - \dfrac{p}{2}\right), \\ y^2 = 2px, \end{cases}$

联立可得 $k^2 x^2 - p(k^2 + 2)x + \dfrac{k^2 p^2}{4} = 0$，

$$\therefore \frac{1}{|FA|} + \frac{1}{|FB|} = \frac{1}{x_1 + \dfrac{p}{2}} + \frac{1}{x_2 + \dfrac{p}{2}} = \frac{2}{p}.$$

设计意图：问题既相似又有变化，解答上的多样性使学生可以感受到思路的延伸，同时变式训练提高了学生们的学习热情和动力。

二、再度深化探究

深度学习的另一个维度就是学生对自我"认知"水平的评判，高水平的学习者可以将"内省"作为自我学习的源动力和纠错机制，中学数学学习中这种"内省"体现的形式主要是为何而学、如何实践等。为了实现深度的理解与能力上的拓展，笔者利用以下练习进行分析和讨论。

在前文变式 1 中我们可以得到相应的推论，假如将问题改变一下，是否也有结论成立呢?

深化 1：抛物线 $y^2 = 2px (p > 0)$ 上有两个动点 $A(x_1, y_1)$，$B(x_2, y_2)$，若 $y_1 y_2 = -p^2$，则直线 AB 是否过抛物线焦点 F?

解：设直线 AB 的方程为 $y = kx + b$，

由 $\begin{cases} y = kx + b \\ y^2 = 2px \end{cases}$ 得 $(kx + b)^2 = 2px$，整理得 $k^2 x^2 + (2bk - 2p)x + b^2 = 0$，

$$\therefore y_1 y_2 = -p^2,$$

$$\therefore x_1 x_2 = \frac{y_1^2}{2p} \cdot \frac{y_2^2}{2p} = \frac{p^4}{4p^2} = \frac{b^2}{k^2},$$

$\therefore k = \pm \dfrac{2b}{p}$，结合题意，可得 $y = \pm \dfrac{2b}{p} x + b$，$y = 0$，$x = \dfrac{p}{2}$，

故直线 AB 会经过抛物线的焦点 F。

联想：由于原题中，焦点比较特殊，假如所经过的点是普通的点，是否也有类似的结论呢？

深化2：设 M（a，0）是抛物线 $y^2 = 2px$（$p > 0$）对称轴上的一个定点，过 M 的直线交抛物线于 A（x_1，y_1），B（x_2，y_2），求证 $y_1 y_2$ 和 $x_1 x_2$ 均为定值。

证明：不妨将过 M 点的直线设为 $x = my + a$，

由 $\begin{cases} x = my + a \\ y^2 = 2px \end{cases}$ 得 $y^2 - 2pmy - 2pa = 0$，

$\therefore y_1 y_2 = -2pa$，$x_1 x_2 = \dfrac{y_1^2}{2p} \cdot \dfrac{y_2^2}{2p} = a^2$，

故 $y_1 y_2$ 和 $x_1 x_2$ 均为定值。

深化3：抛物线 $y^2 = 2px$（$p > 0$）上有两个动点 A（x_1，y_1），B（x_2，y_2），若 $y_1 y_2 = t$，则直线 AB 是否过定点？

解：设直线 AB 的方程为 $y = kx + b$，

由 $\begin{cases} y = kx + b \\ y^2 = 2px \end{cases}$ 得 $(kx + b)^2 = 2px$，整理得 $k^2 x^2 + (2bk - 2p)x + b^2 = 0$，

$\because y_1 y_2 = t$，

$\therefore x_1 x_2 = \dfrac{y_1^2}{2p} \cdot \dfrac{y_2^2}{2p} = \dfrac{t^2}{4p^2} = \dfrac{b^2}{k^2}$，

$\therefore k = \pm \dfrac{2pb}{t}$，结合题意，可得 $y = \pm \dfrac{2pb}{t} x + b$，$y = 0$，$x = \pm \dfrac{t}{2p}$，

故直线 AB 会经过定点。

设计意图：数学教学的深度学习，不是偏题、难题、怪题的汇总，也不是变式训练的堆积，而是对简单的基本数学事实的理解与把握，笔者选择的切入点是高考中常常出现的定点定值问题，通过反复切换题目阅读的视角，让学生真正能将其中的数学本质内化。

三、反思

在开始本节课的内容前，有学生提到，抛物线看上去像双曲线的一支平移得来的，那么抛物线是否和双曲线一样也存在渐近线呢？

这个问题笔者认为很有意义，在课堂中笔者让学生猜想并分析，如果存在渐近线，意味着抛物线上的点会出现一种情况，那就是和渐近线无限地接近，这个时候需要用极限思想分析问题，笔者选择这节课重点研究的抛物线 $y^2 = 2px$（$p > 0$）为例，假设存在着一条直线是它的渐近线，不妨令其为 $ax + by + c = 0$（$ab \neq 0$），上面的点设为 A（x_0，y_0），那么点到线的距离公式就可以写为 $d =$

$$\frac{|ax_0 + by_0 + c|}{\sqrt{a^2 + b^2}} = \frac{\left| \dfrac{a}{2p}y_0^2 + by_0 + c \right|}{\sqrt{a^2 + b^2}}。$$

其中，$\lim\limits_{y_0 \to +\infty} \dfrac{\left| \dfrac{a}{2p}y_0^2 + by_0 + c \right|}{\sqrt{a^2 + b^2}}$ 和 $\lim\limits_{y_0 \to -\infty} \dfrac{\left| \dfrac{a}{2p}y_0^2 + by_0 + c \right|}{\sqrt{a^2 + b^2}}$ 的极限都不为 0，所以经过分析得到的结论是抛物线并不存在渐近线。

题目虽然看似简单，但能够发现问题、提出问题并不容易，需要鼓励学生的创造性思维。

在形成文章和课堂实践教学的过程中，处理本节课内容都很不容易，最大的原因在于本节课内容所涉及的问题研究难度较大，学生处理起来会遇到各种困难，务必要避免满堂灌的方式，用恰当的问题引导方式让同学们更加容易接受和理解。本节课也为抛物线性质中平面相关的拓展打下了基础。设计目的不在于介绍公式和定理，而是要体现出结构性观察问题和整体分析的数学思想，是对学生数学思维的锻炼与强化。

参考文献：

[1] 黄淑珍. 利用变式教学培养高中生数学反思能力的范例设计：以《抛物线定义及其几何性质》为例 [J]. 中学数学研究（华南师范大学版），2016（24）：24 - 27.

［2］任念兵. 单元视角下的"抛物线的性质"课时设计：高中数学中观教学设计研究之三［J］. 教育研究与评论（中学教育教学），2019（01）：49–53.

精心设计问题 助力深度学习

——以二项式定理的问题设计为例

广东汕头华侨中学 黄少辉

希尔伯特在《数学问题》的讲演中指出："只要一门科学分支能提出大量的问题，它就充满着生命力，而问题缺乏则预示着独立发展的衰亡或终止。"李善良博士在他的著作《高中数学课程改革探索与实践》中讲道："孤立的问题对学生思维的发展几乎没有什么作用，只有让问题以'问题串'的形式出现，让学生进行系列的、连续的思维活动，学生的思维才能不断攀升到新的高度"，这说明教学过程需要设计各个思维层次的问题陪伴学生进行分层次（知识层面的分层或学生群体的分层次）逐步递深或递广的学习，通过数学问题的深度学习发展数学思维。

下面笔者根据 SOLO 理念和比格斯提出的思维分类结构，以二项式定理的教与学为例，进行不同思维层次的问题设计，让学生进入深度学习。

【教学过程】

（一）设置情境，引入课题

问题1：某人投资 10 万元，有两种获利的可能供选择。一种是年利率 12%，按单利计算，10 年后收回本金和利息。另一种是年利率 10%，按每年复利一次计算，10 年后收回本金和利息。

试问，哪一种投资更有利？（多点结构层次）

分析：本金 10 万元，年利率 12%，按单利计算，10 年后的本利和是

$10 \times (1 + 12\% \times 10) = 22$（万元）。

本金 10 万元，年利率 10%，按每年复利一次计算，10 年后的本利和是

$10 \times (1 + 10\%)^{10}$。

那么如何计算 $(1 + 10\%)^{10}$ 的值呢？能否在不借助计算器的情况下，快速、准确地求出其近似值呢？这就得研究形如 $(a + b)^n$ 的展开式。

设计意图：提出问题激发学生探索欲望，并引出课题。

（二）体验感知，探究归纳

1. 归纳特点，总结规律

问题串 1：

观察下列展开式，归纳猜想 $(a + b)^4$ 的展开式有怎样的规律？（多点结构层次）

$(a + b)^1 = a + b = C_1^0 a + C_1^1 b$

$(a + b)^2 = a^2 + 2ab + b^2 = C_2^0 a^2 + C_2^1 ab + C_2^2 b^2$

$(a + b)^3 = a^3 + 3a^2 b + 3ab^2 + b^3 = C_3^0 a^3 + C_3^1 a^2 b + C_3^2 ab^2 + C_3^3 b^3$

设计意图：体会多项式乘法计算过程，加深对因式展开原理的理解；将具体实例进行整体和局部多方面的分析，才能得到接近一般性规律的结论，只有对得出的各种结论进行整合，才能让学生顺畅地抓住展开过程的两个要点，即项的结构和项的系数，才能让学生有目的地进一步进行探讨和分析。

2. 项的结构特征

$(a + b)^4$ 展开式中各项是如何得到的？（单点结构层次）

容易看到，等号右边的积的展开式的每一项，都是从每个括号里任取一个字母的乘积，因而各项都是 4 次式，即展开式应有下面形式的各项：a^4，$a^3 b$，$a^2 b^2$，ab^3，b^4。

总结：根据多项式乘法法则，从每个因式中任取一项相乘得到展开式的项。

设计意图：考查学生对因式展开的各项形式及系数的理解。

3. 项的系数特点

$(a + b)^4$ 展开式各项的系数是如何确定的？（单点结构层次）

教师根据情况进行指导和引导，尤其是各项二项式系数的确定，从各项中

a, b 指数的含义如 a^4, a^3b 来引导, 并要求学生说明怎么得到这些项。

在 4 个括号中:

每个都不取 b 的情况有 1 种, 即 C_4^0 种, 所以 a^4 的系数是 C_4^0。

恰有 1 个取 b 的情况有 C_4^1 种, 所以 a^3b 的系数是 C_4^1。

恰有 2 个取 b 的情况有 C_4^2 种, 所以 a^2b^2 的系数是 C_4^2。

恰有 3 个取 b 的情况有 C_4^3 种, 所以 ab^3 的系数是 C_4^3。

4 个都取 b 的情况有 C_4^4 种, 所以 b^4 的系数是 C_4^4。

因此 $(a+b)^4 = C_4^0a^4 + C_4^1a^3b + C_4^2a^2b^2 + C_4^3ab^3 + C_4^4b^4$。

总结: 根据多项式乘法法则, 各项的形成过程就是有关计数原理的问题, 而各项的系数, 就是展开过程中该项出现的个数。

设计意图: 让学生通过特例去观察相同之处与不同之处, 以及不同之处的处理方法, 从而提出猜想。

(三) 知识建构, 形成定理

1. 写出 $(a+b)^n$ 的展开式

问题串 2:

(1) 将 $(a+b)^n$ 展开, 有多少项? (单点结构层次)

(2) 每一项中, 字母 a, b 的指数有什么特点? (多点结构层次)

(3) 字母 a, b 的指数的含义是什么? 是怎样得到的? (关联结构层次)

(4) 如何确定 $a^{n-r}b^r$ 的系数? (关联结构层次)

回答: (1) 项数: $n+1$ 项。

(2) 指数: 字母 a, b 的指数和为 n, 字母 a 的指数由 n 递减至 0, 同时, 字母 b 的指数由 0 递增至 n。

(3) 字母 a, b 的指数是从 n 个 $(a+b)$ 中取到 a 和 b 的个数。

(4) $a^{n-r}b^r$ 是从 r 个 $(a+b)$ 中取字母 b, 从另外 $n-r$ 个 $(a+b)$ 中取字母 a 相乘得到的, 所以它的系数是 C_n^r。

2. 教师引导学生观察二项式定理, 从以下两方面强调

(1) 二项式系数: 下标为 n, 上标由 0 递增至 n。

(2) 通项: $T_{r+1} = C_n^r a^{n-r}b^r$ 指的是第 $r+1$ 项, 该项的二项式系数是 C_n^r。

公式所表示的定理叫作二项式定理, 右边的多项式叫作 $(a+b)^n$ 的二项展开式。

设计意图：让学生体会利用组合思想从特殊到一般，对猜想给出严谨证明的过程，并理解如何用"说理"的方法阐述证明过程。

问题串3：（特殊情况）

（1）用 $-b$ 代替 b，写出 $(a-b)^n$ 的展开式。（单点结构层次）

（2）令 $a=1$，$b=2x$，写出 $(1+2x)^n$ 的展开式。（单点结构层次）

设计意图：对二项式定理的简单应用，同时告诉学生二项式定理在解决问题时的用法：赋值或是赋表达式。

（四）巩固新知，提升能力

1. 解决本节课开始提出的问题

解：$10(1+10\%)^{10} = 10(1+0.1)^{10}$

$= 10(1 + C_{10}^1 \times 0.1 + C_{10}^2 \times 0.1^2 + \cdots)$

≈ 24.5

由此可见，按年利率 10% 每年复利一次计算要比按年利率 12% 单利计算更有利，10 年后多得利息 2.5 万元。

设计意图：破解疑惑让学生感受计算的简单与快捷，增强对数学学习的热情。

问题串4：

例：展开 $(1+2x)^4$

解：$(1+2x)^4 = C_4^0 1^4 (2x)^0 + C_4^1 1^3 (2x)^1 + C_4^2 1^2 (2x)^2 + C_4^3 1^1 (2x)^3 + C_4^4 1^0 (2x)^4 = 1 + 8x + 24x^2 + 32x^3 + 16x^4$

（1）第三项的系数是多少？（单点结构层次）

（2）第三项的二项式系数是多少？你能得到什么结论？（多点结构层次）

（二项式系数与项的系数是两个不同概念）

（3）若本例只求第三项的二项式系数，你还可以怎么处理？哪种方法更好？（关联结构层次）

总结：二项展开式中各项的系数 C_n^r（$r \in \{0, 1, \cdots, n\}$）叫作第 $r+1$ 项的二项式系数。项的系数是该项中的非字母因数部分，包括符号等，与二项式系数是两个不同的概念。如 $(a+bx)^n$ 的展开式中，第 $r+1$ 项的系数是

$C_n^r a^{n-r} b^r$。

设计意图：熟悉二项式定理以及对二项式系数、展开式系数以及 x 的系数问题的理解与记忆。

2. 二项式定理通项的应用

问题串5：

（1）已知 $a > 0$，$\left(\dfrac{a}{\sqrt{x}} - x\right)^6$ 展开式的常数项为15，则 $a = $ _____。（单点结构层次）

（2）若 $(1 + 3x)^n$（其中 $n \in \mathbf{N}$ 且 $n \geqslant 6$）的展开式中 x^5 与 x^6 的系数相等，则 $n = $ _____。（单点结构层次）

（3）设 m 为正整数，$(x + y)^{2m}$ 展开式的二项式系数的最大值为 a，$(x + y)^{2m+1}$ 展开式的二项式系数的最大值为 b，若 $13a = 7b$，则 $m = $ _____。（关联结构层次）

  A. 5   B. 6   C. 7   D. 8

（4）二项式 $\left(x^3 + \dfrac{1}{x^2}\right)^n$ 的展开式中含有非零常数项，则正整数 n 的最小值为 _____。（多点结构层次）

（5）$(x - 1) - (x - 1)^2 + (x - 1)^3 - (x - 1)^4 + (x - 1)^5$ 展开式中，x^2 的系数 = _____。（单点结构层次）

（6）$x(1 - x)^4 + x^2(1 + 2x)^8 + x^3(1 + 3x)^{12}$ 展开式中，x^4 的系数 = _____。（单点结构层次）

（7）已知 $(1 + ax)(1 + x)^5$ 的展开式中 x^2 的系数为5，则 $a = $ _____。（多点结构层次）

（8）在 $(2x + 3)^{20}$ 的展开式中，求其项的最大系数与最大二项式系数的比。（关联结构层次）

（9）在 $(3x - 2y)^{20}$ 的展开式中，求系数绝对值最大的项。（多点结构层次）

总结：①求展开式中的特定项或其系数可依据条件写出第 $k + 1$ 项，再由特定项的特点求出 k 值即可；②已知展开式的某项或其系数求参数，可由某项得出参数项，再由通项公式写出第 $k + 1$ 项，由特定项得出 k 值，最后求出其参数；③求复杂代数式的展开式中的某项（某项的系数），可以逐项分析求解，常常对所给代数式进行化简，可以减小计算量。

3. 二项式定理的逆用

问题串 6：

例：计算并求值。（多点结构层次）

（1）$1 + 2C_n^1 + 4C_n^2 + \cdots + 2^n C_n^n$

（2）$(x-1)^5 + 5(x-1)^4 + 10(x-1)^3 + 10(x-1)^2 + 5(x-1) + 1$

设计意图：熟悉二项式通项公式的结构特征，理解二项式展开式的项的顺序。

4. 思维延伸

问题串 7：

（1）$(x^2 + x + y)^5$ 的展开式中 $x^5 y^2$ 的系数为＿＿＿＿＿＿。

（2）$(2x + \dfrac{1}{x} - 1)^5$ 的展开式中常数项是＿＿＿＿＿＿。

（3）今天是星期日，再过 290 天是星期几？

（4）证明：$3^{2n+2} - 8n - 9$（$n \in \mathbf{N}^*$）能被 64 整除。

（5）求证 $C_n^1 + 2C_n^2 + 3C_n^3 + \cdots + nC_n^n = n \cdot 2^{n-1}$。

（6）求 2.999^{10} 的近似值（精确到 0.001）。

（抽象拓展结构层次）

设计意图：使学生深入理解知识，培养学生的创新精神，增强主动探究的意识和能力。

【教学反思】

（1）学生的体验需要教师在适当的时间给学生参与的时空，让学生对 $(a+b)$，$(a+b)^2$，$(a+b)^3$ 的展开式进行观察，引导学生自己去猜测，通过自主探究，初步发现 $(a+b)^4$ 的展开式的特征，进而让学生观察、比较 $(a+b)^n$ 的展开式中各项的系数，教师再分析其成因，总结出各项系数的一般属性，从而得到二项式定理。整个过程学生参与度高，而如果教师包办，就少了学生参与的过程，对定理的理解会大打折扣。

（2）问题的设计呈现需要一定的梯度。问题的设计需要根据教学目标，把教学难点设计成若干个相互关联的问题，前一个问题为后一个问题做铺垫，后一个问题是前一个问题的发展，这样设计的问题才符合学生的认知规律。如果一个过难的问题的呈现没有一定的梯度的话，就必然使学生感到挫折与茫然，从而失去进一步探究的信心与勇气。本节课在设计二项式定理的应用问题时，先是简单的正向应用，之后逆用，再到抽象拓展，如此才能够使各个问题作为学生思维的梯度，让学生在相互关联的知识体系中，提高思维水平。

参考文献：

[1] 李善良. 高中数学课程改革探索与实践 [M]. 南京：江苏教育出版社，2012.

[2] 卓斌. 例谈数学教学中问题串的设计与使用 [J]. 数学通报，2013 (6)：40 – 43.

[3] 王传兵. SOLO 分类评价理论及其在高中数学教学中的应用 [J]. 中学数学教学，2007 (4)：9 – 12.

第三节　复习课

函数零点个数讨论问题深度学习

汕头市金山中学　卢镇豪

学科核心素养的发展取决于学科学习质量亦即学科学习深度的提升，"问题解决"学习是深度学习的基本模式。促进学生深度学习的问题解决学习有两种操作方式：一是课题式学习，二是项目式学习。课题式学习和项目式学习的共同理念是"让学生在问题解决中学习"。所以我们必须设计出高质量的核心问题，才能使深度学习取得优良效果。实践证明，较为有效的深度学习引导模式是"问题驱动的三阶深度学习引导模式"，解决原生问题，解决共生问题，解决衍生问题。

函数的零点是函数的重要性质，每年的高考题都能考查到，经常考查函数的零点个数判断、已知零点个数求字母参数取值范围问题。这个问题学生有必要进行深度学习，教师应该设计一些问题引导学生进入深度学习。下面笔者针对这个问题，设计几个问题串，驱动学生实现深度学习。

题源：（2018 年全国卷 I 理科数学第 9 题）已知函数 $f(x) = \begin{cases} e^x, & x \leqslant 0 \\ \ln x, & x > 0 \end{cases}$，

$g(x) = f(x) + x + a$，若 $g(x)$ 存在 2 个零点，则实数 a 的取值范围是（　　）

　A. $[-1, 0)$　　　　　　　　　　B. $[0, +\infty)$

　C. $[-1, +\infty)$　　　　　　　　D. $[1, +\infty)$

分析：令 $g(x) = f(x) + x + a = 0$，得 $f(x) = -x - a$，作 $y = f(x)$ 及

$y = -x - a$ 的图像，如图 $3-3-1$：

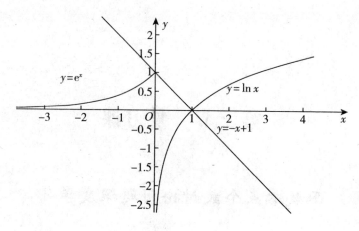

图 $3-3-1$

结合直线的平移及 $-a$ 的几何意义可知 $-a \leqslant 1$，即 $a \geqslant -1$ 时两个图像有两个交点，所以 $g(x)$ 存在 2 个零点。答案为 C。

评价反思：本题的未知参数在常数项，解法主要是图像法，通过图像直观分析函数的零点问题。

为了加深对这种问题的解法的认识，笔者设计了下面的一些变式问题。

变式 1：已知函数 $f(x) = \begin{cases} e^x, & x \leqslant 0 \\ \ln x, & x > 0 \end{cases}$，$g(x) = f(x-1) - a(x-3)$，若 $g(x)$ 有 2 个零点，则实数 a 的取值范围是_____。

分析：令 $g(x) = f(x-1) - a(x-3) = 0$，得 $f(x-1) = a(x-3)$，作函数 $y = f(x-1)$，$y = a(x-3)$ 的图像，如图 $3-3-2$：

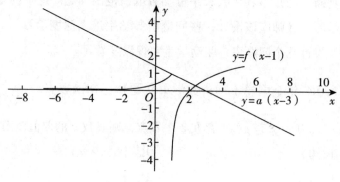

图 $3-3-2$

结合 a 的几何意义以及直线 $y = a(x-3)$ 过定点 $(3, 0)$，转动直线可知 a 的取值范围是 $\left[-\dfrac{1}{2}, 0\right) \cup (0, +\infty)$。

评价反思：本题的未知参数在一次项，解法主要是图像法，作图时需要利用函数图像的平移及直线的转动。

变式 2：已知函数 $f(x) = \begin{cases} e^x, & x \leqslant 1 \\ x^2 - 4x, & x > 1 \end{cases}$，$g(x) = f(x) - ax + 3$，若 $g(x)$ 有 3 个零点，则实数 a 的取值范围是_____。

分析：令 $g(x) = 0$，得 $f(x) = ax - 3$，作函数 $y = f(x)$，$y = ax - 3$ 的图像，如图 3-3-3。

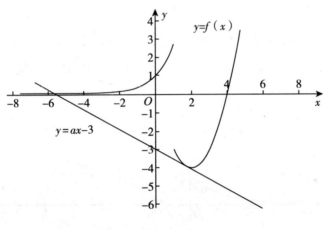

图 3-3-3

当直线 $y = ax - 3$ 绕定点 $(0, -3)$ 转动时，可知斜率 a 的取值范围是 $2\sqrt{3} - 4 < a < 0$。

评价反思：本题的未知参数在一次项，解法主要是图像法，作图时需要利用直线的转动以及直线与抛物线（一段）相切时求出 a 的临界值 $2\sqrt{3} - 4$。

变式 3：设 $a > 0$，函数 $f(x) = \begin{cases} e^x, & x \leqslant a \\ \ln x, & x > a \end{cases}$，$g(x) = f(x) + x - 1$，若 $g(x)$ 有 2 个零点，则实数 a 的取值范围是_____。

分析：令 $g(x) = 0$，得 $f(x) = -x + 1$，作出函数 $y = e^x$，$y = \ln x$，$y = -x + 1$ 的图像及直线 $x = a$，如图 3-3-4：

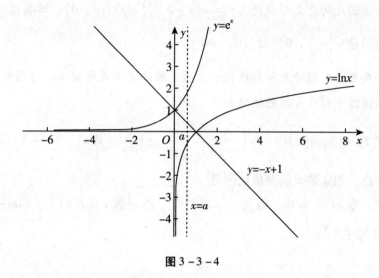

图 3 - 3 - 4

平移直线 $x = a$，观察直线 $x = a$ 左边曲线 $y = e^x$ 与直线 $y = -x + 1$ 的交点，以及直线 $x = a$ 右边曲线 $y = \ln x$ 与直线 $y = -x + 1$ 的交点，如图 3 - 3 - 5：

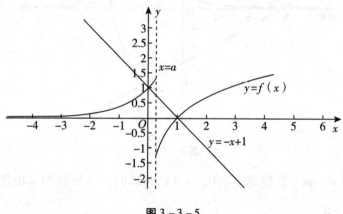

图 3 - 3 - 5

可知所求 a 的取值范围是 $0 < a < 1$。

如果题目改为 $g(x)$ 只有 1 个零点，则实数 a 的取值范围是 $a \geqslant 1$，如图 3 - 3 - 6：

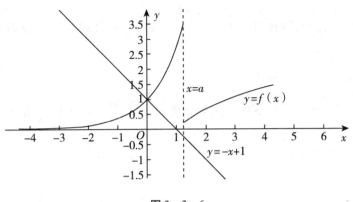

图 3 - 3 - 6

评价反思：本题的未知参数在定义域区间，图像变化大，随着参数的变化而变化。解法主要是图像法，作图时需要作出函数 $y = e^x$，$y = \ln x$，$y = -x + 1$ 的图像及直线 $x = a$，再由 a 的变化确定 $f(x)$ 的图像，最后考虑交点情况。

变式 4：已知函数 $f(x) = \begin{cases} e^x, & x \leq 1 \\ \ln x, & x > 1 \end{cases}$，$g(x) = f^2(x) - (1+k)f(x) + k$，若 $g(x)$ 有 4 个零点，则实数 k 的取值范围是_____。

分析：令 $g(x) = 0$，得方程 $f(x) = 1$，或 $f(x) = k$，作出函数 $y = f(x)$，$y = 1$，$y = k$ 的图像，如图 3 - 3 - 7：

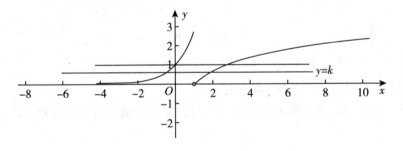

图 3 - 3 - 7

平移 $y = k$ 的图像，可知 $0 < k < 1$ 或 $1 < k \leq e$。

评价反思：本题的未知参数在二次函数的系数中，解法主要是图像法，数学思想是转化与化归，作图之前需要先解方程 $f^2(x) - (1+k)f(x) + k = 0$ 进行转化。

变式 5：已知函数 $f(x) = \begin{cases} e^x, & x \leq 1 \\ \dfrac{\ln x}{x}, & x > 1 \end{cases}$，$g(x) = f^2(x) - kf(x) + 2k$，若 $g(x)$ 有 3 个零点，求实数 k 的取值范围。

分析：设 $y = \dfrac{\ln x}{x}$ $(x > 1)$，求导，得 $y' = \dfrac{1 - \ln x}{x}$ $(x > 1)$。由 $y' = \dfrac{1 - \ln x}{x} = 0$，得 $x = e$，可得 $y = \dfrac{\ln x}{x}$ $(x > 1)$ 在 $(1, e)$ 上为增函数，在 $(e, +\infty)$ 上为减函数，极大值为 $\dfrac{1}{e}$。

作函数 $f(x) = \begin{cases} e^x, & x \leq 1 \\ \dfrac{\ln x}{x}, & x > 1 \end{cases}$ 的图像（如图 3-3-8）。

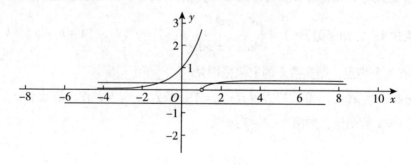

图 3-3-8

令 $g(x) = 0$，得方程 $f^2(x) - kf(x) + 2k = 0$。

设 $t = f(x)$，则 $t^2 - kt + 2k = 0$，

当 $\Delta = k^2 - 8k > 0$，即 $k < 0$ 或 $k > 8$ 时，方程有两个不同实数根 t_1，t_2 需要满足：

(1) $t_1 = \dfrac{1}{e}$，$t_2 \in (\dfrac{1}{e}, e]$

或 (2) $t_1 \in (0, \dfrac{1}{e})$，$t_2 \in (-\infty, 0] \cup (e, +\infty)$

由 (1) 得 $k = \dfrac{1}{e - 2e^2}$，$t_2 = \dfrac{2}{1 - 2e} \notin (\dfrac{1}{e}, e]$，此时 k 无解。

对于 (2)，设 $h(t) = t^2 - kt + 2k$，结合图像（如图 3-3-9）。

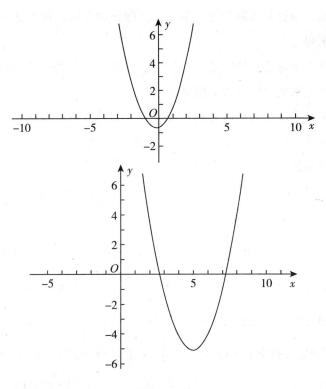

图 3-3-9

由（2）知若 $t_2 = 0$，则 $k = 0$，$t_1 = 0$，不合题意。

所以 $h(0) = 2k < 0$ 且 $h\left(\dfrac{1}{e}\right) = \dfrac{1}{e^2} - k \cdot \dfrac{1}{e} + 2k > 0$，

或 $h(0) = 2k > 0$ 且 $h\left(\dfrac{1}{e}\right) = \dfrac{1}{e^2} - k \cdot \dfrac{1}{e} + 2k < 0$ 且 $h(e) = e^2 - ke + 2k < 0$，

解得 $\dfrac{1}{e - 2e^2} < k < 0$。

当 $\Delta = k^2 - 8k = 0$，即 $k = 0$ 或 $k = 8$ 时，方程有唯一实数根，若 $k = 0$，则 $t = 0$，不合题意，若 $k = 8$，则 $t = 4$，也不合题意。

综上所述：实数 k 的取值范围是 $\dfrac{1}{e - 2e^2} < k < 0$。

评价反思：本题的未知参数在二次函数的系数中，且对应的二次方程不好求根，需要利用二次函数图像来讨论二次方程根的分布。对于不熟悉的函数，作图之前需要先研究函数的性质（单调性、极值、图像走向），才能准确作图。

衍生问题：通过本课题的深入学习，你能归纳总结出解决这一类问题的方法和数学思想吗？

解法主要是图像法、换元法、构造法，数学思想是数形结合思想、方程与函数思想、转化思想、分类讨论思想。

评价反思：通过同类问题的变式教与学，呈现同一个知识点在不同状态下的问题解决方法和细节，可使学生的学习达到"细与深"。

同步巩固练习：

练习题1：已知函数 $f(x) = x^2 - 2x + a(e^{x-1} + e^{-x+1})$ 有唯一零点，则 $a = $（　　）

A. $-\dfrac{1}{2}$　　　　B. $\dfrac{1}{3}$　　　　C. $\dfrac{1}{2}$　　　　D. 1

答案：C。令 $t = x - 1$，则 $g(t) = f(x) = t^2 - 1 + a(e^t + e^{-t})$ 是偶函数，图像关于 y 轴对称，依题意唯一零点 $t = 0$，所以 $x = 1$，$a = \dfrac{1}{2}$。

练习题2：定义在 **R** 上的函数 $f(x)$ 满足① $f(x) + f(2-x) = 0$，② $f(x) - f(-2-x) = 0$，③在 $[-1, 1]$ 上的表达式为 $f(x) = \begin{cases} \sqrt{1-x^2}, & x \in [-1, 0] \\ 1-x, & x \in (0, 1] \end{cases}$，则

函数 $f(x)$ 与函数 $g(x) = \begin{cases} 2^x, & x \leq 0 \\ \log_{\frac{1}{2}} x, & x > 0 \end{cases}$ 的图像在区间 $[-3, 3]$ 上的交点个数为（　　）

A. 5　　　　B. 6　　　　C. 7　　　　D. 8

答案：B。由①知 $f(x)$ 的图像关于点 $(1, 0)$ 对称，由②知 $f(x)$ 的图像关于直线 $x = -1$ 对称，作 $f(x)$ 图像和 $g(x)$ 图像，可得6个交点。

练习题3：已知 $a > 0$，函数 $f(x) = \begin{cases} x^2 + 2ax + a, & x \leq 0 \\ -x^2 + 2ax - 2a, & x > 0 \end{cases}$，若关于 x 的方程 $f(x) = ax$ 恰有2个互异的实数解，则 a 的取值范围是＿＿＿＿＿＿。

答案：$(4, 8)$。

练习题4：已知 $\lambda \in \mathbf{R}$，函数 $f(x) = \begin{cases} x - 4, & x \geq \lambda \\ x^2 - 4x + 3, & x < \lambda \end{cases}$，若函数 $f(x)$ 恰有2个零点，则 λ 的取值范围是＿＿＿＿＿＿。

答案：$\lambda \in (1, 3] \cup (4, +\infty)$。

参考文献：

李松林. 基于深度学习的课堂变革 [J]. 成都：四川教育，2018（1）：21 -22.

基于"深度学习"的单元复习设计

——以必修五《解三角形》单元复习为例

广东省汕头市金山中学　欧钟湖

单元复习可以帮助学生弄清知识间的相互联系，把孤立、分散的知识在脑海中构建成网络，加深对知识的深层次理解。所以，单元复习是实现深度学习的一个重要环节。但在实际教学中，有时限于课时，单元复习做得比较粗糙，仅仅是知识清单的低层次简单罗列，没办法构建知识网络，更别说总结思想方法。本文就以《解三角形》单元复习为例，对如何在单元复习中实现深度学习介绍一下本人的思考。

一、回顾"前知识"，夯实基础

数学知识是相互联系的，要实现目标知识的深度学习，必须掌握目标知识所需的基础知识，也就是"前知识"。如同建造高楼大厦，看不见的地基就是"前知识"，地基不牢固，再高的楼房终将化为废墟。笔者发现，学生解三角形专题遇到的困难，很多时候是无法对三角函数做恰当的翻译与变形。笔者认为在进行《解三角形》复习时，除了本单元的知识外，还应该及时回顾三角函数（特别是三角恒等变换公式）、基本不等式等相关知识。

（2017 年新课标Ⅱ卷理科数学）$\triangle ABC$ 的内角 A，B，C 的对边分别为 a，b，c，已知 $\sin(A + C) = 8\sin^2 \dfrac{B}{2}$。

（1）求 $\cos B$。

（2）若 $a+c=6$，$\triangle ABC$ 的面积为 2，求 b。

上题主要考查的是解三角形的知识，但根据学生的反馈，出错或者困难之处不在于正、余弦定理与面积公式，而是（1）问中对所需要用到的三角诱导公式与恒等变换公式不够熟练。

二、回归概念定义，理清知识联系

教师开展复习课教学，可以鼓励学生通过设计思维导图，让他们梳理出本单元学习过的定义、概念、公式，串成知识串，初步形成知识体系。教师要采取多种评价方式（包括自评、小组评价、教师评价等）相结合的方式进行恰当的评价，引导学生修改、补充、完善思维导图。例如，《解三角形》单元中的正弦定理、余弦定理、三角形面积公式等皆可求出三角形的边、角、面积等量，单一的知识点往往不能完整地解三角形，需要合理有序地运用多个知识点才能解决。例如下题：

例：在 $\triangle ABC$ 中，角 A，B，C 的对边分别为 a，b，c，已知 $b=3$，$\overrightarrow{AB} \cdot \overrightarrow{AC} = -6$，$S_{\triangle ABC} = 3$，求 A 和 a。

解答：因为 $\overrightarrow{AB} \cdot \overrightarrow{AC} = -6$，所以 $bc\cos A = -6$，又 $S_{\triangle ABC} = 3$，所以 $bc\sin A = 6$，因此 $\tan A = -1$，又 $0 < A < \pi$，所以 $A = \dfrac{3\pi}{4}$，

又 $b=3$，所以 $a = 2\sqrt{2}$，

由余弦定理 $a^2 = b^2 + c^2 - 2bc\cos A$，得 $x - a > 0$，

所以 $a = \sqrt{29}$。

上题综合考查学生运用三角形正余弦定理与面积等知识解三角形的能力，要求学生熟练掌握知识间的联系。

三、变式练习与问题串相结合，提升思维层次

在高中数学教学过程中，变式教学是一种新兴的教学结构，不仅能加强学生对于知识的掌握程度，也能一定程度上为学生创设更加有效的解题思路，确保教师和学生之间形成科学的教学互动，从而提高教学质量。设计好的问题串

可以引起学生的思考，把题目的价值最大化。在单元复习中，变式练习和问题串可以帮助学生建构知识框架，提高学生的思维创造力，促进学生综合能力的逐步升级。

例1：在$\triangle ABC$中，$b=2$，$B=\frac{\pi}{4}$，$a=\sqrt{2}$，求$\cos A$。

变式1：在$\triangle ABC$中，$b=2$，$B=\frac{\pi}{4}$，$a=\sqrt{6}$，求$\cos A$。

问题1：例1与变式1答案是否唯一，两题有何区别？

设计意图：例1与变式1都是利用正弦定理得出$\sin A$，再得出$\cos A$，引出三角形多解问题的讨论。

变式2：在$\triangle ABC$中，$b=2$，$B=\frac{\pi}{4}$，$a+c=5$，求面积S。

变式3：在$\triangle ABC$中，$b=2$，$B=\frac{\pi}{4}$，求周长的最大值。

问题2：变式2和变式3是否需要具体算出未知的两边？

设计意图：两题都是整体求解，不需要具体算出未知的边长。

问题3：周长的变动是由哪个量的变动导致的？怎么求出最值？

设计意图：学会寻找变量与建立目标表达式，可以用基本不等式求最值，也可以通过函数求最值，根据具体的表达式不同而不同。

变式4：在$\triangle ABC$中，$b=2$，$B=\frac{\pi}{4}$，求$2a+c$的最大值。

问题4：变式4的求解方法与变式3有什么不同？

设计意图：变式4的系数不再是相同的数字，本题最好采用函数来求最值。

例2：如图$3-3-10$，$\angle DAC=\frac{\pi}{2}$，$\sin\angle BAC=\frac{2\sqrt{2}}{3}$，$AB=3\sqrt{2}$，$AD=3$，求$CD$。

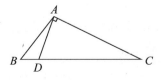

图$3-3-10$

变式5：，如图 3 – 1 – 11，$\angle BAC = \dfrac{2\pi}{3}$，$\cos \angle BAD = \dfrac{2\sqrt{7}}{7}$，$D$ 是 BC 中点，

$BC = \sqrt{19}$，求 AB。

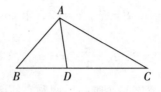

图 3 – 3 – 11

问题 5：例 2 与变式 5 在求解策略上有什么不同?

设计意图：例 2 可以通过逐个三角形突破的方式，首先在 △ABD 中求出 AD，然后在 △ADC 中求出 CD；而变式 5 单个三角形都无法求解，必须同时考虑三个三角形，采取解方程的方式才能得到目标量。

四、总结归纳，提炼数学思想方法

　　好的单元归纳总结可以帮助学生抓住单元知识主线、理出知识要点、提炼思想方法，最终实现学习过程的飞跃和升华。总结要注重学生的学习反思，总结是学生深度学习的重要环节。教师要以问题的形式引导学生思考，疑问和设问相结合，教师要对学生的回答做点评与总结。在《解三角形》单元中，要引导学生由"知 3 求 3"的求解模式拓展到多个三角形联合的模式，要由解三角形拓展到求三角形中的最值，要总结出数形结合思想和转化、消元思想。

参考文献：

［1］张书红．基于"深度学习"的高中数学复习策略例谈：以必修二《直线与方程》单元复习为例［J］．教育教学论坛，2015（46）：230 – 231．

［2］周福云．基于深度学习的高中数学单元教学研究［J］．数学教学通讯，2018（27）：25 – 26．

谈数列中整体化思想问题设计方法

汕头市金山中学　李丙铮

在 2019 年全国新课标 I 的数学试卷中，我们十分惊喜地看到了试题与命题方向的变化，其中的压轴题以统计问题作为主体，引入了数列中的证明与构造问题，无不体现出全国卷在命制的过程中，对于数学思维和数学整体思想的强化。依据深度学习中建构主义的思想，下面将该压轴题部分摘录如下：

例 1：若甲药、乙药在试验开始时都赋予 4 分，p_i（$i=0$，1，…，8）表示"甲药的累计得分为 i 时，最终认为甲药比乙药更有效"的概率，则：

$p_0=0$，$p_8=1$，$p_i=ap_{i-1}+bp_i+cp_{i+1}$（$i=1$，2，…，7），其中 $a=P$（$X=-1$），$b=P$（$X=0$），$c=P$（$X=1$）。假设 $\alpha=0.5$，$\beta=0.8$。

证明：$\{p_{i+1}-p_i\}$（$i=0$，1，2，…，7）为等比数列。

解答：$\because \alpha=0.5$，$\beta=0.8$，

$\therefore a=0.5\times0.8=0.4$，$b=0.5\times0.8+0.5\times0.2=0.5$，$c=0.5\times0.2=0.1$

$\because p_i=ap_{i-1}+bp_i+cp_{i+1}$（$i=1$，2，…，7），

即 $p_i=0.4p_{i-1}+0.5p_i+0.1p_{i+1}$（$i=1$，2，…，7），

整理可得：

$5p_i=4p_{i-1}+p_{i+1}$（$i=1$，2，…，7），

$\therefore p_{i+1}-p_i=4$（p_i-p_{i-1}）（$i=1$，2，…，7），

$\therefore \{p_{i+1}-p_i\}$（$i=0$，1，2，…，7）是以 p_1-p_0 为首项，4 为公比的等比数列。

其实，该问题在数列中属于三项递推问题，是一类很经典的题型，问题本身存在一定的区分度，放在压轴题中会给学生解题上带来较大的心理压力。试题考查的目的在于区分出学生数学思维和处理问题的方法与能力，在不加大计算量的前提下，一个好题目确实能够给我们的教育教学带来很多的启发，这道题目显然做到了。

对于三项递推的数列问题，我们熟悉的方法是待定系数法，即将 $a_{n+2} = pa_{n+1} + qa_n$ 的递推公式转化为 $a_{n+2} - sa_{n+1} = t\,(a_{n+1} - sa_n)$，其中 s，t 满足 $\begin{cases} s + t = p \\ st = -q \end{cases}$。

另一种解法则是利用特征根的方法进行分析，这里不详细阐述。结合新课标考纲的要求，这个部分的知识与方法似乎有点"超纲"，但是其中的数学思想确实又十分精妙，高考题中利用了整体构造的方法，化解了这一"超纲"的困境。

证明 $\{p_{i+1} - p_i\}$（$i = 0$，1，2，$\cdots$，7）为等比数列，这一表述把中间步骤的待定系数的构造提前给学生，于是起了一个引导的作用。按照这样的思路，笔者利用整体化构造的方法，设计了一些有难度梯度的题目来强化学生在这方面的知识与能力。

例 2：已知数列 $\{a_n\}$ 满足 $a_{n+1} = \dfrac{a_n}{a_n + 2}$（$n \in \mathbf{N}^*$），求证 $\left\{\dfrac{1}{a_n} + 1\right\}$ 是等比数列。

这类题目十分经典，也是我们在配套练习中常常遇见的题目，直接求解 $\{a_n\}$ 通项似乎"超纲"，但是适当的整体结构处理会带来新的视角，例如这个题目中暗含了 $\left\{\dfrac{1}{a_n} + 1\right\}$ 这种表达的构造，于是启发思路，可得 $\dfrac{1}{a_{n+1}} = \dfrac{2}{a_n} + 1$，$\dfrac{1}{a_{n+1}} + 1 = 2\left(\dfrac{1}{a_n} + 1\right)$，所以数列 $\left\{\dfrac{1}{a_n} + 1\right\}$ 表示首项为 2，公比为 2 的等比数列，所以 $\dfrac{1}{a_n} + 1 = 2^n$，顺便亦可推导出 $a_n = \dfrac{1}{2^n - 1}$。

如何将这种整体化的构造隐藏得更好是我们不断思考的方向，于是我们可以改变题目问法。

变式 1：已知数列 $\{a_n\}$ 满足 $a_{n+1} = \dfrac{a_n}{a_n + 2}$（$n \in \mathbf{N}^*$），若 $b_n = \dfrac{2^n}{\dfrac{1}{a_n} + 1}$，求证数列 $\{b_n\}$ 为常数列。

相比原题，难度稍大，但是结合例 1 还是很好处理，主要是 $b_n = \dfrac{2^n}{\dfrac{1}{a_n} + 1}$，该

结构提示学生们在解答过程中将$\left\{\dfrac{1}{a_n}+1\right\}$作为自己研究的一个主要数列结构，假

如题目中表述成$b_n=\dfrac{2^n a_n}{1+a_n}$，那么难度会增加许多。相比较而言，笔者觉得课堂

设计中，以变式1来考查更加能引导学生总结方法，接着在该基础上挖掘和包

装题目设计过程。

变式 2：已知数列$\{a_n\}$满足$a_{n+1}=\dfrac{a_n}{a_n+2}$（$n\in\mathbf{N}^*$），若$b_n=(n-2)$

$\left(\dfrac{1}{a_n}+1\right)$（$n\in\mathbf{N}^*$），求证数列$\{b_n\}$为单调数列。

该题目同样将$\left\{\dfrac{1}{a_n}+1\right\}$以整体的形式隐藏在题目当中，但是不再那么显眼，

对于学生的观察要求就更高。解答中由前文亦可推得$\dfrac{1}{a_n}+1=2^n\Rightarrow b_n=(n-$

$2)2^n$，且其中$b_1=-2$，$b_2=0$，$b_3=8$，$\dfrac{b_{n+1}}{b_n}=\dfrac{(n-1)\,2^{n+1}}{(n-2)\,2^n}=2\left(1+\dfrac{1}{n-2}\right)$，在

$n\geq3$时，均有$\dfrac{b_{n+1}}{b_n}\geq1$，可证明数列是一个单调递增数列。

变式 3：已知数列$\{a_n\}$满足$a_{n+1}=\dfrac{a_n}{a_n+2}$（$n\in\mathbf{N}^*$），若$b_{n+1}=(n-2\lambda)$

$\left(\dfrac{1}{a_n}+1\right)$（$n\in\mathbf{N}^*$），$b_1=-\lambda$，若数列$\{b_n\}$为单调数列，求$\lambda$取值范围。

从题目结构难度上，变式3是在变式2的基础上进行深化与加强的。结

合前文我们可知$\dfrac{1}{a_n}+1=2^n\Rightarrow b_{n+1}=(n-2\lambda)\,2^n$数列为单调递增数列，所以

$b_{n+1}>b_n$，即$(n-2\lambda)2^n>(n-1-2\lambda)2^{n-1}$，可得$n>2\lambda-1\Rightarrow2>2\lambda-1\Rightarrow$

$\lambda<\dfrac{3}{2}$，此时，检验$n=1$时，$b_2>b_1$，综上$\lambda<\dfrac{3}{2}$。

当然，我们在题目整体化问题设计里面也可以加入自己的一些想法，可以

尝试和错位相消类的问题进行结合。

变式 4：已知数列$\{a_n\}$满足$a_{n+1}=\dfrac{a_n}{a_n+2}$（$n\in\mathbf{N}^*$），且数列$\{b\}$满足$\dfrac{1}{b_{n+1}}=$

$\sqrt{4+\dfrac{1}{b_n^2}}$，$b_1=1$，求$\left(\dfrac{1}{b_n}\right)^2\left(\dfrac{1+a_n}{a_n}\right)$的前$n$项和。

题目设计得虽然缺乏"美感"，但是学生假若用整体化的观察法依然能得到对应的解法上的启示，其中数列 $\{a_n\}$ 的处理方法我们不再赘述，我们单单观察 $\frac{1}{b_{n+1}} = \sqrt{4 + \frac{1}{b_n^2}}$，在后面的问题中，$\left(\frac{1}{b_n}\right)^2$ 这一形式的存在给我们一种启示，于是左右两边同时取平方运算：$\frac{1}{b_{n+1}^2} = \frac{1}{b_n^2} + 4$，$\left(\frac{1}{b_n}\right)^2 = 4n - 3$，原式就可以化为求 $c_n = 2^n(4n-3)$ 的前 n 项和的问题，利用错位相消这一处理方法就可以得到解答。

当然为了更具挑战性，我们可以在变式 4 的基础上改变原先的条件 $\frac{1}{b_{n+1}} = \sqrt{4 + \frac{1}{b_n^2}}$，$b_1 = 1$，将其转化为 $b_{n+1} = \frac{b_n^2}{4b_n^2 + 1}$，$b_1 = 1$，该条件更加具有迷惑性，但对于观察能力强的学生而言，其实也不难解决。

结合 $\left(\frac{1}{b_n}\right)^2 = 4n - 3$ 这一条件，我们可以利用其结构特征来构造题目，思考方向如下。

变式 5：设数列 $b_{n+1} = \frac{b_n^2}{4b_n^2 + 1}$，$b_1 = 1$，且 $b_n^2 c_{n+1} = c_n b_{n+1}^2 + b_n^2 b_{n+1}^2$，$c_1 = 1$，求数列 $\{c_n\}$ 的通项公式。

据前文可得 $\left(\frac{1}{b_n}\right)^2 = 4n - 3$ 这一条件，又 $b_n^2 c_{n+1} = c_n b_{n+1}^2 + b_n^2 b_{n+1}^2$，结合其结构特征，左右两边同时除以 $b_n^2 b_{n+1}^2$，可得 $\frac{c_{n+1}}{4n-1} = \frac{c_n}{4n-3} + 1$，令 $k_n = \frac{c_n}{4n-3}$，$k_1 = \frac{c_1}{4-3} = 1$，则 $k_{n+1} = k_n + 1$，数列 $\{k_n\}$ 为首项 1，公差 1 的等差数列，$k_n = n \Rightarrow c_n = n(4n-3)$，于是得到了 $\{c_n\}$ 的通项公式。

变式 6：数列 $\{b_n\}$ 满足 $\frac{1}{b_{n+1}} = \sqrt{4 + \frac{1}{b_n^2}}$，$b_1 = 1$，设数列 $\{a_n\}$ 的前 n 项和为 S_n，且满足 $\frac{S_{n+1}}{b_n^2} = \frac{S_n}{b_{n+1}^2} + 16n^2 - 8n - 3$，试确定 a_1 的值，使 $\{a_n\}$ 为等差数列。

利用前文可得 $\left(\frac{1}{b_n}\right)^2 = 4n - 3$ 这一条件，进而可得 $(4n-3)S_{n+1} = (4n+1)$

$S_n + (4n-3)(4n+1)$ 。

故 $\dfrac{S_{n+1}}{4n+1} - \dfrac{S_n}{4n-3} = 1$，数列 $\left\{\dfrac{S_n}{4n-3}\right\}$ 是首项为 a_1，公差为 1 的等差数列，所以可得 $S_n = (4n-3)(a_1+n-1)$，要使 $\{a_n\}$ 为等差数列，结合等差数列前 n 项和形如 $S_n = An^2 + Bn$，可推得 $a_1 = 1$ 可以满足题意，经检验满足题设要求。整体化在该题目的设计过程中，体现在 $\left\{\dfrac{S_n}{4n-3}\right\}$ 的构造中，同样需要下标和序号的观察。

整体化题目构造的设计中，结合文章开头的数列三项递推的设计，我们也可以仿照着设计出相应的题型。

变式 7：数列 $\{b_n\}$ 满足 $\dfrac{1}{b_{n+1}} = \sqrt{4 + \dfrac{1}{b_n^2}}$，$b_1 = 1$，设数列 $\{a_n\}$ 的前 n 项和为 S_n 且 $a_1 > 0$，又满足 $b_{n+1}^2 S_{n+1} = 4b_n^2 S_n - 3b_{n-1}^2 S_n - 1$（$n \geq 2$），若数列 $\{b_n^2 S_n\}$ 单调递增，求证 $\dfrac{a_2}{a_1} > 4$。

由前文同样可以得到 $\left(\dfrac{1}{b_n}\right)^2 = 4n-3$ 这一条件，其中 $\{b_n^2 S_n\}$ 这一结构提醒我们将整体表达进行捆绑，结合 2019 年高考压轴题解题的思考角度，可以代入构造 $b_{n+1}^2 S_{n+1} - b_n^2 S_n = 3(b_n^2 S_n - b_{n-1}^2 S_{n-1})$，$n \geq 2$，

$b_{n+1}^2 S_{n+1} - b_n^2 S_n = 3^{n-1}(b_2^2 S_2 - b_1^2 S_1)$，

$b_{n+1}^2 S_{n+1} - b_n^2 S_n = 3^{n-1}\left(\dfrac{a_1+a_2}{5} - a_1\right)$，

结合题目要求的单调递增的性质，

$b_{n+1}^2 S_{n+1} - b_n^2 S_n = 3^{n-1}\left(\dfrac{a_1+a_2}{5} - a_1\right) > 0 \Rightarrow \left(\dfrac{a_2}{5} - \dfrac{4a_1}{5}\right) > 0$，所以 $\dfrac{a_2}{a_1} > 4$ 得证。

由此可知，题目难度的提升与思想方法的体现是我们一步一步升级的结果，直接处理变式 7 这一类题目对于大部分同学甚至教师都存在着很大的困难和压力，但是沿着"整体化构造"这一思想的旋梯，不断前行，利用问题中出现的整体结构进行捆绑分析，让我们的思路得到了开拓和发展。

当然在题目的设计过程中，适当地提示解题人，而不去过度包装，才能更好地考查数学思想，体现深度学习中建构主义的核心理念。题目中混合了单调性的迁移应用，这也体现了数学各个知识板块的联系。

参考文献：

[1] 薛金星.2019 年全国及各省市高考试题全解［M］. 西安：陕西人民教育出版社，2019.

一道高考圆锥曲线题中定点问题的探究

——2020 年全国 I 卷理科数学第 20 题

汕头市金山中学　艾志明

一、问题呈现

下面提供的是 2020 年全国 I 卷理科数学第 20 题。

例： 已知 A，B 分别为椭圆 E：$\dfrac{x^2}{a^2}+y^2=1$（$a>1$）的左、右顶点，G 为 E 的上顶点，$\overrightarrow{AG}\cdot\overrightarrow{GB}=8$。$P$ 为直线 $x=6$ 上的动点，PA 与 E 的另一交点为 C，PB 与 E 的另一交点为 D。

（1）求 E 的方程；

（2）证明：直线 CD 过定点。

分析：如图 $3-3-12$。

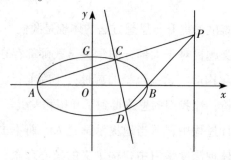

图 $3-3-12$

（1）根据椭圆的几何性质，可写出 A，B 和 G 的坐标，再结合 $\overrightarrow{AG} \cdot \overrightarrow{GB} = a^2 - 1 = 8$，解出 $a = 3$，求出 E 的方程即可；

（2）直线过定点（与参数无关）$\Leftarrow$ 表示出直线的方程（直线含参）$\Leftarrow$ 方法 1：间接法，设 P（6，t），用 t 表示出 CD 的方程；方法 2：直接法，设直线，找出 CD：$y = kx + t$，找出 k 与 t 的关系；方法 3：列出曲线系方程，通过对比系数求出定点。

解：（1）由题意得，A（$-a$，0），B（a，0），G（0，1），

$\therefore \overrightarrow{AG} =$（$a$，1），$\overrightarrow{GB} =$（$a$，$-1$），$\overrightarrow{AG} \cdot \overrightarrow{GB} = a^2 - 1 = 8$，解得：$a = 3$，故椭圆 E 的方程是 $\dfrac{x^2}{9} + y^2 = 1$。

以下用三种方法求解第二问。

（2）方法 1：由（1）知 A（-3，0），B（3，0），设 P（6，t），

则直线 PA 的方程是 $y = \dfrac{t}{9}$（$x + 3$），联立 $\begin{cases} \dfrac{x^2}{9} + y^2 = 1 \\ y = \dfrac{t}{9}(x+3) \end{cases}$ 得 $(9 + t^2) x^2 +$

$6t^2 x + 9t^2 - 81 = 0$；

由韦达定理得 $-3 \cdot x_c = \dfrac{9t^2 - 81}{9 + t^2}$，$x_c = \dfrac{-3t^2 + 27}{9 + t^2}$，代入直线 PA 的方程 $y =$

$\dfrac{t}{9}$（$x + 3$），得 $y_c = \dfrac{6t}{9 + t^2}$，即 C（$\dfrac{-3t^2 + 27}{9 + t^2}$，$\dfrac{6t}{9 + t^2}$）；

直线 PB 的方程是 $y = \dfrac{t}{3}$（$x - 3$），联立方程 $\begin{cases} \dfrac{x^2}{9} + y^2 = 1 \\ y = \dfrac{t}{3}(x-3) \end{cases}$ 得 $(1 + t^2)$

$x^2 - 6t^2 x + 9t^2 - 9 = 0$；

由韦达定理得 $3 \cdot x_D = \dfrac{9t^2 - 9}{1 + t^2}$，$x_D = \dfrac{3t^2 - 3}{1 + t^2}$，代入直线 PB 的方程 $y =$

$\dfrac{t}{3}(x - 3)$，

得 $y_D = \dfrac{-2t}{1 + t^2}$，即 D（$\dfrac{3t^2 - 3}{1 + t^2}$，$\dfrac{-2t}{1 + t^2}$），则

①当 $x_c = x_D$，即 $\dfrac{-3t^2+27}{9+t^2} = \dfrac{3t^2-3}{t^2+1}$ 时，有 $t^2 = 3$，此时 $x_c = x_D = \dfrac{3}{2}$，即 CD

为直线 $x = \dfrac{3}{2}$；

②当 $x_c \neq x_D$ 时，直线 CD 的斜率 $k_{CD} = \dfrac{y_C - y_D}{x_c - x_D} = \dfrac{\dfrac{6t}{9-t^2} + \dfrac{2t}{1+t^2}}{\dfrac{-3t^2+27}{9+t^2} - \dfrac{3t^2-3}{1+t^2}}$

$= \dfrac{4t}{3\,(3-t^2)}$。

$\therefore$ 直线 CD 的方程是 $y - \dfrac{-2t}{1+t^2} = \dfrac{4t}{3\,(3-t^2)}\,\left(x - \dfrac{3t^2-3}{1+t^2}\right)$ …（＊）。

用参数 t 表示出直线方程之后，有以下两种方法求证直线 CD 过定点。

第一种：依题意，根据对称性可知，若直线 CD 过定点，则该定点必在 x 轴上，由①知 CD：$x = \dfrac{3}{2}$，故定点为 $\left(\dfrac{3}{2},\ 0\right)$，将该点代入（＊）式恒成立，故直线 CD 过定点 $\left(\dfrac{3}{2},\ 0\right)$。

第二种：将 CD 的方程整理得 $y = \dfrac{4t}{3\,(3-t^2)}\left(x - \dfrac{3}{2}\right)$，所以直线 CD 过定点 $\left(\dfrac{3}{2},\ 0\right)$。

综合①②，故直线 CD 过定点 $\left(\dfrac{3}{2},\ 0\right)$。

方法1是利用间接法列出 CD 方程，通过设 $P\,(6,\ t)$，从而表示出直线 PA，PB，再分别与椭圆联立，利用韦达定理写出 C，D 的坐标，从而表示出 CD 方程。在表示 CD 方程时要注意对斜率是否存在进行讨论，另外用点斜式写出 CD 方程后可以借助对称性和特殊值先猜想定点为 $\left(\dfrac{3}{2},\ 0\right)$，再将该点代入一般情形下的直线 CD 中进行验证。

方法2：①当直线 CD 斜率不存在时，设 CD：$x = m$，则 $C\,(m,\ y_0)$，$D\,(m,\ -y_0)$。

$AC：y = \dfrac{y_0}{m+3}\,(x+3)$，令 $x = 6$，则 $y_p = \dfrac{9y_0}{m+3}$，

$BD: y = \dfrac{-y_0}{m-3}(x-3)$，令 $x=6$，则 $y_P = \dfrac{-3y_0}{m-3}$，

则 $\dfrac{9y_0}{m+3} = \dfrac{-3y_0}{m-3}$，化简得 $m = \dfrac{3}{2}$，所以 $CD: x = \dfrac{3}{2}$。

② 当直线 CD 斜率存在时，设 $CD: y = kx + t$，$C(x_1, y_1)$，$D(x_2, y_2)$，

$AC: y = \dfrac{y_1}{x_1+3}(x+3)$，令 $x=6$，则 $y_P = \dfrac{9y_1}{x_1+3}$，

$BD: y = \dfrac{y_2}{x_2-3}(x-3)$，令 $x=6$，则 $y_P = \dfrac{3y_2}{x_2-3}$，

依题意 $\dfrac{9y_1}{x_1+3} = \dfrac{3y_2}{x_2-3}$，即 $\dfrac{9y_1^2}{(x_1+3)^2} = \dfrac{y_2^2}{(x_2-3)^2}$，即 $9y_1^2 \cdot (x_2-3)^2 = y_2^2 \cdot$

$(x_1+3)^2$，

$Q\, y_1^2 = \dfrac{1}{9}(9-x_1^2)$，$y_2^2 = \dfrac{1}{9}(9-x_2^2)$，代入上式得 $(9-x_1^2)(x_2-3)^2 =$

$\dfrac{1}{9}(9-x_2^2)(x_1+3)^2$，化简得 $(3-x_1)(3-x_2) = \dfrac{1}{9}(3+x_2)(x_1+3)$，

即 $4x_1 x_2 - 15(x_1+x_2) + 36 = 0 \cdots (*)$。

联立 $\begin{cases} y = kx+t \\ x^2 + 9y^2 = 9 \end{cases}$ 消去 y 得 $(9k^2+1)x^2 + 18ktx + 9t^2 - 9 = 0$，

$\therefore x_1 + x_2 = -\dfrac{18kt}{9k^2+1}$，$x_1 x_2 = \dfrac{9t^2-9}{9k^2+1}$，代入 $(*)$ 式得 $4 \cdot \dfrac{9t^2-9}{9k^2+1} + 15 \cdot$

$\dfrac{18kt}{9k^2+1} + 36 = 0$，

$\therefore 2t^2 + 15kt + 18k^2 = 0 \Rightarrow (2t+3k)(t+6k) = 0$，

$\therefore t = -6k$ 或 $t = -\dfrac{3}{2}k$，

当 $t = -6k$ 时，$CD: y = k(x-6)$，此时直线 CD 过点 $(6, 0)$，不成立。

当 $t = -\dfrac{3}{2}k$ 时，$CD: y = k\left(x - \dfrac{3}{2}\right)$，此时直线 CD 过点 $\left(\dfrac{3}{2}, 0\right)$，

又因为 $x = \dfrac{3}{2}$ 也过点 $\left(\dfrac{3}{2}, 0\right)$，

$\therefore$ 综上所述，直线 CD 过定点 $\left(\dfrac{3}{2}, 0\right)$。

方法 2 是直接设出 CD 方程，但要注意对斜率是否存在进行讨论。当斜率不存在时，可得直线 CD 为 $x = \dfrac{3}{2}$，当斜率存在时，设 $CD: y = kx + t$，$C(x_1, y_1)$，$D(x_2, y_2)$，通过 CA，CB 的交点为 P，从而写出 x_1，y_1，x_2，y_2 之间的关系，再利用 $C(x_1, y_1)$，$D(x_2, y_2)$ 满足椭圆方程，从而消去 y_1，y_2，进而得到 $4x_1 x_2 - 15(x_1 + x_2) + 36 = 0$，再将直线 CD 与椭圆进行联系写出韦达定理代入上式，可以得出 $(2t + 3k)(t + 6k) = 0$，最后得到直线 CD 过定点 $\left(\dfrac{3}{2}, 0\right)$。

方法 3：设 $P(6, t)$，

当 $t = 0$ 时，$CD: y = 0$，当 $t \neq 0$ 时，设 $CD: y = my + n$，

若直线 CD 过定点，则该定点必在 x 轴上，即 $(n, 0)$，

$AP: y = \dfrac{t}{9}(x + 3)$，$BP: y = \dfrac{t}{3}(x - 3)$。

又因为椭圆过二次曲线 $AP \cdot BP$ 与 $AB \cdot CD$ 的交点 A，B，C，D，

则满足 $\left[y - \dfrac{t}{9}(x + 3)\right]\left[y - \dfrac{t}{3}(x - 3)\right] + \lambda y(x - my - n) =$

$\mu\left(\dfrac{x^2}{9} + y^2 - 1\right)$，

比较 y 的系数得 $t - \dfrac{t}{3} - \lambda n = 0 \Rightarrow \lambda n = \dfrac{2t}{3}$，

比较 $x \cdot y$ 的系数得 $-\dfrac{t}{3} - \dfrac{t}{9} + \lambda = 0 \Rightarrow \lambda = \dfrac{4t}{9}$，

$\therefore \dfrac{4t}{9} \cdot n = \dfrac{2t}{3} \Rightarrow n = \dfrac{3}{2} \Rightarrow CD: x = my + \dfrac{3}{2}$，

$\therefore$ 直线 CD 过定点 $\left(\dfrac{3}{2}, 0\right)$。

方法 3 是利用椭圆过二次曲线 $AP \cdot BP$ 与 $AB \cdot CD$ 的交点 A，B，C，D 这一特征，通过待定系列出方程，然后进行对比系数得出结论。这种方法计算简洁，但对学生来讲不易想到。

二、探究问题

将以上命题推广到一般性的结论。

结论 1：已知 A，B 分别为椭圆 E：$\dfrac{x^2}{a^2}+\dfrac{y^2}{b^2}=1$（$a>b>0$）的左、右顶点。

P 为直线 $x=s$ 上的动点，PA 与 E 的另一交点为 C，PB 与 E 的另一交点为 D，

则直线 CD 过定点 $\left(\dfrac{a^2}{s},\ 0\right)$。

证明：设 $P(s,\ t)$。

当 $t=0$ 时，CD：$y=0$，当 $t\neq0$ 时，设 CD：$y=my+n$，

若直线 CD 过定点，则该定点必在 x 轴上，即 $(n,\ 0)$，

AP：$y=\dfrac{t}{s+a}(x+a)$，BP：$y=\dfrac{t}{s-a}(x-a)$，

又因为椭圆过二次曲线 $AP\cdot BP$ 与 $AB\cdot CD$ 的交点 A，B，C，D，

则满足 $\left[y-\dfrac{t}{s+a}(x+a)\right]\left[y-\dfrac{t}{s-a}(x-a)\right]+\lambda y(x-my-n)=$

$\mu\left(\dfrac{x^2}{a^2}+\dfrac{y^2}{b^2}-1\right)$，

比较 y 的系数得 $\dfrac{at}{s-a}-\dfrac{at}{s+a}-\lambda n=0\Rightarrow\lambda n=\dfrac{at}{s-a}-\dfrac{at}{s+a}=\dfrac{2a^2t}{s^2-a^2}$，

比较 $x\cdot y$ 的系数得 $-\dfrac{t}{s+a}-\dfrac{t}{s-a}+\lambda=0\Rightarrow\lambda=\dfrac{t}{s+a}+\dfrac{t}{s-a}=\dfrac{2st}{s^2-a^2}$，

$\therefore\dfrac{2st}{s^2-a^2}\cdot n=\dfrac{2a^2t}{s^2-a^2}\Rightarrow n=\dfrac{a^2}{s}\Rightarrow CD$：$x=my+\dfrac{a^2}{s}$，

$\therefore$ 直线 CD 过定点 $\left(\dfrac{a^2}{s},\ 0\right)$。

构造结论 1 的逆命题，该命题也成立。

推论 1：已知 A，B 分别为椭圆 E：$\dfrac{x^2}{a^2}+\dfrac{y^2}{b^2}=1$（$a>b>0$）的左、右顶点，

过点 $Q(t,\ 0)$ 的直线 l 交椭圆于 C，D 两点，则直线 AC 与 BD 的交点 P 的轨

迹方程为 $x=\dfrac{a^2}{t}$。

三、类比推广

可以将结论 1 和推论 1 类比推广至圆与双曲线。

结论 2：已知 A，B 分别为圆 E：$x^2+y^2=r^2$（$r>0$）与 x 轴的交点。P 为直

线 $x=s$ 上的动点，PA 与 E 的另一交点为 C，PB 与 E 的另一交点为 D，则直线 CD 过定点 $\left(\dfrac{r^2}{s}, 0\right)$。

结论 3：已知 A，B 分别为双曲线 E：$\dfrac{x^2}{a^2} - \dfrac{y^2}{b^2} = 1$ （$a>0$，$b>0$）的左、右顶点。P 为直线 $x=s$ 上的动点，PA 与 E 的另一交点为 C，PB 与 E 的另一交点为 D，则直线 CD 过定点 $\left(\dfrac{a^2}{s}, 0\right)$。

推论 2：已知 A，B 分别为圆 E：$x^2 + y^2 = r^2$ （$r>0$）与 x 轴的交点，过点 Q （t，0）的直线 l 交椭圆于 C，D 两点，则直线 AC 与 BD 的交点 P 的轨迹方程为 $x = \dfrac{r^2}{t}$。

推论 3：已知 A，B 分别为双曲线 E：$\dfrac{x^2}{a^2} - \dfrac{y^2}{b^2} = 1$ （$a>0$，$b>0$）的左、右顶点，过点 Q （t，0）的直线 l 交椭圆于 C，D 两点，则直线 AC 与 BD 的交点 P 的轨迹方程为 $x = \dfrac{a^2}{t}$。

圆锥曲线是高考必考内容之一，教师在高三备考复习中不仅要对圆锥曲线问题进行全面复习，还要教会学生将同类问题进行总结、类比推广，由此培养学生的创新意识，提升探索能力以及解决问题的能力，从而达到"深度学习"。

参考文献：

［1］孟弦．圆锥曲线中一类定点问题的探究 ［J］．中学数学研究（华南师范大学版），2019（09）．

［2］张鑫，于兴江．一道高考圆锥曲线题中的定点问题 ［J］．中学数学研究，2018（04）．

第四节　习题课

基本不等式的应用深度学习问题设计

汕头市金山中学　张梦涛

数学教师的深度教学问题设计也直接影响着学生的深度学习效果。解决数学变式问题能提升学生的数学思维能力。下面针对基本不等式的内容进行问题变式教学，促进学生的深度学习。

基本不等式知识准备：设 a，$b\in \mathbf{R}^*$，则 $\dfrac{a+b}{2}\geqslant \sqrt{ab}$（当且仅当 $a=b$ 时等号成立）。应用它求最值时一定要注意"①正，②定，③"相等的原则；另一方面注意转化思想，类比思想，整体思想，换元法，拼凑技巧的应用。

例 1：已知 $x>0$，$y>0$，$x+y=xy$，求 $x+y$ 的最小值。

方法 1：解：因为 $x+y=xy\leqslant \left(\dfrac{x+y}{2}\right)^2$，

所以 $(x+y)^2-4(x+y)\geqslant 0$，解得 $x+y\geqslant 4$，

所以 $x+y$ 的最小值是 4。

方法 2：解：由 $x+y=xy$ 得：$\dfrac{1}{x}+\dfrac{1}{y}=1$，

所以 $(x+y)\left(\dfrac{1}{x}+\dfrac{1}{y}\right)=2+\dfrac{y}{x}+\dfrac{x}{y}\geqslant 2+2\sqrt{\dfrac{y}{x}\cdot \dfrac{x}{y}}=4$，

当且仅当 $\dfrac{y}{x}=\dfrac{x}{y}$，即 $x=y=1$ 时取等号，

所以 $x+y$ 的最小值是 4。

设计意图：由一个简单的例子，引出在运用基本不等式求最值的过程中最常用的两种方法。法 1 体现的是整体代换的思想，法 2 体现的是常数的代换。

变式 1：已知 $x>0$，$y>0$，$x+4y=xy$，求 $x+y$ 的最小值。

（学生错解）解：因为 $x+4y=xy\geqslant 2\sqrt{x\cdot 4y}=4\sqrt{xy}$，

$\therefore xy\geqslant 16$，$x+y\geqslant 2\sqrt{x\cdot y}=2\cdot 4=8$。

（学生正解）解：由 $x+4y=xy$ 得：$\dfrac{1}{y}+\dfrac{4}{x}=1$，

所以 $(x+y)\left(\dfrac{4}{x}+\dfrac{1}{y}\right)=5+\dfrac{4y}{x}+\dfrac{x}{y}\geqslant 5+2\sqrt{\dfrac{4y}{x}\cdot\dfrac{x}{y}}=9$，

当且仅当 $\dfrac{4y}{x}=\dfrac{x}{y}$，即 $\begin{cases}x=6\\y=3\end{cases}$ 时取等号，

所以 $x+y$ 的最小值是 9。

设计意图：本题是由例 1 改编而来的，旨在强调运用基本不等式时，检验等号是否成立的重要性。学生在理解不透彻的情况下，常常会出现错误。同时，也是对于常数代换这类题型的一次训练。

变式 2：已知 $x>0$，$y>0$，$x+2y+1=xy$，求 $x+2y$ 的最小值。

解：因为 $2(x+2y)+2=2xy\leqslant\left(\dfrac{x+2y}{2}\right)^2$，

所以 $(x+2y)^2-8(x+2y)-8\geqslant 0$，解得 $x+2y\geqslant 4+2\sqrt{6}$，

所以 $x+y$ 的最小值是 $4+2\sqrt{6}$。

设计意图：本题是由例 1 改编而来，旨在强调整体代换的思想。

变式 3：已知 $x>0$，$y>0$，$x+y+1=2xy$，求 $x+2y$ 的最小值。

解：因为 $2xy-(x+y)=1$，

所以 $\left(x-\dfrac{1}{2}\right)(2y-1)=\dfrac{3}{2}\leqslant\left(\dfrac{x-\dfrac{1}{2}+2y-1}{2}\right)^2$，易知 $x-\dfrac{1}{2}>0$，$2y-1>0$，

所以 $x+2y\geqslant\sqrt{6}+\dfrac{3}{2}$，当且仅当 $x-\dfrac{1}{2}=2y-1=\dfrac{\sqrt{6}}{2}$ 时取等号，

所以 $x+2y$ 的最小值是 $\sqrt{6}+\dfrac{3}{2}$。

设计意图：本题是由例 1 改编而来的，此题无论是常数代换还是整体代换，都无法构造最值。此时，需要学生从式子的二次、一次特征中，运用因式分解，配凑出 x，$2y$，从而构造出运用基本不等式的条件。

例 2：已知正数 x，y 满足 $x+y=1$，求 $\dfrac{x^2}{y+1}+\dfrac{y^2}{x+1}$ 的最小值。

解：$\dfrac{x^2}{y+1}+\dfrac{y^2}{x+1}=\dfrac{(y-1)^2}{y+1}+\dfrac{(x-1)^2}{x+1}=y+1+\dfrac{4}{y+1}-4+x+1+\dfrac{4}{x+1}-4$

$=\dfrac{4}{y+1}+\dfrac{4}{x+1}-5$，

因为 $x+1+y+1=3$，

所以 $\dfrac{4}{y+1}+\dfrac{4}{x+1}=\dfrac{1}{3}\left(\dfrac{4}{y+1}+\dfrac{4}{x+1}\right)[(x+1)+(y+1)]$

$=\dfrac{1}{3}\left[\dfrac{4(x+1)}{y+1}+\dfrac{4(y+1)}{x+1}+8\right]\geq\dfrac{1}{3}\left[2\sqrt{\dfrac{4(x+1)}{y+1}\cdot\dfrac{4(y+1)}{x+1}}+8\right]=\dfrac{16}{3}$，

当且仅当 $x=y=\dfrac{1}{2}$ 时取等号，所以 $\dfrac{4}{y+1}+\dfrac{4}{x+1}-5\geq\dfrac{1}{3}$。

分析：本题运用常数代换的方式解答，但是需要对题目给出的式子进行整理。

例 3：设 $a+b=2$，$b>0$，则当 $a=$ _____ 时，$\dfrac{1}{2|a|}+\dfrac{|a|}{b}$ 取得最小值。

解：$\dfrac{1}{2|a|}+\dfrac{|a|}{b}=\dfrac{2}{4|a|}+\dfrac{|a|}{b}=\dfrac{a+b}{4|a|}+\dfrac{|a|}{b}=\dfrac{a}{4|a|}+\dfrac{b}{4|a|}+\dfrac{|a|}{b}$

$\geq\dfrac{a}{4|a|}+2\sqrt{\dfrac{b}{4|a|}\cdot\dfrac{|a|}{b}}\geq-\dfrac{1}{4}+1=\dfrac{3}{4}$，

当且仅当 $\dfrac{b}{4|a|}=\dfrac{|a|}{b}$，且 $a<0$，即 $a=-2$，$b=4$ 时取等号。

分析：本题把常数带入进行整理，构造 $\dfrac{b}{|a|}$ 与 $\dfrac{|a|}{b}$ 的倒数关系，从而运用基本不等式。

例 4：已知正数 a，b，c 满足 $\dfrac{1}{a}+\dfrac{1}{b}=1$，$\dfrac{1}{ab}+\dfrac{1}{bc}+\dfrac{1}{ac}=1$，则实数 c 的取值范围是 _____。

解：由题意得：$a+b=ab$，$a+b+c=abc$，解得 $a+b=ab=\dfrac{c}{c-1}$。

因为 $ab\leqslant\left(\dfrac{a+b}{2}\right)^2$，所以 $\dfrac{c}{c-1}\leqslant\dfrac{1}{4}\left(\dfrac{c}{c-1}\right)^2$，故 $\dfrac{c}{c-1}\geqslant4$，解得 $1<c\leqslant\dfrac{4}{3}$。

分析：本题通过建立目标不等式，再运用基本不等式进行求解。

【课后反思】

本节课精选较有代表性的例题并进行变式，尝试讲清楚基本不等式运用上的基本结构、基本方法以及基本思想，主要体现整体代换以及常数代换基本方法，运用了构造、化归等思想。通过这些实例，让学生更深层次地理解基本不等式，让他们在以后的运用中，能够根据题目给的式子结构进行构造，灵活巧妙地运用基本不等式这一重要工具。

参考文献：

［1］王维. 例谈基本不等式的应用［J］. 高中数学教与学，2013（11）：47－48.

［2］钱建良，张海强. 基本不等式应用的三重境界：技、艺、道［J］. 中学数学月刊，2016（3）：34－35.

"变式教学" 在三角函数教学中的应用

汕头市金山中学　张怡涵

教科书里的例题是编者们仔细揣摩、谨慎挑选的，每一道都堪称经典，一些高考题就是以教材中的习题为母题适当改编而来的。所以对于课本中的例题，如果仅仅就题论题，一题一议，一题一讲，就浪费了教材编者们的良苦用心，一道好的例题背后常常隐含着较广泛的学习功能，只要我们充分地去挖掘它，适当地变式拓展，一定可以收到意想不到的效果。

例如，学习三角函数 $y = A\sin(\omega x + \varphi)$ 性质时，人教 A 版必修四第一章 1.4.2 有一道简单例题：求函数 $y = \sin\left(\dfrac{1}{2}x + \dfrac{\pi}{3}\right)$，$x \in [-2\pi, 2\pi]$ 的单调递增区间，考查的是 $y = A\sin(\omega x + \varphi)$ 在特定区间单调递增的问题，应该讲清楚由一般到特殊以及整体代换两种解法，这也是求解 $y = A\sin(\omega x + \varphi)$ 在特定区间性质的两种通法，是学生必须掌握的方法。

鉴于这是学生在教材中首次遇见的关于 $y = A\sin(\omega x + \varphi)$ 性质的题目，笔者认为可把 $x \in [-2\pi, 2\pi]$ 这一条件去掉，先探究 $x \in \mathbf{R}$ 的情况，待学生掌握了求解 $y = A\sin(\omega x + \varphi)$ 在 $\mathbf{R}$ 上性质的方法后，再探究在特定条件下的性质求解问题。待学生掌握其基本方法求解以后，还可以通过变式引进参数，甚至将 $y = A\sin(\omega x + \varphi)$ 的性质问题与其他板块结合在一起考查，由浅入深，层层递进，帮助学生逐步建立起自己的知识体系，提升自身的思维能力，发挥学生的主观能动性，体现"以教师为主导，以学生为主体"的新课标教学理念。以下是对上述问题进行深度学习的问题设计案例。

变式 1：求函数 $y = \sin\left(\dfrac{1}{2}x + \dfrac{\pi}{3}\right)$ 的单调递增区间。

分析：令 $-\dfrac{\pi}{2} + 2k\pi \leqslant \dfrac{1}{2}x + \dfrac{\pi}{3} \leqslant \dfrac{\pi}{2} + 2k\pi$，得 $-\dfrac{5\pi}{3} + 4k\pi \leqslant x \leqslant \dfrac{\pi}{3} + 4k\pi$，

∴ $y = \sin\left(\dfrac{1}{2}x + \dfrac{\pi}{3}\right)$ 的单调递增区间是 $\left[-\dfrac{5\pi}{3} + 4k\pi, \dfrac{\pi}{3} + 4k\pi\right]$ $(k \in \mathbf{Z})$。

这是一道求 $y = A\sin(\omega x + \varphi)$ 性质的典型题目，利用 $y = \sin x$ 对应的性质求 $y = A\sin(\omega x + \varphi)$ 的性质，体现整体代换的思想。讲解清楚后，可以稍改题目问题，求解 $y = \sin\left(\dfrac{1}{2}x + \dfrac{\pi}{3}\right)$ 的其他性质。

变式 2：求函数 $y = \sin\left(\dfrac{1}{2}x + \dfrac{\pi}{3}\right)$ 的单调递减区间（答案：$\left[\dfrac{\pi}{3} + 4k\pi, \dfrac{7\pi}{3} + 4k\pi\right]$ $(k \in \mathbf{Z})$），对称中心（答案：$\left(-\dfrac{2\pi}{3} + 2k\pi, 0\right)$，$(k \in \mathbf{Z})$），对称轴（答案：$x = \dfrac{\pi}{3} + 2k\pi$ $(k \in \mathbf{Z})$）。

讲解完后便可适当地改一下 A，ω，φ 的数字，让学生练习，使他们熟练地掌握求解 $y = A\sin(\omega x + \varphi)$ 在 $\mathbf{R}$ 上的性质这类问题。随后可回到课本例题，讲

解 $y = A\sin(\omega x + \varphi)$ 在特定区间上的性质的求解方法。

例：求函数 $y = \sin\left(\dfrac{1}{2}x + \dfrac{\pi}{3}\right)$，$x \in [-2\pi, 2\pi]$ 的单调递增区间。

方法 1：（由一般到特殊）先求单调递增区间，再将其与 $[-2\pi, 2\pi]$ 取交集即可得之（答案：$\left[-\dfrac{5\pi}{3}, \dfrac{\pi}{3}\right]$）。

方法 2：（整体代换思想）令 $t = \dfrac{1}{2}x + \dfrac{\pi}{3}$，由 $x \in [-2\pi, 2\pi]$，得 $t \in \left[-\dfrac{2}{3}\pi, \dfrac{4}{3}\pi\right]$，利用正弦曲线可得 $y = \sin t$ 在 $\left[-\dfrac{2}{3}\pi, \dfrac{4}{3}\pi\right]$ 上的单调递增区间为 $\left[-\dfrac{\pi}{2}, \dfrac{\pi}{2}\right]$，即 $-\dfrac{\pi}{2} \le \dfrac{1}{2}x + \dfrac{\pi}{3} \le \dfrac{\pi}{2}$，解关于 x 的不等式，得 $-\dfrac{5\pi}{3} \le x \le \dfrac{\pi}{3}$，故 $y = \sin\left(\dfrac{1}{2}x + \dfrac{\pi}{2}\right)$ 在 $[-2\pi, 2\pi]$ 上的单调递增区间为 $\left[-\dfrac{5\pi}{3}, \dfrac{\pi}{3}\right]$。

这是解决 $y = A\sin(\omega x + \varphi)$ 在特定区间上的性质这类问题的两种常见方法，然后可以对题目稍做修改，探究 $y = \sin\left(\dfrac{1}{2}x + \dfrac{\pi}{3}\right)$ 在 $[-2\pi, 2\pi]$ 上的其他性质。

变式 3：求函数 $y = \sin\left(\dfrac{1}{2}x + \dfrac{\pi}{3}\right)$，$x \in [-2\pi, 2\pi]$ 的对称轴（答案：$x = -\dfrac{5\pi}{3}$ 或 $x = \dfrac{\pi}{3}$），对称中心（答案：$\left(\dfrac{4\pi}{3}, 0\right)$）。

变式 4：求 $y = \sin\left(\dfrac{\pi}{3} - \dfrac{1}{2}x\right)$，$x \in [-2\pi, 2\pi]$ 的单调递增区间。

设计意图：给出关于 $\omega < 0$ 的变式，意在让学生感受 ω 正负对 $y = A\sin(\omega x + \varphi)$ 单调性质的影响，进一步加深对复合函数单调性"同增异减"的理解，从而跟学生强调，做此类题目应该注意，若 ω 为负数，则应利用诱导公式将分析式转化为 ω 为正数的形式再进一步求解。

分析：$y = \sin\left(\dfrac{\pi}{3} - \dfrac{1}{2}x\right) = -\sin\left(\dfrac{1}{2}x - \dfrac{\pi}{3}\right)$，故要求 $y = \sin\left(\dfrac{\pi}{3} - \dfrac{1}{2}x\right)$ 的单调递增区间，即为求 $y = \sin\left(\dfrac{1}{2}x - \dfrac{\pi}{3}\right)$ 的单调递减区间，求完与 $[-2\pi, 2\pi]$ 取交集得答案为 $\left[\dfrac{5\pi}{3}, 2\pi\right]$。

讲清楚这几道题目，学生便可以掌握 $y = A\sin(\omega x + \varphi)$ $(\omega > 0,\ \varphi < 0)$ 在 **R** 上、在特定区间上的性质这类问题的求解方法，举一反三、融会贯通，以后遇到此类问题，便可以熟练求解。当这类问题熟练掌握后，便可进一步提高难度，适当变形，引入参数。

变式 5： 设函数 $y = \sin\left(\dfrac{1}{2}x + \varphi\right)$ $\left(-\dfrac{\pi}{2} < \varphi < \dfrac{\pi}{2}\right)$，$y = f(x)$ 的图像的一条对称轴是直线 $x = \pi$，求函数 $y = f(x)$ 的单递调增区间。

分析： 依题意可得 $\dfrac{\pi}{2} + \varphi = \dfrac{\pi}{2} + k\pi$，解得 $\varphi = k\pi$，又因为 $-\dfrac{\pi}{2} < \varphi < \dfrac{\pi}{2}$，所以 $\varphi = 0$，即求 $y = \sin\left(\dfrac{1}{2}x\right)$ 的单调递增区间，为 $[-\pi + 4k\pi,\ \pi + 4k\pi]$ $(k \in \mathbf{Z})$。

变式 6： 已知 $f(x) = \sin\left(\omega x + \dfrac{\pi}{3}\right)$ $(\omega > 0)$ 在 $\left[0,\ \dfrac{\pi}{2}\right]$ 上单调递增，求 ω 的取值范围。

分析： 利用整体代换的思想，由 $x \in \left[0,\ \dfrac{\pi}{2}\right]$，可得 $\left(\omega x + \dfrac{\pi}{3}\right) \in \left[\dfrac{\pi}{3},\ \dfrac{\pi}{2}\omega + \dfrac{\pi}{3}\right]$，即把问题转化为 $y = \sin x$ 在 $\left[\dfrac{\pi}{3},\ \dfrac{\pi}{2} + \omega + \dfrac{\pi}{3}\right]$ 单调递增，即 $\left[\dfrac{\pi}{3},\ \dfrac{\pi}{2} + \omega + \dfrac{\pi}{3}\right]$ 为正弦曲线单调区间 $\left[-\dfrac{\pi}{2} + 2k\pi,\ \dfrac{\pi}{2} + 2k\pi\right]$ 的子集，解得 $0 < \omega < \dfrac{1}{3}$。

含参问题是学生最畏惧的一类问题，但有了前面题目的铺垫，学生对求解三角函数性质这类题目已有一定的认识，故遇到新问题不至于无从下手，通过适当变式，引入参数，从低思维阶层到高思维阶层，可以培养学生的逆向思维、发散思维能力，提升数学素养。

适当改变题目条件，还可以渗透数形结合思想，利用三角函数图像的周期性、对称性等特点来解题。

变式 7： 已知 $f(x) = \sin\left(\omega x + \dfrac{\pi}{3}\right)$ $(\omega > 0)$，$f\left(\dfrac{\pi}{6}\right) = f\left(\dfrac{\pi}{3}\right)$ 且 $f(x)$ 在区间 $\left(\dfrac{\pi}{6},\ \dfrac{\pi}{3}\right)$ 上有最小值，无最大值，则 ω 的值为_____。

分析：根据 $f\left(\dfrac{\pi}{6}\right) = f\left(\dfrac{\pi}{3}\right)$ 可得 $f(x)$ 一对称轴为 $x = \dfrac{\pi}{4}$，又 $f(x)$ 在区间 $\left(\dfrac{\pi}{6}, \dfrac{\pi}{3}\right)$ 上有最小值，无最大值，所以 $f(x)$ 在 $x = \dfrac{\pi}{4}$ 处取得最小值。由函数的大致图像可得 $\dfrac{\pi}{3} - \dfrac{\pi}{4} < \dfrac{T}{2}$，可得 $0 < \omega < 12$①，且 $\dfrac{\pi}{4}\omega + \dfrac{\pi}{2} = -\dfrac{\pi}{2} + 2k\pi$，解得 $\omega = -\dfrac{10}{3} + 8k$ $(k \in \mathbf{Z})$ ②，由①②得，$\omega = \dfrac{14}{3}$。

当学生熟悉了含有一个参数的这类问题后，可以再加大难度，再引进一个参数，ω 和 φ 都未知，利用条件求解 ω，φ 的值或范围，由浅入深，不断挖掘，探索数学的奥妙，培养学生对数学的学习兴趣。

变式 8：已知 $\omega > 0$，$0 < \varphi < \pi$，直线 $x = \dfrac{\pi}{4}$ 和 $x = \dfrac{5\pi}{4}$ 是函数 $f(x) = \sin(\omega x + \varphi)$ 图像的两条相邻的对称轴，则 φ 的值为_____。

分析：因为直线 $x = \dfrac{\pi}{4}$ 和 $x = \dfrac{5\pi}{4}$ 是函数 $f(x) = \sin(\omega x + \varphi)$ 图像的两条相邻的对称轴，所以函数 $f(x)$ 的最小正周期 $T = 2\pi$，所以 $\omega = 1$，所以 $\dfrac{\pi}{4} + \varphi = k\pi + \dfrac{\pi}{2}$ $(k \in \mathbf{Z})$，又 $0 < \varphi < \pi$，所以 $\varphi = \dfrac{\pi}{4}$。

由这道题可以得到相邻对称轴和 $y = A\sin(\omega x + \varphi)$ 周期的关系，使学生对三角函数的图像特点有更加清晰透彻的认识，更好地解一些有挑战的题目。

变式 9：设函数 $f(x) = 2\sin(\omega x + \varphi)$，$x \in \mathbf{R}$，其中 $\omega > 0$，$|\varphi| < \pi$，若 $f\left(\dfrac{5\pi}{8}\right) = 2$，$f\left(\dfrac{11\pi}{8}\right) = 0$，且 $f(x)$ 的最小正周期大于 2π，求 φ 和 ω 的值。

分析：因为条件给出周期大于 2π，$\dfrac{11}{8}\pi - \dfrac{5}{8}\pi = \dfrac{6}{8}\pi = \dfrac{3}{4}\pi = \dfrac{T}{4}$，$T = \dfrac{2\pi}{\omega} = 3\pi \Rightarrow \omega = \dfrac{2}{3}$，再根据 $\dfrac{2}{3} \times \dfrac{5}{8}\pi + \varphi = \dfrac{\pi}{2} + 2k\pi \Rightarrow \varphi = \dfrac{\pi}{12} + 2k\pi$，因为 $|\varphi| < \pi$，所以当 $k = 0$ 时，$\varphi = \dfrac{\pi}{12}$ 成立。

再把题目适当修改一下，还可以讲奇偶性问题。

变式 10：已知 $y = \sin\left(\dfrac{1}{2}x + \varphi\right)$ 为奇函数，则 φ 的值为_____。（答案：

$k\pi$（$k \in \mathbf{Z}$））

已知 $y = \sin\left(\dfrac{1}{2}x + \varphi\right)$ 为偶函数，则 φ 的值为＿＿＿＿＿。（答案：$\dfrac{\pi}{2} + k\pi$

（$k \in \mathbf{Z}$））

还可以讲三角函数与方程、零点结合在一起考查的题目，突出数形结合思想和方程思想。

变式 11：已知 $x \in [0, \pi]$，关于 x 的方程 $\sin\left(\dfrac{1}{2}x + \dfrac{\pi}{3}\right) = a$ 有两个不同的实数解，则实数 a 的取值范围为＿＿＿＿＿。

分析：由 $x \in [0, \pi]$ 可得 $\left(\dfrac{1}{2}x + \dfrac{\pi}{3}\right) \in \left[\dfrac{\pi}{3}, \dfrac{5\pi}{6}\right]$，结合函数图像可得 $\dfrac{\sqrt{3}}{2} \leqslant a < 1$。

变式教学使一题多用，多题重组，给人一种新鲜、生动的感觉，能唤起学生的好奇心和求知欲，能使学生产生主动参与学习的动力，保持其参与教学活动的兴趣和热情，使学生真正成为课堂的主人。

但是，教师在进行变式教学时，应注意以下三个方面：

1. **大胆尝试，小心求证**

对题目进行变式也就意味着我们要改变题目的条件或所求甚至数据，这个过程要仔细揣摩、正反论证，确定改后不会是一道错题，防止误导学生。

2. **结合学生的实际情况，合理变式**

采用"变式教学"是为了让学生系统地掌握知识，更好地解决这一类型的问题，目的是服务学生，而不能将"变式教学"当成教师的一种"炫技"，为"变式"而"变式"，不顾学生的"最近发展区"，盲目地对知识进行交汇，让学生不堪重负，效果适得其反。

3. **寻找适当的时机进行"变式教学"**

对一道例题通过变式进行深度挖掘，势必要涉及较多知识点的交汇，在新课教学中要"谨慎"使用，比较适用于复习课开展。此外，如果在课堂上开展多重变式，学生可能一时间接受不了，所以可以考虑以微课的形式让学生自己课后去进行探索学习。

本文以三角函数 $y = A\sin(\omega x + \varphi)$ 的性质为例，采用一题多解、一题多变，加深学生对三角函数部分知识的认识，利用变式教学培养学生的探索精神，激发他们的学习兴趣，极大地调动了学生学习的积极性和主动性，对深度学习有很大的帮助。接下来，笔者会继续进行变式教学的研究，将其运用到其余板块知识的教学与学习中，提高学生学习数学的效率及兴趣，提升学生的数学素养。

参考文献：

［1］阮伟强. 走出"变式教学"的三个误区［J］. 数学教学研究，2013（09）：55 - 57.

［2］孙卫星. 万变不离其宗：以《三角函数的图像与性质》为例变式教学实践及反思［J］. 中学数学研究（华南师范大学版），2016（05）：11 - 13.

［3］邬文兵."变式教学"在三角函数教学课例中的应用分析［J］. 数理化学习（教研版），2017（09）：51 - 52.

基于深度学习的三角函数值域或最值求法的教学案例设计

汕头市金山中学　翁琳

三角函数的最值和值域问题一直是高考的重点，近年来的高考题中几乎每年都有该考点的相关类型题，然而，三角函数表达式的形式不同，解法也大有区别。在一轮复习中，让学生通过题型变式，掌握三角函数值域或最值求解的基本类型和方法，并与前一章节中函数与导数的相关方法进行联系与对比，有助于学生建构完整的知识体系，达到透彻理解、举一反三的效果。

例：（2017·新课标Ⅱ卷理科数学）函数 $f(x) = \sin^2 x + \sqrt{3}\cos x - \frac{3}{4}$ $\left(x \in \left[0, \frac{\pi}{2}\right]\right)$ 的最大值是_____。

分析：化简三角函数的分析式，则 $f(x) = 1 - \cos^2 x + \sqrt{3} \cos x - \dfrac{3}{4} =$

$-\cos^2 x + \sqrt{3} \cos x + \dfrac{1}{4} = -\left(\cos x - \dfrac{\sqrt{3}}{2} \right)^2 + 1$，

令 $t = \cos x$，则 $y = -\left(t - \dfrac{\sqrt{3}}{2} \right)^2 + 1$，由 $x \in \left[0, \dfrac{\pi}{2} \right]$ 可得 $t \in [0, 1]$，

当 $t = \dfrac{\sqrt{3}}{2}$，即 $x = \dfrac{\pi}{6}$ 时，函数 $f(x)$ 取得最大值 1。

设计意图：通过同角三角函数关系对分析式进行变形，并用换元的方法将问题转化为二次函数在给定区间的最值问题，换元后新变元的取值范围是本题的易错点。

变式 1：函数 $f(x) = \sin^2 x + \sqrt{3} \cos x - \dfrac{3}{4}$ 的值域是 _____ 。

分析：化简三角函数的分析式，则 $f(x) = 1 - \cos^2 x + \sqrt{3} \cos x - \dfrac{3}{4} =$

$-\cos^2 x + \sqrt{3} \cos x + \dfrac{1}{4} = -\left(\cos x - \dfrac{\sqrt{3}}{2} \right)^2 + 1$，

令 $t = \cos x$，则 $y = -\left(t - \dfrac{\sqrt{3}}{2} \right)^2 + 1$，$t \in [-1, 1]$，

当 $t = \dfrac{\sqrt{3}}{2}$，即 $x = \dfrac{\pi}{6}$ 时，函数 $f(x)$ 取得最大值 1，当 $t = -1$，即 $x = \pi$ 时，

函数 $f(x)$ 取得最小值 $-\dfrac{3}{4} - \sqrt{3}$，

所以函数的值域是 $\left[-\dfrac{3}{4} - \sqrt{3}, 1 \right]$。

设计意图：将真题中的 x 的取值范围扩大到 **R**，则 $t \in [-1, 1]$，并求值域。让学生熟悉换元法求值域的方法，并重视新变元的取值范围。

变式 2：在 $\triangle ABC$ 中，A，B，C 是三角形的内角，已知函数 $f(x) = \sin^2 x + \sqrt{3} \cos x - \dfrac{3}{4}$，求 $f(A)$ 的值域。

分析：分析式变形同变式 1 的过程，其中由 $A \in (0, \pi)$，得 $t \in (-1, 1)$，则最小值在左端点处，取不到，值域变为 $\left(-\dfrac{3}{4} - \sqrt{3}, 1 \right]$。

变式3：在锐角△ABC中，A，B，C是三角形的内角，已知函数 $f(x) = \sin^2 x + \sqrt{3}\cos x - \dfrac{3}{4}$，求 $f(A)$ 的值域。

分析：分析式变形同变式1、2的过程，其中由 $A \in \left(0, \dfrac{\pi}{2}\right)$，得 $t \in [0, 1]$，则最小值在左端点处，取不到，值域变为 $\left(\dfrac{1}{4}, 1\right)$。

设计意图：变式2、3是解三角形与三角恒等变换的结合，三角形的内角赋予自变量 x 特定的取值范围。因此新变元 t 的范围不同，值域也不同。通过前面四道题，让学生深刻意识到分析式变形只是第一步，准确挖掘新变元的取值范围才是拿分关键。

变式4：函数 $f(x) = \cos 2x + \sqrt{3}\cos x - \dfrac{3}{4}\left(x \in \left[0, \dfrac{\pi}{2}\right]\right)$ 的最大值是_____。

分析：由二倍角公式得 $f(x) = 2\cos^2 x + \sqrt{3}\cos x - \dfrac{7}{4}$，

令 $t = \cos x$，则 $y = 2t^2 + \sqrt{3}t - \dfrac{7}{4} = 2\left(t + \dfrac{\sqrt{3}}{4}\right)^2 - \dfrac{17}{8}$，$t \in [0, 1]$，

当 $t = 1$，即 $x = 0$ 时，$f(x)_{\max} = \dfrac{1}{4} + \sqrt{3}$。

设计意图：利用了二倍角公式统一为 $\cos x$，从而利用换元法求最值。二倍角公式及其变形公式在三角函数的变形中有很重要的应用，是学生应该重点掌握的内容。

变式5：函数 $f(x) = \sin x + \sqrt{3}\cos x - \dfrac{3}{4}\left(x \in \left[0, \dfrac{\pi}{2}\right]\right)$ 的最大值是_____。

分析：由辅助角公式得 $f(x) = 2\sin\left(x + \dfrac{\pi}{3}\right) - \dfrac{3}{4}$，

因为 $x \in [0, \pi]$，所以 $x + \dfrac{\pi}{3} \in \left[\dfrac{\pi}{3}, \dfrac{4\pi}{3}\right]$，当 $x + \dfrac{\pi}{3} = \dfrac{\pi}{2}$，即 $x = \dfrac{\pi}{6}$ 时，

$f(x)_{\max} = \dfrac{5}{4}$。

设计意图：该变式展示了三角函数变形的另一常用公式：辅助角公式，将形如 $f(x) = a\sin\omega x + b\cos\omega x$ 的式子变形为 $f(x) = A\sin(\omega x + \varphi)$ 的形式，配合自变量的取值范围，求得值域或最值。

变式6： 函数 $f(x) = \sin x + \cos x + \sin x \cos x$ 的最大值是_____。

分析： 令 $t = \sin x + \cos x$，则 $\sin x \cos x = \dfrac{t^2 - 1}{2}$，

则函数变形为 $y = \dfrac{t^2}{2} + t - \dfrac{1}{2} = \dfrac{1}{2}(t + 1)^2 - 1$，其中 $t = \sqrt{2}\sin\left(x + \dfrac{\pi}{4}\right) \in$

$[-\sqrt{2}, \sqrt{2}]$，

当 $t = \sqrt{2}$ 时，取得最大值 $\sqrt{2} + \dfrac{1}{2}$。

设计意图： 该变式中，利用 $\sin x + \cos x$，$\sin x - \cos x$，$\sin x \cos x$ 这"三兄弟"之间的关系，对分析式进行换元，变形为二次函数，同时，在处理新变元的取值范围时，利用了变式5中辅助角公式求范围的方法，是换元法和辅助角公式法的综合应用。学生通过这道题，加深对前面两种方法的理解。

变式7：（2018·全国卷Ⅰ理科数学）已知函数 $f(x) = 2\sin x + \sin 2x$，则 $f(x)$ 的最小值是_____。

分析： 解法一：因为 $f(x) = 2\sin x + \sin 2x$，易知 $f(x)$ 的周期为 2π，在 $[0,$

$2\pi]$ 中，$f'(x) = 2\cos x + 2\cos 2x = 4\cos^2 x + 2\cos x - 2 = 4\left(\cos x - \dfrac{1}{2}\right)(\cos x + 1)$，

令 $f'(x) = 0$，得 $x = \dfrac{\pi}{3}$，π，$\dfrac{5\pi}{3}$。

$f(0) = 0$，$f\left(\dfrac{\pi}{3}\right) = \dfrac{3\sqrt{3}}{2}$，$f(\pi) = 0$，$f\left(\dfrac{5\pi}{3}\right) = -\dfrac{3\sqrt{3}}{2}$，$f(2\pi) = 0$，

故 $f(x)_{\min} = -\dfrac{3\sqrt{3}}{2}$。

解法二：因为 $f(x) = 2\sin x + \sin 2x = 2\sin x(1 + \cos x)$，

所以 $[f(x)]^2 = 4\sin^2 x(1 + \cos x)^2 = 4(1 - \cos x)(1 + \cos x)^2 \leqslant$

$\dfrac{4}{3} \cdot \left[\dfrac{3(1 - \cos x) + (1 + \cos x) + (1 + \cos x) + (1 + \cos x)}{4}\right]^4 = \dfrac{27}{4}$，

当且仅当 $3(1 - \cos x) = 1 + \cos x$，即 $\cos x = \dfrac{1}{2}$ 时取等号，

所以 $0 \leqslant [f(x)]^2 \leqslant \dfrac{27}{4}$，

所以 $f(x)$ 的最小值为 $-\dfrac{3\sqrt{3}}{2}$。

设计意图：本题通过变式，采用一题多解的方式引出三角函数求最值的另外两种重要方法：导数法和均值不等式法。其中解法一导数法与上一章节函数导数部分的知识相联系，在一个周期内采用导数的方法研究三角函数的极值和端点值，让学生对已经学习过的知识进行应用，形成知识体系。解法二利用选修中学习的均值不等式（三维的基本不等式）求最值，这是求解最值的便捷方法，但是需注意取等条件是否能达到。

总结：

通过上述例题及七道变式题，让学生回顾了求解三角函数的最值或值域的四种常用方法：辅助角公式法、换元法、导数法和均值不等式法。

每个题目中，函数分析式看上去非常类似，但是解题方法却不尽相同。因此，在该部分内容学习的过程中，学生要注重对比与归纳，将方法学透彻，实现举一反三的目标。在一轮复习接下来要复习的解三角形中，求值域和最值也是非常重要的一个考点，其方法与上述方法是基本一致的，因此，通过变式学习牢固掌握几种方法对接下来的学习有很大的帮助。

数列的通项 a_n 与前 n 项和 S_n 的关系问题变式学习

——从 2018 年全国卷 I（理科数学）第 14 题谈起

汕头市金山中学　卢镇豪

【教学目的】

（1）通过一个高考题的讲评和变式教学，复习数列的通项公式和前 n 项和的关系问题的解题方法，如方程组方法、构造新数列法、迭加方法、分组求和法、错位相减法、倒序相加法等。

（2）通过一题多变的教学，使学生的数学学习由浅入深，循序渐进，逐步启迪学生的数学思维，体会数学思想与方法在解题构思中的指导作用，提高学生的学科核心素养。

例：（2018 年全国卷Ⅰ理科数学第 14 题）记 S_n 为数列 $\{a_n\}$ 的前 n 项和，若 $S_n = 2a_n + 1$，则 $S_6 = $ _____。

本题考查 S_n 与 a_n 的关系式（当 $n \geq 2$ 时，$a_n = S_n - S_{n-1}$，当 $n = 1$ 时，$a_1 = S_1$）的应用以及等比数列的求通项与前 n 项和。这是数列的重点内容，我们可以通过本题的变式教学，引导学生对数列的通项 a_n 与前 n 项和 S_n 的关系问题进行深度学习。

变式 1：记 S_n 为数列 $\{a_n\}$ 的前 n 项和，若 $S_n = 2a_n + n$，则 $a = $ _____。

分析：当 $n = 1$ 时，$a_1 = S_1$ 得 $a = -1$，

当 $n \geq 2$ 时，$a_n = S_n - S_{n-1}$ 得 $a_n = 2a_{n-1}$，转化为 $a_n - 1 = 2(a_{n-1} - 1)$，

即 $\{a_n - 1\}$ 是等比数列，求得 $a_n = 1 - 2^n$。

教学功能：进一步强调 S_n 与 a_n 的关系式的应用以及转化思想、构造新数列法。

变式 2：记 S_n 为数列 $\{a_n\}$ 的前 n 项和，若 $S_n = 2a_n + 3^n$，则 $S_n = $ _____。

分析 1：（消去 S_n）当 $n = 1$ 时，$a_1 = s_1$ 得 $a_1 = -3$，

当 $n \geq 2$ 时，$a_n = S_n - S_{n-1}$ 得 $a_n = 2a_{n-1} - 2 \cdot 3^{n-1}$，转化为 $\dfrac{a_n}{2^n} = \dfrac{a_{n-1}}{2^{n-1}} - \left(\dfrac{3}{2}\right)^{n-1}$，

利用迭加方法得 $\dfrac{a_n}{2^n} = \dfrac{a_1}{2} - \left[\dfrac{3}{2} + \left(\dfrac{3}{2}\right)^2 + \left(\dfrac{3}{2}\right)^3 + \cdots + \left(\dfrac{3}{2}\right)^{n-1}\right]$，

可得 $a_n = 3 \cdot 2^{n-1} - 2 \cdot 3^n$，从而 $S_n = 3 \cdot 2^n - 3^{n+1}$。

分析 2：（消去 a_n）当 $n = 1$ 时，$a_1 = S_1$ 得 $S_1 = -3$，

当 $n \geq 2$ 时，$a_n = S_n - S_{n-1}$ 代入 $S_n = 2a_n + 3^n$，得 $S_n = 2S_{n-1} - 3^n$，

转化为 $\dfrac{S_n}{2^n} = \dfrac{S_{n-1}}{2^{n-1}} - \left(\dfrac{3}{2}\right)^n$，同样利用迭加方法得 $S_n = 3 \cdot 2^n - 3^{n+1}$。

分析 3：利用构造新数列法，将 $S_n = 2S_{n-1} - 3^n$ 转化为 $S_n + 3^{n+1} = 2(S_{n-1} + 3^n)$，

则 $\{S_n + 3^{n+1}\}$ 是等比数列，可得 $S_n = 3 \cdot 2^n - 3^{n+1}$。

教学功能：进一步强调 S_n 与 a_n 的关系式的应用，注意有时消去 S_n，有时消去 a_n，看题目的需要，强调转化与化归思想以及迭加方法、构造新数列法。

变式 3：记 S_n 为数列 $\{a_n\}$ 的前 n 项和，若 $S_n = 2^n a_n - 1$，

求证：$\{a_n\}$是递减数列。

(1) 求数列$\left\{\dfrac{a_n}{a_{n+1}}\right\}$的前$n$项和$T_n$；

(2) 求数列$\{nT_n\}$的前n项和Q_n。

分析：当$n=1$时，$a_1=S_1$得$a_1=1$，

当$n\geqslant 2$时，$a_n=S_n-S_{n-1}$，

∴ $a_n=2^n a_n-1-2^{n-1}a_{n-1}+1$，

$\dfrac{a_n}{a_{n-1}}=\dfrac{2^{n-1}}{2^n-1}=\dfrac{2^{n-1}}{2^{n-1}+2^{n+1}-1}<\dfrac{2^{n-1}}{2^{n-1}}=1$，

∵ $a_n=\dfrac{2^{n-1}a_{n-1}}{2^n-1}$，$a_1=1$，

∴ $a_n>0$，$a_{n-1}>0$，

∴ $a_n<a_{n-1}$，

所以$\{a_n\}$是递减数列。

(1) 因为$\dfrac{a_n}{a_{n+1}}=\dfrac{2^{n+1}-1}{2^n}=2-\dfrac{1}{2^n}$，

所以$T_n=2n-\left(\dfrac{1}{2}+\dfrac{1}{2^2}+\dfrac{1}{2^3}+\cdots+\dfrac{1}{2^n}\right)=2n-1+\dfrac{1}{2^n}$。

(2) 因为$nT_n=2^n-n+\dfrac{n}{2^n}$，所以局部先用公式法求$\{2n^2\}$及$\{n\}$的和，用错

位相减法求$\left\{\dfrac{n}{2^n}\right\}$的和，再用分组求和法求$\{nT_n\}$的前$n$项和。

教学功能：进一步强调S_n与a_n的关系式的应用，强调转化与化归思想以及放缩法、公式法、错位相减法、分组求和法。

变式4：记S_n为数列$\{a_n\}$的前n项和，若$S_n=2^n a_n-3^n$，求证：$\dfrac{3^n}{2^n-1}\leqslant$

$a_n\leqslant\dfrac{3^n}{2^{n-2}}-3$。

分析：当$n=1$时，$a_n=S_1$得$a_1=3$，

当$n\geqslant 2$时，$a_n=S_n-S_{n-1}$，

∴ $a_n=2^n a_n-3^n-2^{n-1}a_{n-1}+3^{n-1}$，

$\therefore \ (2^n - 1) \ a_n = 2^{n-1} a_{n-1} + 2 \cdot 3^{n-1}$。

$\because a_1 = 3 > 0, \ 2^n - 1 > 0$,

$\therefore a_n > 0$。

$\because (2^n - 1) \ a_n = (2^{n-1} + 2^{n-1} - 1) a_n > 2^{n-1} a_n$,

$\therefore 2^{n-1} a_n < 2^{n-1} a_{n-1} + 2 \cdot 3^{n-1}$,

$\therefore a_n < a_{n-1} + 2 \cdot \left(\dfrac{3}{2} \right)^{n-1}$。

利用迭加方法得 $a_n < a_1 + 2 \left[\dfrac{3}{2} + \left(\dfrac{3}{2} \right)^2 + \left(\dfrac{3}{2} \right)^3 + \cdots + \left(\dfrac{3}{2} \right)^{n-1} \right]$,

右边求和化简得 $a_n \leqslant \dfrac{3^n}{2^{n-2}} - 3$ （$n = 1$ 时取等号）。

当 $n \geqslant 2$ 时, $2^{n-1} a_{n-1} > (a^{n-1} - 1) a_{n-1}$,

$\therefore (2^n - 1) a_n > (2^{n-1} - 1) a_{n-1} + 2 \cdot 3^{n-1}$,

利用迭加方法得 $(2^n - 1) a_n > (2^1 - 1) a_1 + 2(3 + 3^2 + 3^3 + \cdots + 3^{n-1}) = 3^n$,

$\therefore a_n \geqslant \dfrac{3^n}{2^n - 1}$ （$n = 1$ 时取等号）。

教学功能：进一步强调 S_n 与 a_n 的关系式的应用，强调转化与化归思想、迭加方法，以及不等式证明中的放缩方法。

变式 5：记 S_n 为数列 $\{a_n\}$ 的前 n 项和，若 $2S_n = na_n + 3n$, $a_2 = 5$，求数列 $\{a_n\}$ 的通项公式。

分析：当 $n = 1$ 时, $a_1 = S_1$ 得 $a_1 = 3$,

当 $n \geqslant 2$ 时, $a_n = S_n - S_{n-1}$,

$\therefore (n - 2) a_n = (n - 1) a_{n-1} - 3$,　　　　(1)

$\therefore (n - 1) a_{n+1} = na_n - 3$,　　　　(2)

由 (2) - (1) 得

$(n - 1) a_{n+1} - (n - 2) a_n = na_n - (n - 1) a_{n-1}$,

即 $(n - 1) a_{n+1} + (n - 1) a_{n-1} = 2(n - 1) a_n$,

$\because n \geqslant 2$, $\therefore a_{n+1} + a_{n-1} = 2a_n$,

所以数列 $\{a_n\}$ 是等差数列，公差 $d = a_2 - a_1 = 2$,

$a_n = 3 + (n - 1) \cdot 2 = 2n + 1$。

教学功能：进一步强调 S_n 与 a_n 的关系式的应用，强调转化与化归思想和方程组方法消去常数。

变式 6：记 S_n 为数列 $\{a_n\}$ 的前 n 项和，求证：数列 $\{a_n\}$ 是等差数列的充要条件是 $2S_n = na_n + na_1$。

分析：若数列 $\{a_n\}$ 是等差数列，则可用倒序相加法得 $2S_n = na_n + na_1$。

若 $2S_n = na_n + na_1$，则可类比变式 5 的解法得 $n \geqslant 2$ 时，$a_{n+1} + a_{n-1} = 2a_n$。

教学功能：进一步强调 S_n 与 a_n 的关系式的应用，强调转化与化归思想以及倒序相加法、方程组方法消去常数。

变式 7：记 S_n 为数列 $\{a_n\}$ 的前 n 项和，若 $3S_n = na_n + 2n$，$a_3 = 3$，求数列 $\{a_n\}$ 的通项公式。

分析：当 $n = 1$ 时，$a_1 = S_1$ 得 $a_1 = 1$，

当 $n \geqslant 2$ 时，$a_n = S_n - S_{n-1}$，

$\therefore (n-3)a_n = (n-1)a_{n-1} - 2$，$\qquad$ (1)

$\therefore (n-2)a_{n+1} = na_n - 2$，$\qquad$ (2)

由 (2) − (1) 得

$(n-2)a_{n+1} - (n-3)a_n = na_n - (n-1)a_{n-1}$，

即 $(n-2)a_{n+1} + (n-1)a_{n-1} = (2n-3)a_n$，

$\therefore (n-2)a_{n+1} + (n-1)a_{n-1} = \left[(n-2) + (n-1) \right] a_n$，

$\therefore (n-2)(a_{n+1} - a_n) = (n-1)(a_n - a_{n-1})$。

设 $b_n = a_{n+1} - a_n$，则

$\therefore (n-2)b_n = (n-1)b_{n-1}$，$\qquad$ (3)

$\therefore (n-1)b_{n+1} = nb_n$，$\qquad$ (4)

由 (4) − (3) 得

$(n-1)b_{n+1} - (n-2)b_n = nb_n - (n-1)b_{n-1}$，

即 $(n-1)b_{n+1} + (n-1)b_{n-1} = 2(n-1)b_n$。

$\because n \geqslant 2$，$\therefore b_{n+1} + b_{n-1} = 2b_n$，

所以数列 $\{b_n\}$ 是等差数列，$b_1 = a_2 - a_1 = 0$，$b_2 = a_3 - a_2 = 2$，公差 $d = b_2 - b_1 = 2$，$b_n = (n-1) \cdot 2 = 2n - 2$，

即 $a_{n+1} - a_n = 2n - 2$，

利用迭加方法得 $a_n = 1 + (n-1)(n-2)$。

教学功能：进一步强调 S_n 与 a_n 的关系式的应用，强调转化与化归思想，以及三次使用方程组方法进行转化、换元法、迭加法。

变式 8：记 S_n 为数列 $\{a_n\}$ 的前 n 项和，若 $4S_n = na_n + 3n$，$a_4 = 3$，求数列 $\{a_n\}$ 的通项公式。

分析：变式 8 与变式 7 表面差别不大，但是变式 8 比变式 7 的难度大得多，需要经过两次换元法，四次使用方程组方法进行转化，才能得到 $a_n = 1 + \dfrac{1}{3}(n-1)(n-2)(n-3)$。

总之，我们可以利用一题多变，延伸拓展，激发学生的创新意识，对同种类型题进行深度思考与学习。

第五节　微建模

"微建模"视角下的"大圆小圆问题"

汕头市金山中学　许伟亮

一、问题的由来与影响

美国 ETS（教育考试服务中心）的一次考试中有一个"大圆小圆问题"：有一个大圆，直径为 3，一个小圆，直径为 1，小圆与大圆外切于一点。现小圆贴着大圆做不滑动的旋转运动，回到原先相切的位置，问：小圆旋转了几圈（如图 3-5-1~图 3-5-3）。该中心制定的标准答案是"3 圈"，然而，小圆实际上自转了 4 圈。该题竟引起了美国公众的热烈讨论。

此题出自李士锜先生的《PME：数学教育心理学》一书，目的在于说明定义与表象对学生形成和运用概念方面的作用与影响。国内从 2001 年开始对该题进行研究，在中国知网已经能够检索到二十多篇有关该题的论文，有文章从认知心理学角度对该题进行研究，不过绝大部分论文是关于该题解法的研究，而严谨的证明方法主要有两类：以文［4］和［5］为代表，分别以"实验→观察→归纳→猜想→证明"和"找等量关系→列方程"的方法得出"圆滚动时，圆心移动的路程恰好等于圆上某个确定的点绕圆心转过的弧长"的结论，从而得解。

一些地方的中考（2001 济南，2009 河北，2009 佛山等）甚至人教社初中课本（九年义务教育人教版四年制初中《几何》第三册）都曾出现过与这道题相同或类似的问题，而且华东师大版九年级数学（上册）还将该题作为第 28

章《圆》的章后课题学习。

二、"弧长"模型的建模思路

该题错误的原因是问题的心理表象错了，其中关键是"旋转"这个概念的把握问题。简单地想象或看一看草图，又未细致考虑到"旋转"的含义，竟会使专家们也陷入了尴尬的境地。

"旋转"可以从两个角度进行定义：

根据"弧长"定义：如图 3 - 5 - 1，小圆上定点 A 绕圆心 O' 转过的弧长，弧长等于圆周长时表示旋转一圈，如图 3 - 5 - 2。

根据"角度"定义：小圆定半径 O'A 以圆心 O' 为旋转中心转过的角度，转到原方向 O'A' 表示一圈，如图 3 - 5 - 3。

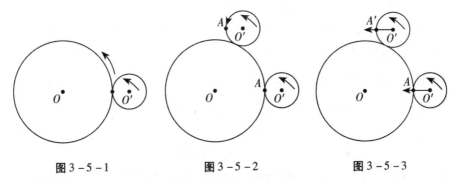

图 3 - 5 - 1   图 3 - 5 - 2   图 3 - 5 - 3

两种定义方式本质上是一样的，文 [4]"找等量关系→列方程"的方法正是看穿了这点，巧妙地将两者综合运用（如图 3 - 5 - 4，图 3 - 5 - 5）列出了两个非常简洁漂亮的方程，从而得出"圆滚动时，圆心移动的路程恰好等于圆上某个确定的点绕圆心转过的弧长"的重要结论。

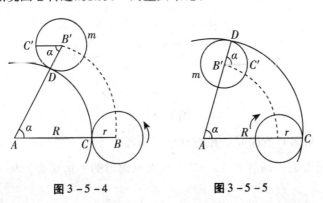

图 3 - 5 - 4   图 3 - 5 - 5

$$\frac{\pi R\alpha}{180°} + \frac{\pi r\alpha}{180°} = 2\pi r \qquad\qquad \frac{\pi R\alpha}{180°} - \frac{\pi r\alpha}{180°} = 2\pi r$$

文［4］"实验→观察→归纳→猜想→证明"的方法，先从自行车轮在水平地面上滚动的实例观察提出"圆滚动时，圆心移动的路程恰好等于圆上某个确定的点绕圆心转过的弧长"的猜想，接着分类证明从"圆在直线上滚动"开始，到"圆在折线上滚动：分下凹折线和上凸折线两大类"，最终通过折线无限逼近曲线的思想，将结论推广到"圆在曲线上滚动"。

无论文［4］还是文［5］，最终都是从"弧长"的角度进行证明的，那么从"角度"的方向进行证明是否可行呢？

三、"角度"数学模型的建立与推广

1. "角度"数学模型的建立

为了使探索顺利进行，笔者利用正多边形逼近圆的思路，将原问题稍作修改，如下：外接圆直径分别为 3 和 1 的两正 n 边形，大的与小的某边贴合且有顶点重合（小的不在大的内部），如图 3 - 5 - 6 所示，现小的贴着大的做不滑动的旋转移动，回到原先的位置时，小的正 n 边形旋转了几圈？

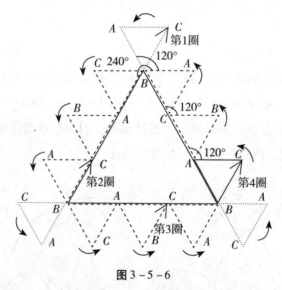

图 3 - 5 - 6

先从正三角形开始探究：开始时小三角形位于大三角形右下方的位置，顶点 B 与大三角形的一顶点重合，AB 边与大三角形的一边贴合，将 BC 方向规定

为小三角形旋转的起始方向。以点 A 为旋转中心开始旋转，旋转中心不断地在点 A，C，B 之间轮换，轮换一次小三角形转动 $480°$（如图 $3-5-7$），一共轮换 3 次（如图 $3-5-6$）。

以上对于正三角形（如图 $3-5-7$）的分析方法，可以类比推理到正方形（如图 $3-5-8$）和正五边形（如图 $3-5-9$）的情况。

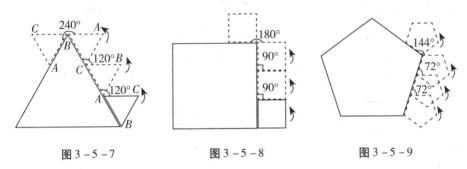

图 $3-5-7$　　　　图 $3-5-8$　　　　图 $3-5-9$

2. "角度"数学模型的求解与检验

故正三角形、正方形和正五边形各自的旋转圈数计算如下：

$$\frac{(120°+120°+240°)\times 3}{360°}=4,$$

$$\frac{(90°+90°+180°)\times 4}{360°}=4,$$

$$\frac{(72°+72°+144°)\times 5}{360°}=4,$$

对于正 n 边形，利用多边形内角和公式可得：

$$\frac{\left\{\left[180°-\dfrac{180°(n-2)}{n}\right]\times 2+\left[360°-\dfrac{180°(n-2)}{n}\times 2\right]\right\}\times n}{360°}=\frac{1440°}{360°}=4。$$

小圆沿大圆滚动可看成小圆的内接或外切正 n（n 无穷大）边形沿大圆的内接或外切正 n（n 无穷大）边形滚动，对上式的 n 取极限，使其趋向于 $+\infty$ 可得所需圈数仍为 4，所得结果符合实际情况，说明了模型的有效性。

3. "角度"数学模型的推广

推广 1：将大圆小圆的直径之比推广为 m（m 为正整数），此时旋转圈数为多少？

公式 1： $\displaystyle\lim_{n\to+\infty}\frac{\left\{\left[180°-\dfrac{180°(n-2)}{n}\right](m-1)+\left[360°-\dfrac{180°(n-2)}{n}\times 2\right]\right\}n}{360°}$

$$= \frac{360° (m-1) + 720°}{360°} = m+1。$$

推广 2：将小圆与大圆"外切"改为"内切"，大圆与小圆的直径之比为 m（m 为正整数），此时旋转圈数为多少？

同样利用正多边形逼近圆的思路，从外接圆直径比为 3 比 1 的正三角形、正方形和正五边形开始探索，如图 3 – 5 – 10 到图 3 – 5 – 12，易得公式 2。

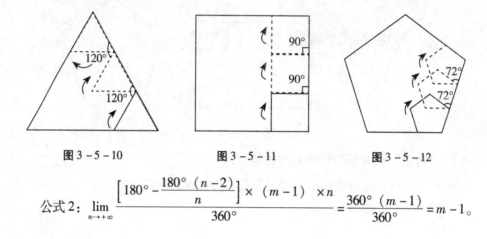

图 3 – 5 – 10   图 3 – 5 – 11   图 3 – 5 – 12

公式 2：$\lim\limits_{n \to +\infty} \dfrac{\left[180° - \dfrac{180° (n-2)}{n} \right] \times (m-1) \times n}{360°} = \dfrac{360° (m-1)}{360°} = m-1。$

四、三种模型的分析与比较

表 3 – 5 – 1

解法 比较项	文 [4] 解法	文 [5] 解法	本文解法
对"旋转"的理解	从"弧长"的角度理解"旋转"	综合"弧长"与"角度"两方面理解"旋转"，更偏重于"弧长"的理解	从"角度"的角度理解"旋转"
数学思想	化归思想； "以直代曲"； "无限逼近"	化归思想； 方程思想	"以直代曲"； "无限逼近"

续 表

解法比较项	文 [4] 解法	文 [5] 解法	本文解法
数学方法	"实验→观察→归纳→猜想→证明"的探究方法	"找等量关系→列方程"的方法	"实验→观察→归纳→猜想→证明"的探究方法
价值	①展现数学探索与证明的完整过程，尤其是从生活中提炼数学模型的意识与方法；②将"定点绕圆心转过的弧长"转化为"圆心移动的路程"，推广空间大	①充分体现数学的简洁美与方程的威力；②将"定点绕圆心转过的弧长"转化为"圆心移动的路程"，推广空间大	①提供纯粹从"角度"定义旋转的全新解法；②展现数学探索与证明的完整过程，特别是从特殊到一般的研究方法；③是利用"有限"探索"无限"的很好例子
不足	结论推广到"圆在曲线上滚动"时要用到极限思想，部分学生理解起来可能有难度	难以展现数学探索的完整过程，特别是从生活实例到数学模型，从特殊到一般的研究方法	①用正 n 边形逼近圆要用到极限思想，部分学生理解起来可能有难度；②大圆与小圆的直径之比 m 要推广到有理数甚至实数，有较大难度

参考文献：

[1] 李士锜. PME：数学教育心理学 [M]. 上海：华东师范大学出版社，2001.

[2] 黄燕玲. 一个由数学概念表象引起的错误 [J]. 河池师专学报（自然科学版），2002（4）.

[3] 张长记. 一个由数学概念表象引起的错误的探讨 [J]. 河池师专学报（自然科学版），2004（2）：9-11.

[4] 杜涛. 关于"滚圆问题"的思考与剖析 [J]. 数学通报，2005（1）：32-33.

[5] 余炯沛. 怎样计算动圆自转的周数 [J]. 中学生数学，2009（5）：23.

数学建模深度学习问题设计

——以 2005 年美国高中数学建模竞赛（HiMCM）的问题 A 为例

汕头市金山中学　张小凡

一、数学建模的核心素养

1. 数学建模核心素养的提出

随着数学在各个领域发挥的作用越来越大，数学建模也成为近年来备受关注的话题。对于数学建模的概念，其实目前并没有统一的定义，不过大众对它的认识并没有太多的偏差。数学建模和一般数学问题解决的关键区别在于是否涉及现实背景。

在中小学教育领域，第一次提到数学模型的概念是在 1996 年出版的《全日制普通高级中学数学教学大纲（供试验用)》中。而后随着数学建模在各个领域的重要性日益凸显，中小学课程标准对数学建模的侧重越来越明显，到了2017 年，"数学建模"被列为中学生六大数学核心素养之一，在《普通高中数学课程标准（2017 年版)》（下面简称《新课标》）中正式被提出。

《新课标》对数学建模核心素养的定义为：对现实问题进行数学抽象，用数学语言表达问题，用数学方法构建模型解决问题的素养。它强调了对数学知识的实际运用，更强调了如何从实际情景发现和提出问题，抽象出数学模型。

2. 数学建模核心素养的培养

"数学建模"已然成为高中数学教学的重要组成部分，但根据陈振等人对高中生数学建模意识的调查，发现高中生在数学建模学习过程中往往会遇到建模知识储备不足、对数学建模问题难以把握等困难。而且较之以往的课堂，数学建模更注重学生的主动思考和自主探究，但多数学生由于之前过于依赖教师而导致这方面能力不足。何慧认为，在数学学科核心素养的视角下，培养学生数学建模的能力，关键在于立足于学生的学习视角，要从学生接触数学模型的认知特点出发，在教师加以引导的情况下，让学生能充分发挥自己的主观能动性，主动积极地进行探索和构建模型，也就是所谓的"以生为本"。

因而，在数学建模教学的过程中，教师最关键的是发挥自己的引导作用，按照学生的思维模式用循序渐进的方法设计问题串，通过解决问题串，逐步引导学生完成"分析问题—构建模型—求解模型—检验结果—解决实际问题"这一完整的数学建模过程，逐步提高学生的数学建模能力。

二、数学建模教学实例问题设计

1. 问题背景与问题提出①

一般海洋勘探船都是通过发射声呐，利用收集到的被海底反射的声音脉冲信息来探测海底深度，从而绘制海底基本模型。其工作原理如下：

如图 3 - 5 - 13 所示，船在 B 点的位置，船上的声呐设备能够发射 $2° \sim 30°$ 的声波，这个角度也就是图中的 $\angle ABC$。

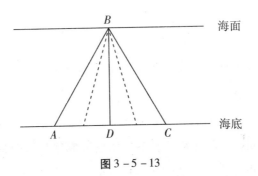

图 3 - 5 - 13

当发射的声音脉冲到达海底时，会发生反射，反射角等于入射角，如图 3 - 5 - 14所示。

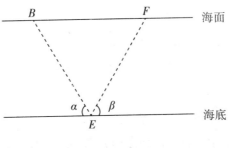

图 3 - 5 - 14

① 该问题来源于 2005 年美国高中数学建模竞赛（HiMCM）的问题 A。

因为发射声音脉冲时船是在移动的，所以它将在图 3 – 5 – 14 中 F 的位置接收到反射的声音脉冲。此时实际的水深为图 3 – 5 – 13 中 BD 的长度。

海洋学船只通常以每秒 2 米的速度航行，海军船只则以每秒 20 米的速度航行，声呐声音脉冲的典型发射速度为 1500 米/秒，请设计一个模型来绘制海底地形。

2. 建立数学模型

问题串 1：

建立模型绘制海底地形，实际上是要解决什么问题？

设计意图：让学生思考如何从实际问题背景中找到条件和问题。

根据问题背景容易得知，船只在探测过程中得到的信息是声音脉冲由发射到被接收的时间，我们需要由这个时间，结合声波脉冲和船只的行驶速度，来计算海底的深度，即图 2 – 5 – 13 中 BD 的长度。

问题串 2：

在整个计算过程中，能否把船只当成质点？

设计意图：让学生明确，在抽象成数学模型之前，要分清哪些条件可以简化，哪些条件不能简化。

一般来说，海洋勘探船的船身是几十米。根据问题中给出的数据，船只行驶的速度一般是 2 m/s。在这种情况下，如果发射器与接收器在船上不同位置时，将船只当成质点计算出来的时间会比实际情况多出十几秒。因为声音脉冲的速度高达 1500 m/s，十几秒会导致很大的计算误差，所以此处不能将船只当成质点来处理。

问题串 3：

请用数学语言和符号描述这个问题。

设计意图：引导学生将实际问题数学化，学会补足一些问题没有提供的条件（即假设），为后面构建数学模型做准备。

假设发射器在船尾，接收器在船头。

设船身长度为 L，船只行驶的速度为 v，声呐发出的脉冲波和海底垂线的夹角为 γ，声音脉冲在海中的传播速度为 c，船只从发射到接收到脉冲信号经历的时间为 t，海底的深度为 h。如何根据接收脉冲信号经历的时间 t，来计算海底

的深度 h？

问题串 4：

根据题意表述，你能列出什么条件？

设计意图：用数学关系式表示出问题所给的条件的过程，其实就是数学模型的构建过程。

$$\begin{cases} vt + L = ct\sin\gamma \\ h = \dfrac{ct}{2}\cos\gamma \end{cases}$$

3. 求解数学模型

问题串 5：

问题所要求的变量是什么？你能将它表示出来吗？

设计意图：在变量过多的时候，让学生明确哪些是已知量，哪些是未知量，哪些是建模的目标变量。

在实际问题中，我们已知的数据是 v，c，t，L，

所以上式可看成关于 h，γ 的二元方程组，由于 γ 满足 $1° \leqslant \gamma \leqslant 15°$，容易解得：

$$\begin{cases} h = \dfrac{1}{2}\sqrt{c^2t^2 - (vt + L)^2} \\ \sin\gamma = \dfrac{vt + L}{ct} \end{cases}$$

4. 分析数据结果

问题串 6：

根据得到的 h 的表达式，你能得出什么结论？

问题串 7：

海底探测的深度 h 可能跟哪些因素有关？

设计意图：引导学生使用得到的模型结果解释实际问题和生活现象。

根据 $h = \dfrac{1}{2}\sqrt{c^2t^2 - (vt + L)^2}$，$h$ 只跟 v，c，t，L 有关，其中 v，c，L 是定值，所以只要测定从发射声音脉冲到接收到声音脉冲经历的时间 t，就可以计算出海底的深度。

另外，如果在方程两边消去 t，可得：

$$h = \frac{c\cos\gamma}{2c\sin\gamma - v}L$$

记

$$g(\gamma) = \frac{c\cos\gamma}{2c\sin\gamma - v}$$

因为 $\frac{\pi}{180} \leq \gamma \leq \frac{\pi}{12}$，所以 $y = \cos\gamma$ 单调递减，$y = \sin\gamma$ 单调递增，且 $2c\sin\gamma - v \geq 2c\sin\frac{\pi}{180} - v \approx 0.035c - v > 0$，所以 $g(\gamma)$ 单调递减。

当 $c = 1500$ m/s，$v = 2$ m/s 时，有：

$$1.8708L \leq h \leq 29.78265L$$

这说明了当声呐设备能够发射 2°～30° 的声波时，能够测到的海底深度会受到船只身长的限制。船只越长，能够探测的海底深度也就越深。

三、模型拓展：问题深化

问题串 8：

这个模型如果运用到实际生活中，可能会出现哪些问题？如何改进？

设计意图：让学生明白理想化的数学模型和实际应用还是具有一定差距的，学会如何改进模型使其更加贴近实际生活。该问题难度较大，必要时教师可以加以点拨。

问题：想一想，这个模型应用到实际生活中，会出现什么样的误差？可以如何进行改进？

1. 忽略了船的吃水深度

事实上，船只本身具有重量，再加上船的载重，要准确描绘出海底的深度，船的吃水深度不可忽略。在模型进一步优化的过程中，应考虑船只的吃水深度。

2. 忽略了声波在不同介质中的传播速度不同

在深海中，因为海水密度等因素的影响，在不同深度声音的传播速度会有所不同，本数学模型忽略了声波传播速度的变化。在现代探测技术中，通常是将不同深度对应的声音传播速度输入系统，对所得的结果进行修正。

3. 船身可能因海浪发生偏移

一般在探测过程中，船身很难保持与海面平行，一旦发生偏移，计算所得的结果就会产生误差。

这样，利用问题串的设计，我们能引导学生渐渐深入思考，亲身参与到数学建模的过程中，慢慢提高数学建模的能力。

参考文献：

［1］黄健，鲁小莉，王鸯雨，等．20世纪以来中国数学课程标准中数学建模内涵的发展［J］．数学教育学报，2019，28（03）：18－23，41.

［2］中华人民共和国教育部．普通高中数学课程标准（2017年版）［M］．北京：人民教育出版社，2018.

［3］何慧．核心素养下"数学建模"素养的培养途径探究［J］．数学教学通讯，2019（33）：48－49.

教材数学建模问题的再研究

——以人教 A 版普通高中教科书数学必修第一册 P162 实例为例

汕头市金山中学　卢镇豪

数学建模是应用数学解决实际问题的基本手段，也是推动数学发展的动力。数学建模是新教材的一个亮点，也是未来数学教学的一个重点和难点。如何利用好教材中的数学建模问题呢？

课本问题：中国茶文化博大精深，茶水的口感与茶叶类型和水的温度有关。经验表明，某种绿茶用 $85^{\circ}C$ 的水泡制，再等到茶水温度降至 $60^{\circ}C$ 时饮用，可以产生最佳口感。那么在 $25^{\circ}C$ 室温下，刚泡好的茶水大约需要放置多长时间才能达到最佳饮用口感？

当师生一起分析、解决课本问题后得到模型 $y = 60 \times 0.9227^{x} + 25$（$x \geqslant 0$），师生是否会问，在建立模型时为什么就用 $x = 0$，$y = 85$ 来求 k 的值呢（按照实际情况，有误差，$x = 0$ 时，y 不一定等于 85），能否用第一组、第二组、第三组或其他组的数据来求 k 的值呢？

问题 1：用第一、第二组数据求 k 值，从而确定另外模型可以吗？

经列方程组计算可得 $a = 0.9032$，$k = 60$，然后确定模型

$y = 60 \times 0.9032^x + 25$　…（a）

问题 2：用第二、第三组数据求 k 值，从而确定另外模型可以吗？

经列方程组计算可得 $a = 0.9181$，$k = 59.0241$，取 $k = 59$，

然后用课本后来求得的 $a = 0.9227$ 来确定模型

$y = 59 \times 0.9227^x + 25$　…（b）

问题 3：如何判断这些模型的优劣呢？

利用检验模型是最好的方法，利用计算机几何画板软件作图检验。

三个模型：课本模型如图 3 – 5 – 15，模型（a）如图 3 – 5 – 16，模型（b）如图 3 – 5 – 17。

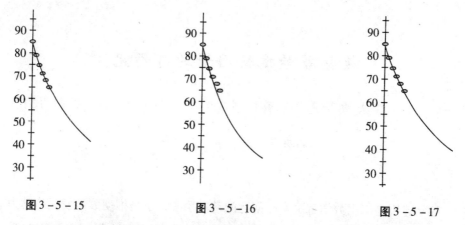

图 3 – 5 – 15　　　　图 3 – 5 – 16　　　　图 3 – 5 – 17

直观看图进行判断，课本的模型和模型（b）还是比较吻合的，模型（a）偏离点多，原因是它由局部数据求得，可见检验模型这一步是很重要的。

问题 4：能否从数据分析的角度来分析模型的优劣呢？

可以利用所得模型计算对应数据进行比较，定义模型的总误差 $S = \dfrac{1}{6}$

$(\,|y_0 - 85|\, + \,|y_1 - 79.19|\, + \,|y_2 - 74.75|\, + \,|y_3 - 71.19|\, + \,|y_4 - 68.19|\, + \,|y_5 - 65.10|\,)$ 最小时为最优模型。

计算三个模型的相应数据，如表 3 – 5 – 2。

表 3 – 5 – 2

	y_0	y_1	y_2	y_3	y_4	y_5	S
实际数据	85.00	79.19	74.75	71.19	68.18	65.10	
课本模型 $y = 60 \times 0.9227^x + 25$	85.00	80.36	76.08	72.13	68.49	65.13	0.63
模型（a） $y = 60 \times 0.9032^x + 25$	85.00	79.19	73.94	69.21	64.93	61.06	1.68
模型（b） $y = 59 \times 0.9227^x + 25$	84.00	79.44	75.23	71.35	67.77	64.46	0.49

由表 3 – 5 – 2 可知 s 最大的是模型（a），比较劣，S 最小的是模型（b），比较优。

若用模型（b）$y = 59 \times 0.9227^x + 25$，则 $y = 60$ 时，$x = 6.4912$，即大约 6.5 min。

问题 5：为什么会出现模型（a）的总误差 > 课本模型的总误差 > 模型（b）的总误差呢？

回想 k，a 的求法，模型（a）只用两组数据，课本模型求 a 用了六组数据五个 a 值的平均值，而求 k 只用第一组数据，模型（b）求 a 用了六组数据五个 a 值的平均值，而求 k 用两组数据，也许这个就是原因。那么求 k 用六组数据五个 k 值的平均值，情况会这样？

问题 6：由六组数据代入 $y = ka^x + 25$，由 k 的六个方程的相邻两个方程组成一个方程组，求出五个 k 值的平均值，再求模型，情况会这样？

由第一、二组，第二、三组，第三、四组，第四、五组，第五、六组数据分别列方程组求出 a，k 的对应值，如表 3 – 5 – 3。

表 3 – 5 – 3

组别	第一、二组	第二、三组	第三、四组	第四、五组	第五、六组	平均值
a	0.9032	0.9181	0.9284	0.9351	0.9285	0.9227
k	60.00	59.02	57.72	56.49	58.11	58.27

求得模型：$y = 58.27 \times 0.9227^x + 25$ …（c）

作图检验（如图 3 - 5 - 18）：

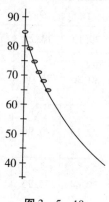

图 3 - 5 - 18

总误差检验（如表 3 - 5 - 4）：

表 3 - 5 - 4

x	0	1	2	3	4	5
y	83. 27	78. 77	74. 61	70. 77	67. 24	63. 94
实际 y	85. 00	79. 19	74. 75	71. 19	68. 19	65. 10

$S = 0.798$

从图像直观想象和总误差数据来看，这也是一个比较优秀的模型。但 $S = 0.798$ 还是偏大。

如果采用去掉一个最大值和一个最小值的方法，再求平均值呢？

问题 7：在问题 6 中去掉一个最大值和一个最小值，再求模型（如表 3 - 5 - 5）。

表 3 - 5 - 5

组别	第二、三组	第三、四组	第五、六组	平均值
a	0.9181	0.9284	0.9285	0.9250
k	59.02	57.72	58.11	58.28

求得模型：$y = 58.28 \times 0.925^x + 25$ …（d）

作图检验（如图 3 - 5 - 19）：

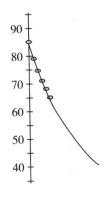

图 3 – 5 – 19

总误差检验（如表 3 – 5 – 6）：

表 3 – 5 – 6

x	0	1	2	3	4	5
y	83.28	78.91	74.87	71.13	67.67	64.47
实际 y	85.00	79.19	74.75	71.19	68.19	65.10

$S = 0.555$

从图像直观想象和总误差数据来看，这也是一个比较优秀的模型，且总误差比课本模型的总误差小。

可见数学建模在同一类模型上，计算方法、计算细节对模型是否优秀影响还是比较大的，一般情况下，要整体把握、整体考虑，注意数据的筛选，不要局部取数据。

问题 8：观察散点图，各点近似落在一条直线上或抛物线的一侧上，能否用模型 $y = kx + b$ 刻画呢？或者用二次函数模型来刻画呢？同学们可以自行研究。

经过对问题的深入研究，相信学生对数学建模会有更好的认识和理解，会选择更好的模型来刻画某些实际问题，增强应用数学知识解决实际问题的能力，同时培养探究精神和勇于批判的精神。

机场的起飞调度问题

汕头市金山中学　　陈铭　陈佳锐　范进伟　周恩锐　吴庭泽　张烁

指导老师：汕头市金山中学　　张小凡　许伟亮

一、问题重述

对于建立一个模型安排飞机排队顺序使乘客和航空公司都满意的问题，首先明确满意度的定义，对于乘客而言，满意度即时间，飞机延误越久，乘客的不满意度自然越高。对航空公司而言，不满意度体现在航班延误的情况下多花费的额度，建立的模型可将乘客的不满意度算入航空公司的损失，再求公司损失的最小值，解得对应的排队顺序。具体思考可提出如下问题：

（1）用什么数学方式来表示飞机的排队顺序？

（2）航空公司多付数额在各个超出时间段具体包括哪些方面的损失？

（3）分析在不考虑排队顺序的情况下，即对单独一架次的飞机而言，各种损失的影响因素及其具体影响方式。例如，乘客不满意所导致的航空公司的损失与乘客等待时间的具体关系。

（4）如何将（1）的排列方式与（3）的单架次损失联系起来，得出整体的最优调度方案？

二、问题分析

（1）①只需给每架飞机编号，然后用数列的项记录编号以表示飞机，用数列的顺序表示飞机起飞的顺序，下标从小到大依次起飞；②飞机的排队顺序涉及第几架飞机在什么时间起飞，将飞机架次作为时间的下标，表示第几架次的飞机的起飞时间。

（2）在飞机实际起飞时间超过预定起飞时间后，可将乘客不满意度视为航空公司的损失；在超过预定时间之后，若航空公司要使飞机尽量按时到达目的地，则会提高飞行速度，那么会消耗更多燃油，因而会有燃油附加费；若超时过于严重，导致需转机乘客错过下一个航班，乘客形式上没有收到赔偿费，但航空公司被迫为乘客安排饮食、住宿、行李、改签，增加了运营成本，视为给出了一定赔偿费。实际上，这三类损失，第一类是为了将乘客不满意度纳入模型而假设的，因为乘客满意度越高，则航空公司这类损失越少，而后两类则是实际情况。

（3）对单一架次的飞机而言，乘客的不满意度可分为两阶段：第一阶段，飞机起飞时间超过预定，但未使需转机的乘客错过下一班飞机，这时乘客的不满意度与等待的时间呈正相关；第二阶段，飞机起飞超时严重，导致需转机的乘客错过下一班飞机，此时将这部分需转机乘客的附加不满意度并入航空公司的赔偿费中。

对于飞机的燃油附加费，飞机超时越多，为使飞机准时到达目的地，飞机的飞行速度应相应提高，而飞机的飞行速度有上限，若飞机延后时间超过某一时间点，飞机速度达到上限，燃油附加费达到封顶，不再上升。

航空公司应付乘客的延误赔偿费仅在航班严重延后使乘客错过下一班飞机时需考虑，其费用与转机人数、单位乘客赔偿费用相关，与延误时间无关。

（4）①综合量化考虑问题（2）中的三个因素后，可从局部入手，建立函数表示调换队列中某一架飞机与前一架的位置后所减免的损失，通过计算机求解此函数，确认每一架飞机的最优位置。这种算法在尽量减少计算量的同时，通过局部最大获利争取整体最大获利，我们将在后文验证这一点；②另一种思路是放眼整体，将每架飞机的损失金额表示出来，其函数值与该飞机的起飞位次有关，对所有飞机的损失求和，求解总和的最小值，以此来安排飞机起飞顺序。

三、基本假设

（1）机场只有一条跑道，每架飞机起飞时完全占用该条跑道，每架飞机起飞所需时间是一样的，将整段时间分为等长的时间段，一旦确定飞机起飞次序，每架飞机的起飞时间也随之确定。

（2）第 i 架飞机在第 j 个时间段起飞时所需的费用只与该飞机 i，即该架飞机的基本参数，以及起飞的时间段 j 有关，不受前后飞机的起飞次序影响。

（3）各个机型的飞机人数不同，相同速度的情况下耗油量不同。

（4）每架飞机有能按时到达目的地的最晚起飞时间，若超过该时间起飞，该飞机必须以最大速度飞往目的地。

（5）若飞机超过最晚时间起飞，飞机上应转机的乘客将错过下一个航班，航空公司对每位误机乘客的补偿是一样的。

（6）各飞机的机长严格遵守相关规定，时间充足时以巡航速度飞行，时间紧迫则加大飞行速度，但不超过最大飞行速度。

（7）航空公司需给每位乘客的赔偿费一定，每位乘客的单位时间的价值一定，故可以将不同乘客的损失累加。

四、符号说明及定义（如表 3 – 5 – 7）

表 3 – 5 – 7

误机赔偿费：p	飞机实际起飞时间：t_s
最大速度：v_m	巡航速度：v_0
飞机从离开登机口至离开跑道的时间：d	路程：s
不满系数：k	燃油系数：l
飞机编号：$1 \leqslant j \leqslant n$	人数：r
转机人数：r_z	准备好离开登机口时间：t_r
一架飞机的预定起飞时间：t_y	预计降落时间：T_y
转机时间：T_z	以最大速度飞行不误机的最迟起飞时间：t_1
第 j 架飞机在第 i 个时间段起飞：i_j	第 j 架飞机：j
（次序 i，i 小先起飞：$1 \leqslant i \leqslant m$）	由乘客不满意度造成的公司损失：B
燃油附加费：Y	对调前后两架飞机所造成的损失变化：ΔC
第 j 架飞机起飞的费用：$F_j(i_j)$	总费用：F

五、模型的建立与求解

（一）根据基础变量算出下文所需的一些变量

飞行路程：$s = (T_y - t_y)v_0$

实际起飞时间：$t_s = (i - 1)d$

乘客不满意度：$B = rk(t_s - t_y)$

根据所查资料，可认为对于航班延误所导致的乘客不满，航空公司和乘客普遍认可以一定价格赔偿，具体为 4 h ~ 8 h 赔 100 元，8 h ~ 20 h 赔 200 元。取区间中点，以横坐标为时间，纵坐标为赔偿额，用数学软件进行拟合，其中二次函数与三次函数在时间变大到一定程度时为负，故排除。以一次函数拟合最为合适，故认为乘客不满意度与时间成正比，不满由时间的损失引起，乘客不满意度与延误时间的关系及拟合如图 3 – 5 – 20。

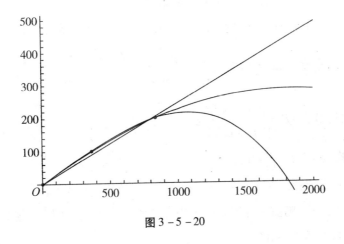

图 3 – 5 – 20

赔偿费：$P = r_z p$

根据所查资料，可大体得知国内航班延误赔偿费总水平，且不同乘客得到的赔偿费是相同的。每架飞机的赔偿费，都由其是否严重延误、其上的转机人数和赔偿费的多少决定。

以最大速度飞行不误机的最迟起飞时间：$t_1 = T_z - \dfrac{s}{v_m}$。

以巡航速度飞行不误机的最迟起飞时间：$t_z = T_z - \dfrac{s}{v_0}$。

因为 $T_y < T_z$，$v_0 < v_m$，所以 $t_y < t_z < t_1$。

其关系如表 $3-5-8$。

表 $3-5-8$

考虑飞机被安排到次序 i	其飞行速度	燃油（附加）费
$t_y < t_s < t_z$	巡航速度能保证不误机：$v = v_0$	$Y = 0$
$t_z < t_s < t_1$	更大速度能保证不误机 $v = \dfrac{s}{T_z - t_s}$	$Y = l(v - v_0)$
$t_1 < t_s$	最大速度也赶不上了 $v = v_m$	$Y = l(v_m - v_0)$

（无论飞机何时起飞，耗油量最低为以巡航速度飞行时的耗油量，又因本模型只计算最优起飞顺序，不计算具体耗费，故可将此耗油量设为0）

（二）算法分析

1. 从局部分析（在此方法中费用函数用 C 表示）

飞机 a 从 i 拖到后一位导致的损失变化为（以下公式省略下标 a）：

乘客不满意度：$\Delta B = rkt_d$，$t_d = \begin{cases} t_s + d - t_y, & t_s + d > t_y \\ 0, & \text{else} \end{cases}$

误机赔偿费：$\Delta P = \begin{cases} r_z p, & t_s < t_1 < t_s + d \\ 0, & \text{else} \end{cases}$

燃油费：$\Delta Y = T_{a,i+1} - Y_{a,i}$

其中 $Y_{a,i}$ 意味着计算 Y 时需使用 i 计算 t_s，使用 a（飞机编号）确定其他数据。飞机 b 从 $i+1$ 提前一位导致的损失变化为（以下基本同上，省略下标 b）：

乘客不满意度：$-\Delta B = rkt_d$

赔偿费：$-\Delta P = \begin{cases} r_z p, & t_s < t_i < t_s + d \\ 0, & \text{else} \end{cases}$

燃油费即损失：$-\Delta Y = Y_{b,i} - Y_{b,i+1}$

$\Delta C = (\Delta B_a - \Delta B_b) + (\Delta P_a - \Delta P_b) + (\Delta Y_a - \Delta Y_b)$

若 $\Delta C \geq 0$，保持原状。

若 $\Delta C < 0$，把飞机 b 和飞机 a 从次序 $i+1$ 和 i 对调。

若一个队列能使公司与乘客损失降到最低，则称为一个最优队列。

对于一个已有的最优队列来说，只需将先来的飞机放在队尾。检查它能否与前一架飞机对调位置，若能则对调并继续检查，直到它不能继续向前或已经到达目前的队首（已经起飞的飞机不算在目前的队列中），这样得出的队列仍然是最优的。

对于一个已有的并非最优的队列，可同样进行如上操作。虽然前面的队列并非最优，但从新来的第一架飞机开始，其后都是最优队列。由于机场巨大的流量，前面的飞机会迅速飞走，留下后面的队列仍然是最优的。

2. 从整体分析（在此种方法中费用函数用 F 表示）

$F = B + P + S$（此处函数中将 j 作为常数，i 用下标区分）

N 架飞机在 t_0 时刻开始起飞，将之后的时间分为 n 个时间段，则后续第 j 架飞机在第 i 个时间段起飞时间 $t = t_0 + (i-1)d$，第 j 架飞机起飞所需费用 F_j 与起飞时间有关，是关于 i 的函数，i_j 指与 j 关联的多个自变量。通过分析可以求出多个单架飞机关于 i_j 的费用函数 F_j，$j = 1，2，3，5，6，7，8，9，\cdots，n$；对其进行求和，利用计算机软件求解总和最小时，$i_1$，$i_2$，$i_3$，$i_4$，$\cdots$，$i_n$ 所对应的值。

总费用：$\min F = \sum\limits_{j=1}^{n} F_j \left(i_j \right)$

$$\text{s.t.} \begin{cases} i_j = 1，2，3，4，5，6，\cdots，n \\ j = 1，2，3，4，5，6，\cdots，n \\ \prod\limits_{1 \leqslant k < q \leqslant n} \left(i_k - i_q \right) \neq 0 \end{cases}$$

六、模型的优劣分析

第二个模型整体考虑飞机在各个不同时段起飞所减免的损失，建立函数后再转化为线性规划问题，可由计算机快速求解。这是一种直观而有效的方法，所建立的数学模型各个参数有明确的意义，方便对模型进一步修正与完善，具有较大的推广潜力。不足的是机场的流量非常之大，各架飞机的准备时间无法提前得知，只有等到各机准备完毕并告知控制台时才可得知。那么每有一架飞机准备完毕，就必须将新的数据与所有旧的数据一并计算，这无疑增加了计算量。

为了解决这一点，第一个模型则从局部入手。当飞机需要插到最优位置时，计算时只涉及此位置之后飞机的数据，而避免不必要地将此位置之前的飞机纳入计算，无须专门数学软件也可用 C + + 等高级语言编程得出结果。但是，此模型没有给出一个关于整体损失的函数，无法借之算出整体损失。只能将任务拆分为非常琐碎的小部分求解，其间分段函数较多，参数的意义不甚明确，导致灵敏度分析也十分困难。由于时间原因，对于通过局部获利最大可争取整体获利最大的论述也未能详尽，可以说这是一个完成度不高的模型。

参考文献：

[1] 航旅纵横，民航飞机为什么不以最大速度飞行？[Z/OL].[2019 – 12 – 06]（2020 – 08 – 08）. https：//zhuanlan. zhihu. com/p/95656348.

[2] 各航空公司航班延误赔偿标准 [Z/OL].[2017 – 08 – 07]（2020 – 08 – 08）https：//jingyan. baidu. com/article/4ae03de3dae3c93eff9e6bc7. html.